エリア・スタディーズ 161

ヒストリー

イタリアの歴史を知るための50章

高橋　進
村上義和（編著）

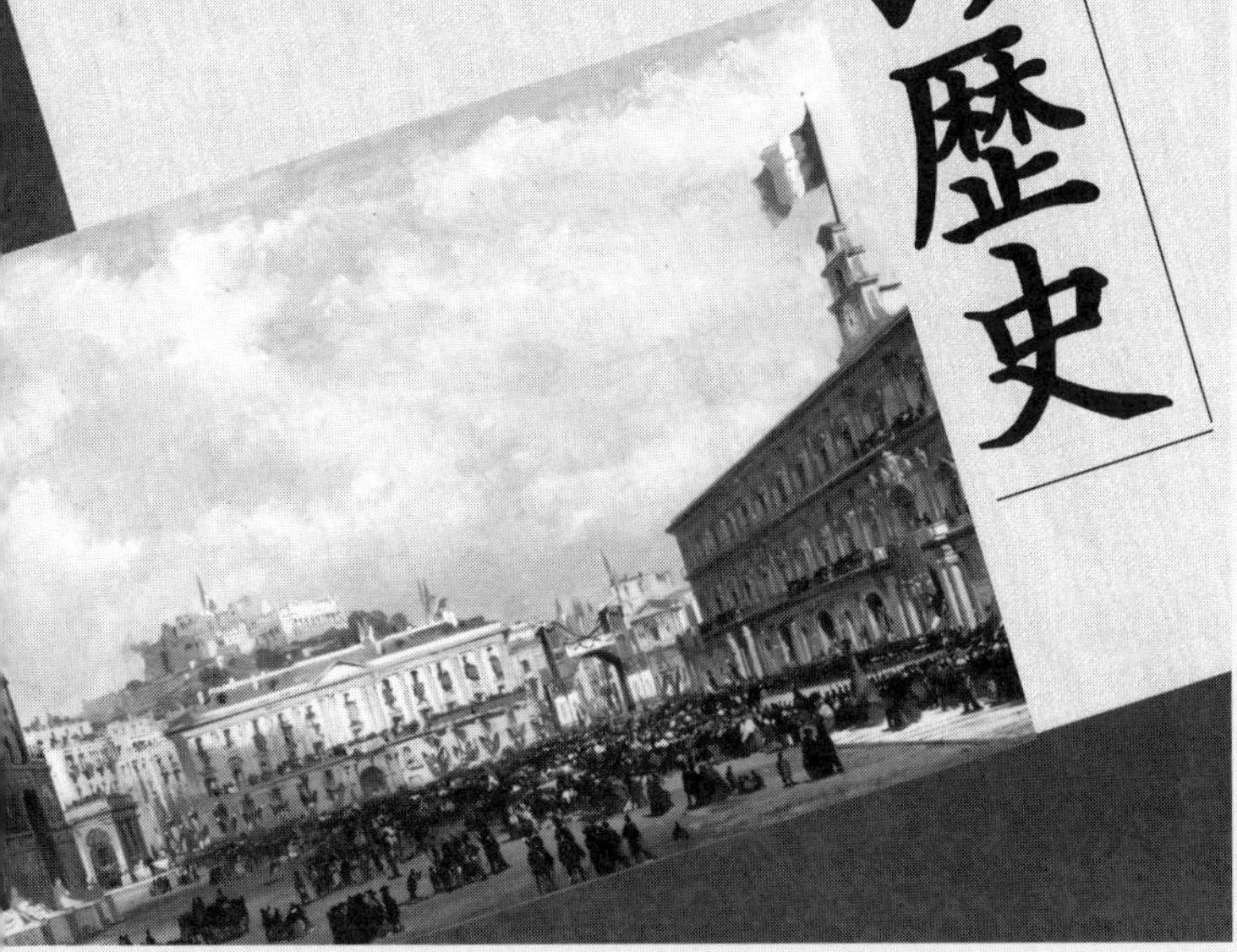

明石書店

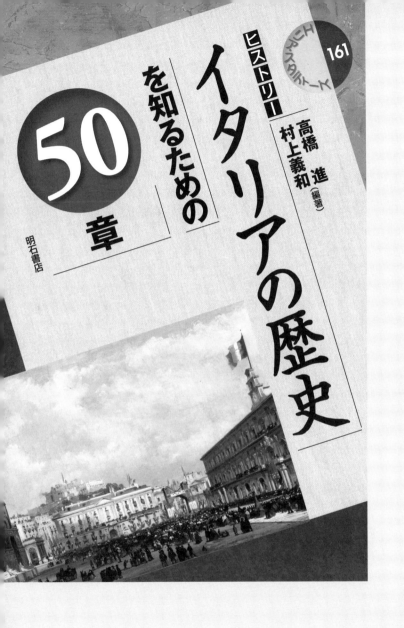

はじめに

イタリアを旅行する人は、その地の古代から中世、近代に至る歴史の重層に感激するであろう。ローマはその典型であり、古代の劇場遺跡がそのままアパートとして使われている不思議さに戸惑う。また、ミラノ、トリノ、ヴェネツィア、フィレンツェ、アッシジ、ナポリ、パレルモなどを旅すれば、それぞれの「まち」の個性と多様性に感動した経験を持つであろう。あるいは、イタリア人の陽気さに驚いたかもしれない。また、イタリアは世界で一番多くの登録された世界遺産を持つ国である。いったい、このような個性と多様性、開放性はどこに由来するのであろうか。

イタリアは先駆性、普遍性とその裏面としての排除も特徴としている。イタリアという名前は19世紀半ばまではイタリア半島という地名に過ぎなかった。しかし、この地は古代以来、ヨーロッパ史に大きな影響を与えてきた。古代ローマ帝国は地中海世界の覇者であると同時に、その支配はヨーロッパ大陸のガリアやブリテン島にまで及んだ。ローマ帝国は同盟市市民にローマ市民権を与えたが、帝国の境界に壁を建設し、帝国外との断絶を作り出した。キリスト教はカトリック（「普遍的」という意味）教会を創造したが、それは十字軍や異端審問という「異質なもの」の排除も行った。中世の都市は都市民の自由を保障したが、都市の外とは壁を作り、区分した。イタリア・ファシズムはファシズムの時代の先駆であり、ナショナリズムを根幹としながらも、ヨーロッパ・ファシズムの建設をめざした。

今日、地中海は、かつてのカルタゴとは形は異なるが、アフリカや中東から難民・移民が大量にやってくるルートになっているが、難民・移民の排除の主張はイタリアでも高まっている。また、イタリアは世界で最初に精神病院を廃止した国である。イタリアの歴史は、このように先駆性、普遍性と排除にも満ちている。

本書は、総勢45名の執筆者による古代から現代までのイタリアに関する50章と13のコラムで、このワンダーランドの歴史の旅を試みている。巻末には日本語で読める参考文献を載せている。本書がきっかけとなり、イタリアという地に興味を持つ人が増えるならば、編者と執筆者にとって大きな喜びである。

本書全体は4部で構成されているが、第Ⅱ部の中世～ルネサンスの構成案の作成では亀長洋子氏に、第Ⅲ部の近代の構成案の作成では北村暁夫氏にお世話になった。全体を通しての用語や訳語の統一には編集者の兼子千亜紀さんにお世話になった。この場を借りて、感謝したい。

２０１７年11月

高橋　進

イタリアの歴史を知るための50章

目次

はじめに　3

第Ⅰ部　古　代

第Ⅱ部　中世～ルネサンス

第Ⅲ部　近　代

第Ⅳ部　現　代

※本文中、特に出所の記載のない写真については、執筆者の撮影・提供による。

現在のイタリア共和国

スイス
オーストリア
ハンガリー
スロヴェニア
クロアチア
ボスニア・ヘルツェゴヴィナ
ヴァッレ・ダオスタ州
ロンバルディーア州
トレンティーノ・アルト・アーディジェ州
フリウーリ・ヴェネツィア・ジューリア州
ヴェーネト州
ピエモンテ州
エミーリア・ロマーニャ州
リグーリア州
トスカーナ州
マルケ州
ウンブリア州
モリーゼ州
アブルッツォ州
ラツィオ州
プーリア州
カンパーニャ州
バジリカータ州
カラーブリア州
シチリア州
サルデーニャ州
モンテ・ビアンコ (4807M)
モンテ・ローザ (4634M)
アオスタ
ヴェルバニア
ビエッラ
トリノ
ジェノヴァ
レッコ
ベルガモ
モンツァ
ミラノ
トレント
ボルデノーネ
トレヴィーゾ
トリエステ
ヴェネツィア
パルマ
モーデナ
レッジョ・エミーリア
ボローニャ
フォルリー・チェーゼナ
サン・マリーノ共和国
リミニ
ペーザロ
モナコ公国
プラート
ピサ
リヴォルノ
フィレンツェ
アンコーナ
シエーナ
ペルージア
リグーリア海
コルシカ島 (フランス領)
ヴィテルボ
ラクイラ
ヴァティカン市国
ローマ
マンフレドニア
カンポバッソ
バーリ
ナポリ
ラヴェッロ
ポテンツァ
サンテラーモ
ブリンディジ
カリアリ
ティレニア海
クロトーネ
カタンツァロ
ヴィボ・バレンツィア
ジョイア・タウロ
メッシーナ
パレルモ
カターニア
アグリジェント
イオニア海
地中海
アドリア海
アルジェリア
チュニジア
N
42
40
38N
6E
8
10
12
14
16
0
200
400
km

第Ⅰ部 古代

1 ローマの成立と発展
――都市国家から地中海世界の覇者へ

都市国家ローマの成立

古代のイタリア半島には、イタリキと総称される様々な民族が定住していた。その一派であるラテン人は、テヴェレ川下流の左岸にローマを建設した。双子の兄弟ロムルスとレムスにまつわる建国伝承では、都市国家ローマは前753年に創建されたと伝えられる。

ローマ建国期のイタリア半島において大きな勢力を築いていたのは、エトルリア人であった。エトルリア人は前8世紀から前6世紀にかけて強勢を誇った非インド＝ヨーロッパ系の民族で、イタリア中部や南部に都市国家を建設し、独自の社会を形成した。また、この時期にはギリシア人が南イタリアの沿岸部に進出して植民市を築いた。エトルリア人とギリシア人はティレニア海の制海権をめぐって対立するなどしたが、その一方で交流もさかんにおこない、エトルリア人はギリシア文化を積極的に受容した。

伝承では、ロムルスをはじめとする7名の王がローマを統治したとされる。ロムルスは伝説上の人物であるが、初期のローマが王政をとっていたことは確実視されている。その諸王のうち最後の3名はエトルリア系と伝えられ、ローマはその支配のもとでエトルリア文化やギリシア文化の影響をうけ

牝狼の乳を飲むロムルスとレムス（カピトリーノ美術館蔵）

た。エトルリア系の王のなかでも、第6代の王セルウィウス・トゥッリウスは、市民を地縁的なトリブス（区）に分属させて把握するとともに、市民を財産に応じて区分し軍隊を編成するケントゥリア制という軍事制度を創設するなど、ローマ市民団を創建したといわれている。

前509年、貴族たちが第7代の王タルクィニウス・スペルブスを追放し、ローマは共和政へと移行した。この共和政では、最高公職者であるコンスル（執政官、定員2名・任期1年）が軍事や国政を指導し、ケントゥリア制にもとづいて作られたケントゥリア民会が高位公職者の選出や立法などをおこなった。しかし、ローマの共和政においては、300名の公職経験者からなる元老院が公職者の諮問機関として実質的な権力を握った。

共和政では貴族（パトリキ）が公職を独占し、政治権力を一手におさめていた。これに不満を抱いた平民（プレブス）は、前494年、市外へ退去して「聖山」に立てこもり、ここに身分闘争とよばれる権力争いがおこった。貴族はこれに譲歩し、平民の権利を保護する護民官（トリブヌス・プレビス）の任命を認めた。護民官は平民のみの集会である平民会を召集する権限や、身体の神聖不可侵権、コンスルなどの決定に対する拒否権をもっていたため、この後、政治的に重要な役割を演じることとなる。前450年頃にはローマ最古の成文法である十二表法が制定され、貴族による法知識の独占がやぶられた。身分闘争において画期をなしたのは、前367年のリキニウス＝セクスティウス法である。これは富裕者による公有地の占有面積を一人500ユゲラ（約125ヘクタール）に制限し、なおかつ2名のコンスルのうちの1名を平民から選出するというもので、貴族による公職独占を打破するものであった。そして、前287年には、平民会の決議をローマ市民団全体の意思決定とするホルテンシウス法が制定され、身分闘争に幕が下ろされた。この身分闘争の結果、ローマでは貴族と平民の有力者層が融合し、ノビレス（ノビリタス、貴顕貴族）という支配層が形成された。以後、ローマではこのノビレスが高位公職を独占し、国政を担うこととなった。

ローマによるイタリア制圧

ローマは王政期からすでに勢力範囲を拡大し、その動きは共和政に移行した後も続いた。前396年には、それまで10年におよび戦火を交えてきたエトルリア人の都市ウェイイを陥落させ、支配領域を大きく広げた。しかし、前387年には、南下したガリア人によりローマの市域が占拠されるという出来事がおこった（ガリア人の災厄）。ローマはこの事件から立ち直った後、イタリア半島征服に向けて大きく動き出した。前4世紀後半のラテン戦争（前340〜前338年）では、ローマはそれまで同盟を結んでいたラテン人の諸都市と戦い、これに勝利してラティウム地方を制圧した。このラテン戦争と同じ頃から、ローマはイタリア中南部の山岳地域に住むサムニウム人との戦争に突入した（サムニウム戦争）。このサムニウム戦争は三次におよび、とくに第二次サムニウム戦争（前327〜前30

4年）ではカウディウムの戦いで敗北を喫するなど、ローマは苦戦を強いられた。このためローマは戦術や武具を改良するとともに、軍用道路としてアッピア街道を建設するなどして勢力挽回をはかり、戦争に勝利した。この後、サムニウム人は北方のエトルリア人やウンブリア人、ガリア人と手を結び、ふたたびローマと戦火を交えた（第三次サムニウム戦争、前298～前290年）。ローマはこの戦争でも勝利をおさめ、イタリア北部・中部に覇権を打ち立てた。

アッピア街道［提供：Fototeca ENIT］

ローマはさらに、南イタリアに進出した。南イタリアでローマの前に立ちはだかったのは、ギリシア人の植民市タレントゥム（タラス）であった。タレントゥムはローマと交戦すると、ギリシア本土のエペイロス王国に援軍を求めた。エペイロス王ピュッロスが象隊を含む軍勢をひきいてイタリアに侵攻すると、ローマ軍は劣勢に立たされた。しかし、ローマは和平を拒んで抗戦し、ピュッロス王をギリシア本土へ帰還させた。その後、ローマは前272年にタレントゥムを降伏させ、イタリア半島全体をその支配下においた。

こうしてイタリアを制圧したローマは、半島内の都市を様々な種類に分類して、その支配に組み込んだ。ローマはイタリア制圧の過程で、各地にローマ人やラテン人を入植させ、植民市（コロニア）を建設した。また、いくつかの都市にはその市民にローマ市民権を与え、自治を認める自治市（ムニキピウム）とした。これとは対照的に、市民に「投票権なき市民権」を与えた都市（キウィタス・シネ・スッフラギオ）もあった。残りの多くの都市は同盟市（フォエデラティ）とし、独立を認めながらも、ローマに兵力を供出し、またローマの外交政策にしたがう義務を負わせた。

ローマの海外進出

イタリアを制圧したローマは、海外へ進出していく。西地中海では、ローマはフェニキア人の都市国家カルタゴと覇権を争うことになった。このカルタゴとの戦争をポエニ戦争（ポエニはラテン語で「フェニキア人」の意）という。このポエニ戦争は三次におよんだ。第一次ポエニ戦争（前264～前241年）では、ローマはカルタゴとシチリアをめぐって争った。ローマはこのときはじめて海軍を建設してカルタゴに勝利し、戦後、シチリアなどを属州（海外領土）とした。

シチリアを奪われたカルタゴは海外拠点をイベリア半島に移し、ローマに対する報復戦争をおこした。この第二次ポエニ戦争（前218～前201年）では、最高司令官ハンニバルのひきいるカルタゴ軍がイベリア半島南部から現在のフランス南部を進軍してアルプス山脈をこえ、イタリア半島に侵攻した。ローマ軍はカンナエの戦いでカルタゴ軍に大敗を喫するなどしたが、徐々に劣勢を挽回し、最後は将軍大スキピオがアフリカに進軍してザマの戦いでハンニバル軍をやぶり、カルタゴを降伏させた。前2世紀半ばには、ローマが講和条約違反を理由にカルタゴと開戦し、将軍小スキピオがカルタゴを徹底的に破壊した（第三次ポエニ戦争、前149～前146年）。こうしてローマは、西地中海における覇権を握った。

ローマはこのポエニ戦争と並行して、東地中海のギリシア世界においても戦争を遂行した。ローマはヘレニズム諸国の間の抗争に関与させられていくなかで、アンティゴノス朝マケドニアと衝突するにいたり、三次におよぶマケドニア戦争を繰りひろげた（前２１４～前２０５年、前２００～前１９７年、前１７１～前１６８年）。ローマは前１６８年のピュドナの戦いでマケドニアに勝利すると、その王国を解体して保護下においた。ローマはその後、前１４６年にペロポネソス半島でローマに対して挙兵したアカイア連邦をやぶり、ギリシア世界においても覇権を打ち立てた。

ローマによるこの一連の征服戦争は、イタリア社会に大きな影響を与えた。中小農民は長期間の従軍の結果、農地が荒廃したため帰農できず、都市へ流入した。一方で、富裕者は農民の土地を併呑したり、公有地を占有したりして大農場を形成し、海外から流入する戦争捕虜を奴隷として使役した。近年の研究では、中小農民の保有地の存続が確認されるとともに、奴隷制大農場（ラティフンディア）と中小農民は相互補完関係にあったことが指摘されている（繁忙期には、奴隷制大農場にとって中小農民は労働供給源となり、中小農民にとって大農場は臨時収入源となった）。しかし、右のような状況は、中小農民の没落と奴隷制大農場の発展ととらえられ、ローマ市民団の危機と認識されるようになった。

（飯坂晃治）

2 ローマの「内乱の一世紀」

――カエサルの権力掌握と暗殺

「内乱の一世紀」のはじまり

ローマでは前2世紀後半から市民間の政争が激化し、約100年間続いた。いわゆる「内乱の一世紀」である。そのきっかけは、グラックス兄弟の改革であった。兄ティベリウス・グラックス（前133年の護民官）と弟ガイウス・グラックス（前123年および前122年の護民官）はともに、前章末で述べた中小農民の没落と奴隷制大農場の発展をローマ市民団の危機ととらえ、農地法を提案して占有地の没収と分配に取り組んだ。弟ガイウスはさらに、穀物の安価な供給を定める法案やイタリアの同盟市民にローマ市民権を付与する法案なども提出した。しかし、これらの改革は多くの元老院議員の反発を招き、兄ティベリウスは反対派に殺害され、弟ガイウスは襲撃されて自殺に追い込まれた。改革のこうした顚末は、ローマ史上はじめて政争が流血事件に発展したもので、「内乱の一世紀」のはじまりといえる出来事であった。

前2世紀末、ローマは軍事的な危機におちいった。北アフリカではヌミディア王ユグルタがローマに反旗をひるがえしたほか、北方ではゲルマン人のキンブリ族とテウトニ族が南下してローマ軍を撃破した。この危機を打開したのは、祖先に元老院議員をもたない新人のマリウスであった。彼は武装を自弁できない無産市民のなかから徴兵し、武装させて軍に編入する「兵制改革」をおこない、このユグルタ戦争とキンブリ・テウトニ戦争に勝利した。

前90年代末のイタリアでは、ローマ市民権が政治問題となり、同盟市戦争が勃発した。前91年、護民官リウィウス・ドルススは同盟市民へのローマ市民権付与を目指したが挫折した。これに同盟市が反発してイタリア中部のコルフィニウムに独立政府を組織し、ローマ市民と対等の権利を求めてローマに宣戦した。ローマはとくに南部の戦線で苦戦を強いられたため、前90年および前89年にポー川以南のイタリアでローマに忠実な市民にローマ市民権を付与して懐柔をはかり、前88年までにこの戦争をほぼ終結させた。

この同盟市戦争の結果、同盟市は自治市となり、イタリアは形式的にはローマによって統一された。都市制度も統一の方向へと向かい、植民市では二人委員、自治市では四人委員を最高公職者とする自治機構が整備され、自治のあり方を規定する都市法が各都市で制定された。とはいえ、イタリアの各都市の独自性は依然として強く、実態としては都市国家の並立という状況が続いた。

同盟市戦争の南部戦線で活躍したスッラは、前88年のコンスルに就任した。当時、地中海東部では小アジアのポントス王ミトリダテス6世がローマへの反抗を企てたため、元老院はスッラに軍事指揮権を与えて討伐させようとした。しかし同年、マリウスがその指揮権を奪い取ったため、スッラは東方へ向かう予定であった軍をローマに差し向け、マリウス派を攻撃した。このスッラのローマ進軍は、ローマ軍が首都ローマを占領するという前代未聞の出来事であった。この後スッラが東方へ向かうと、ローマではマリウスやキンナが反撃に転じ、政権を奪回した（マリウスは前86年に病没）。前82年、スッラは帰国するとキンナ派を粛清し、追放・財産没収という措置をとった。またスッラは同年末から3年間、独裁官（ディクタトル）の地位につき、元老院の定員を600名に倍増させるなど元老院復権のための一連の政策を実施した。

このマリウス＝キンナ派とスッラ派の内乱や、スッラによる戦後処理はイタリアに大きな影響を与え、前70年代および前60年代のイタリアは社会的・経済的に厳しい状況におかれた。内乱に勝利したスッラはいくつかの都市に対し、土地を没収し、退役兵を植民者として送り込むなどの厳しい措置をとった。しかし、このスッラの送り込んだ植民者のなかには、先住民との対立などが原因で窮乏化する者も現れた。前63年におこったカティリナによるクーデタ未遂事件（カティリナの陰謀）では、こうしたスッラの退役兵などが陰謀に加担した。

スパルタクスの蜂起もこのような状況のなかでおこった。前73年、南イタリアのカプアで、スパルタクスを中心とする剣闘士奴隷70名が蜂起した。彼らの軍は周辺地域の奴隷を糾合し、その勢力は約7万にまでふくれあがった。スパルタクス軍はローマ軍をやぶりながらイタリアからの脱出をはかったが、前71年にローマ軍に鎮圧された。スパルタクスは戦死し、捕えられた者たちはアッピア街道沿いに磔刑に処された。

第1回三頭政治とカエサル

スッラ体制を打破したのは、スパルタクスの蜂起を鎮圧したクラッススとポンペイウスであった。彼らは前70年のコンスルに就任したが、とくにポンペイウスのコンスル就任は異例の昇進であった。

ポンペイウスはまた、前67年に非常大権を与えられ、東地中海でイタリアへの穀物供給を妨害していた海賊を掃討すると、その翌年にも非常大権を付与され、ミトリダテスを撃破するとともにシリアを制圧してローマの支配に組み込んだ。こうしてポンペイウスは、東地中海における活躍をとおしてその権勢を強めた。しかし元老院は彼を警戒し、東地中海における彼の措置を認めなかったため、両者は対立していった。

この頃、カエサルは属州統治をとおして力を蓄え、コンスル就任を目指していた。そこで彼は前60年、元老院に不満をもつポンペイウスおよびクラッススと手を結んだ（第1回三頭政治）。翌年、コンスルに就任したカエサルは、ポンペイウスやクラッススの望んだ法案を通過させ、自身はガリア（現在のフランスなど）における軍事指揮権を獲得した。カエサルは苦戦しながらもガリアの諸部族を撃破して勢力範囲を拡げ、前52年にガリア支配を確立した。

カエサル［出所：https://www.ancient.eu/］

このガリア戦争でカエサルが勢力を強めると、元老院のみならず、ポンペイウスもカエサルに対する態度を硬化させた。前54年にカエサルの娘でポンペイウスの妻となっていたユリアが死去し、その翌年にクラッススが西アジアのパルティア王国との戦いで戦死すると、三頭政治は崩壊した。

前50年、元老院はポンペイウスと結んで、カエサルに武装解除とローマ帰還を命じた。これに対しカエサ

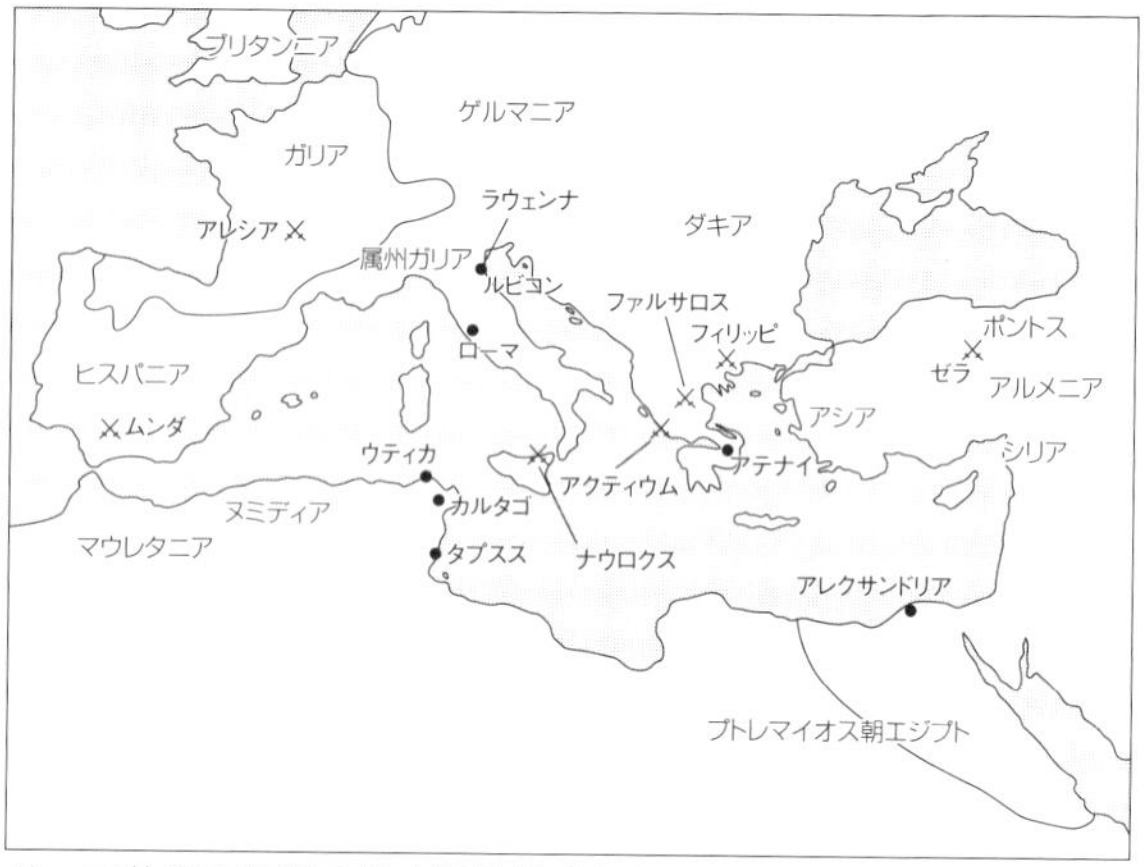

ローマ共和政末期の地中海世界［出所：長谷川岳男・樋脇博敏『古代ローマを知る事典』東京堂出版、2004年、108頁を一部改変］

ルはポンペイウスおよび元老院との対決を決意し、前49年、軍団をひきいたまま、当時イタリアと属州の境界線であったルビコン川を渡った。ポンペイウスはカエサルが攻めてくるとイタリアを放棄し、東方に転じて反撃をはかった。カエサルはイタリアを勢力下においた後ギリシアへ向かい、前48年、ファルサロスでポンペイウスをやぶった。ポンペイウスはエジプトへと逃れたが、そこで暗殺された。カエサルもエジプトへと向かったが、そこでクレオパトラ7世の権力争いに加担し、彼女と親密な関係を結んだ。

　その後カエサルは、前45年までにポンペイウス派の残党などを掃討し、ローマに帰還した。独裁的な権力を握ったカエサルは、政敵に恩赦を与えるとともに、元老院の増員や太陽暦（ユリウス暦）の採用など様々な改革をおこなった。しかし前44年、カエサルが終身の独裁官に就任すると、元老院保守派は彼の独裁を許容できなくなり、3月15日、カエサルは恩赦を与えていたカッシウスやブルトゥスらにより暗殺された。

カエサル死後の内乱

イタリアでは、前50年代からローマの政治家と地方都市の有力者の交流がさかんになる。前者は地方都市の利害を元老院で代弁し、後者は民会や法廷で政治家を援護した。また地方都市の有力者が中央政界に進出するようになり、カエサルが独裁をおこなう頃には、それまで元老院議員を輩出しなかった地域からも議員が出るようになった。こうしたイタリア地方都市の有力者の台頭はローマの支配層の再編を引き起こしたが、カエサルの相続人となったオクタウィアヌスもまさにこの時期に頭角を現した地方出身者であった。

前43年、オクタウィアヌスは、カエサルの武将であったアントニウスやレピドゥスとともに国家再建三人委員に就任し、カエサル暗殺者の排除にのりだした（第2回三頭政治）。翌年、アントニウスとオクタウィアヌスの連合軍はギリシア北東部のフィリッピでカッシウスやブルトゥスらを倒した。この後、アントニウスは東方にとどまってパルティア王国との戦いへと向かい、その過程でクレオパトラとの結びつきを強めた。イタリアに帰還したオクタウィアヌスは、前36年、シチリアを拠点にイタリアへの食糧供給を妨害していたセクストゥス・ポンペイウス（ポンペイウスの次男）をナウロクスの海戦でやぶるとともに、同僚のレピドゥスを失脚させてアフリカを支配下においた。こうして西方で勢力を確立したオクタウィアヌスは、東方のアントニウスとの対立を深めた。前32年、オクタウィアヌスは「全イタリアの忠誠誓約」をとりつけ、翌年、アクティウムの海戦でアントニウスとクレオパトラの連合軍に勝利し、およそ1世紀におよんだ内乱に終止符を打った。

（飯坂晃治）

3 ローマ帝政前期のイタリア
――「ローマの平和」から「3世紀の危機」へ

帝政の成立

前27年、オクタウィアヌスは内乱に際して与えられていた大権を元老院に返還した。このとき元老院は、帝国（諸属州）をオクタウィアヌスと分担して統治することを決定した。軍団が配置された属州はほぼすべてオクタウィアヌスの担当となったため、オクタウィアヌスは事実上全軍の最高司令官となった。また同年、オクタウィアヌスは元老院から「尊厳ある者」という意味のアウグストゥスという名前を与えられた。ローマの帝政はこうして開始された。アウグストゥスは前31年から連続してコンスルに就任していたが、前23年にコンスルを辞任すると護民官職権を認められて国政にあたるとともに、元老院の管轄する属州にも統治権をおよぼす権限を与えられた。

アウグストゥスはポー川とアルプス山脈の間の地域をイタリアに統合し、イタリア全体を11のレギオという地域単位に分割した。またアウグストゥスは内乱終結後に三度、元老院名簿の改定をおこなったが、その際にイタリア地方都市の出身者を数多く元老院議員として登用した。こうしてあらたに元老院議員となった者たちの忠誠は、アウグストゥスの権力基盤のひとつとなった。

アウグストゥスによるイタリア出身者の登用は、イタリア地方都市の景観にも大きな影響をおよぼした。アウグストゥスとその一族の者たちが自らの威信を示すため、首都ローマにおいて自費で公共建築物を建設し、その事業を独占すると、元老院議員たちもそれにうながされるように、イタリア地方都市において私費を投じて神殿や劇場などの公共建築物を建設していった。このような有力者による都市への贈与行為はエヴェルジェティズムとよばれ、支配者が気前の良さを示すことにより、被支配者から支配の承認をとりつける慣行と理解されている。ローマ帝国支配下の都市では、このエヴェルジェティズムにより都市景観が整備され、市民生活が維持されていた。

アウグストゥスはユリウス＝クラウディウス朝を創始した。彼の死後、妻リウィアの連れ子であるティベリウスが帝位を継承し、その後、ガイウス（カリグラ）、クラウディウス、ネロと「アウグストゥスの家（ドムス）」から皇帝が輩出したのである。「アウグストゥスの家」はユリウス氏を中心に、クラウディウス氏やアントニウス氏など複数の家系が結びついて形成されたが、その結節点となったのはアウグストゥスの妻リウィアや姉オクタウィアなどの女性であった。このため「アウグストゥスの家」の構成員は男性だけでなく女性も敬慕の対象とされ、イタリアの地方都市では彼・彼女らの彫像が数多く制作された。またイタリアではすでにアウグストゥスの生前から皇帝礼拝がおこなわれたほか、皇帝家

アウグストゥス（ミュンヘン・グリュプトテーク蔵）

の構成員のための祭儀も執りおこなわれた。

後68年、ネロが元老院から公敵と宣言されて自殺すると、ユリウス＝クラウディウス朝は断絶し、帝位をめぐる内乱が勃発した。後69年には4名の皇帝が擁立される事態となったが、この内乱に勝利して帝位を確保したのは、イタリア中部のリエーティ（古名レアテ）出身のウェスパシアヌスであった。ウェスパシアヌスはユリウス＝クラウディウス朝の諸皇帝の間で受け継がれていた権限を明文化して皇帝権力を確立し、フラウィウス朝を創始した。この時代にはコロッセウム（正式名称はフラウィウス円形闘技場）が建設されたほか、南イタリアでウェスウィウス山が噴火し、ポンペイなど近隣の都市が被害をうけた。フラウィウス朝は後96年、皇帝ドミティアヌスが暗殺されると断絶した。

コロッセウム［提供：Fototeca ENIT］

「ローマの平和」と都市社会

ドミティアヌス暗殺の直後、ネルウァがあらたな皇帝として承認された。実子のいなかったネルウァはトラヤヌスを養子にして帝位を継がせたが、トラヤヌス以降の皇帝も実子をもたなかったため、ハドリアヌス、アントニヌス・ピウス、マルクス・アウレリウス・アントニヌスはいずれも前帝の養子となって帝位を継承した。これらの皇帝は五賢帝と総称され、ほぼ2世紀に相当する五賢帝の時代（96～180年）にローマ帝国は安定の時代を迎えた。

帝政期にはいると属州出身の元老院議員がしだいに増加し、五賢帝の2番目のトラヤヌスは属州出身者としてはじめて皇帝となった。しかし、登位後のトラヤヌスは、首都ローマやイタリアを優遇する姿勢をみせた。彼は首都ローマの外港であるポルトゥスを拡充したが、これは現在もなお六角形の湖としてローマ近郊にその姿をとどめている。彼はさらに、属州出身の元老院議員に対して財産の3分の1をイタリアの土地所有に投じるよう命じたほか、基金を設定し、そこから上がる収益でイタリアの子供たちを扶養するアリメンタ制度も実施した。またトラヤヌス治世の前後から、財政問題を抱えた都市に対して都市監督官が派遣された。都市監督官は都市の財政を管理下においたが、なかには都市のパトロンとなって贈与をおこない財政に貢献する者もいた。五賢帝は3番目のハドリアヌスを除いて、ローマ帝国の中心地であるイタリアへの配慮を示した。

フラウィウス朝期から五賢帝期にかけてのイタリア地方都市では、エヴェルジェティズムに変化がみられた。神殿や劇場にかわって円形闘技場・公衆浴場・市場などの公共建築物がさかんに建設・改修されるとともに、祝宴の開催や金銭・食料の分配といった贈与行為がさかんにおこなわれるようになったのである。

円形闘技場で開催された剣闘士試合は、ローマ人の都市生活に不可欠な見世物のひとつであった。剣闘士試合はおもに有力者の出資で催され、午前に猛獣狩り、昼に犯罪者の処刑がおこなわれた後、午後からはじまり、観衆は剣闘士の巧みな剣術や勇敢な戦いに興奮した（ただし、剣闘士が試合にやぶれて殺されることは実際には少なく、ローマ人は剣闘士の死を娯楽としたのではない）。会場では元老院議員など身分の高いものは前方の座席に、一般市民は後方の座席に座るよう定められていたため、円形闘技場は身分秩序を可視化する役割を果たした。また試合で興奮した市民は歓声や野次にのせて為政者への支持や不満を表明したため、円形闘技場は支配者と被支配者の間の政治的なコミュニケーションの場ともなった。

公衆浴場もまた、ローマ人の都市生活を特徴づけるものである。浴場文化はローマ人の日常生活に浸透し、首都ローマはもちろん、地方都市にも公衆浴場が数多く建設された。公衆浴場は脱衣室、冷浴室、低温浴室、高温浴室などにわかれ、運動場や図書館などを併設するものもあった。入浴料も安く、公衆浴場は庶民にとって憩いや社交の場となった。また、温泉を利用した浴場が建設された温泉地もあり、ナポリ湾にのぞむバイア（古名バイアエ）は温泉保養地として賑わいをみせた。

「3世紀の危機」

180年にマルクス・アウレリウス・アントニヌスが死去すると、それまで父帝と共同統治をおこなっていた息子コンモドゥスが単独帝となった。しかし、コンモドゥスは内政を混乱させ、192年に暗殺された。この後、帝位をめぐって事態が紛糾し、内乱にまで発展したが、翌年、アフリカ出身のセプティミウス・セウェルスが内乱を制して皇帝となり、セウェルス朝を創始した。

セウェルス朝の時代には、イタリアのローマ帝国の中心地としての性格に変化が生じた。セプティミウス・セウェルスは、それまでほぼイタリア出身者のみから徴募されていた近衛隊を解散し、あらたに属州出身者で近衛隊を編成した。彼はまた、イタリアにはじめて正規軍団を配置した。さらに彼の長子で単独帝となったカラカッラは、２１２年にアントニヌス勅令を発し、帝国内のほぼすべての自由民にローマ市民権を付与した。

セウェルス朝が２３５年に断絶すると、ローマ帝国は軍人皇帝時代に突入する。この時代には、ライン川とドナウ川の北方に住む諸民族だけでなく、西アジアでパルティアにかわっておこったササン朝ペルシアがローマ帝国を圧迫した。皇帝はこれら諸勢力との戦争や暗殺などで命を落とし、約50年の間に30名近くの皇帝が即位する事態となった。こうした政治的混乱に拍車をかけたのが分離国家の形成である。帝国の西方では現在のフランスでおこったガリア帝国がイベリア半島やブリテン島を支配下においてローマ帝国から独立し、東方ではシリアの隊商都市パルミラが小アジアの南部からエジプトにいたる地域をおさえてローマの支配から自立した。２７０年代前半、皇帝アウレリアヌスがパルミラを攻略し、ガリア帝国を帰順させてローマ帝国の統一を回復したが、帝位をめぐる混乱は３世紀末まで続いた。

軍人皇帝時代は、ローマ帝国が政治だけでなく経済や社会の面でも危機に直面したため、「３世紀の危機」の時代ともいわれる。ただし、イタリアでは危機はそれほど深刻ではなかった。戦乱や皇帝の頻繁な交替はイタリアには直接影響を与えることもなく、都市ではエヴェルジェティズムによる建築活動も継続された。しかし、ローマ帝国では経済活動が全般的に不振におちいり、イタリアもその影響を免れることはできなかった。

（飯坂晃治）

4 古代末期のイタリア
――キリスト教の普及とゲルマン民族の侵入

ディオクレティアヌス、コンスタンティヌスの改革とキリスト教の普及

２８４年、ディオクレティアヌスが皇帝に推戴されると、翌年に対立皇帝カリヌスをやぶって単独帝となった。ディオクレティアヌスは帝国統治を安定させるため、正帝２名・副帝２名の四皇帝で帝国を分担統治するテトラルキア（四帝統治制）を２９３年までに確立した。イタリアは、もうひとりの正帝マクシミアヌスの管轄とされた。

イタリアは、帝政前期にはローマ帝国の中心地として特権的な地位にあった。イタリアには属州総督が派遣されなかったため、イタリア都市は属州の都市よりも大幅な自治を享受していた。また、イタリアは土地税を免除されていた。しかし、こうした特権は３世紀までに失われ、イタリアは「属州化」したといわれる。そのプロセスを再現するなら、次のようになるだろう。２世紀にはハドリアヌスがコンスル経験のある４名の元老院議員をイタリア統治にあたらせたが、この施策はイタリア諸都市の反発を招き、続くアントニヌス・ピウスにより廃止された。３世紀初頭からは、イタリア全域を１名で担当する「全イタリア総督」の派遣が必要に応じておこなわれた。２７０年代ないし２８０年代からは、イタリアがいくつかの州に分割され、各州に「イタリア総督」が派遣された。しかしその

州は、290年前後に廃止されたか、あるいは大きく改変された。イタリアの州制度が確立されたのは、テトラルキア体制の成立と同時期の292年ないし293年で、イタリア半島にはウェネティア＝ヒストリア、アエミリア＝リグリア、フラミニア＝ピケヌム、トゥスキア＝ウンブリア、カンパニア、アプリア＝カラブリア、ルカニア＝ブルッティウムの7州が設置され、各州に州総督が派遣された。また土地税も、293年までにイタリア全土に導入された。ただし、属州の総督には騎士身分の人物が任用されたのに対し、イタリアの州総督には元老院議員身分の人物が任用されたため、依然としてイタリアは属州とは異なる扱いをうけていたといえる。

4世紀のイタリア管区［出所：飯坂晃治『ローマ帝国の統治構造』北海道大学出版会、2014年、viii頁］

　ディオクレティアヌスは305年にマクシミアヌスとともに退位したが、テトラルキア体制はその後、帝位をめぐる諸皇帝の対立から崩壊してゆく。イタリアはあらたに副帝セウェルスの管轄とされたが、これに不満をもったマクセンティウス（マクシミアヌスの子）が306年に蜂起し、正帝を称してイタリアを支配下においた。他方、ブリテン島ではコンスタンティヌス1世（大帝）が軍隊により正帝に推戴されていた。

コンスタンティヌス（カピトリーノ美術館蔵）

312年、コンスタンティヌスは軍隊をひきいてイタリアに侵入し、ローマ近郊のミルウィウス橋の戦いでマクセンティウスを倒して帝国西部を統一した。この後、コンスタンティヌスは324年に正帝リキニウスをやぶり、単独帝となった。コンスタンティヌスは330年、ボスポラス海峡にのぞむビュザンティオンをコンスタンティノポリス（コンスタンティノープル）と改称し、あらたな都とした。テトラルキア体制下のイタリアではミラノ（古名メディオラヌム）に宮廷がおかれたため、ローマの首都としての地位はすでに低下しつつあったが、帝国東部で新都が開かれると、そうした傾向はいっそう強まった。

この間の313年には「ミラノ勅令」が公示され、ローマ帝国でキリスト教が公認された。キリスト教は1世紀にパレスチナでおこると、ローマ帝国の各地で信者を獲得し、その数はとくに3世紀に増加した。3世紀半ばにはデキウスやウァレリアヌスといった皇帝によりキリスト教徒の迫害が実施され、4世紀はじめにはディオクレティアヌスによる大迫害がおこなわれた。しかし、ミラノ勅令でコンスタンティヌス帝がキリスト教の信仰を認めると、キリスト教徒の数は急激に増加した。イタリアでは、ローマやミラノをはじめとする諸都市で教会堂が建設されて市民生活の中心となった（なお4世紀のイタリアでは、一部地域を除いて、エヴェルジェティズムの減退がみられ、都市では劇場や神殿、円形闘技場の維持管理が怠られることがあった）。またコンスタンティヌスが司教に民事裁判権を与えると、都市社会における司教の地位が上昇した。しかしながら、ギリシア・ローマの伝統宗教である「異教」の信仰がただちに放棄されたわけではない。ローマの元老院には異教信仰を保持する勢力が存在し、4世紀後半には元老院議場におかれていたウィクトリア女神像の撤去をめぐって、ミラノ司教アンブロシウスと有力議員シュンマクスとの間で激しいやりとりがおこなわれた。

コンスタンティヌスの死後、彼の3人の息子たちが帝位についたが、長子と三子が殺害され、361年に次子のコンスタンティウス2世が急死すると、コンスタンティヌスの甥であるユリアヌスが単独帝となった。しかし363年、ユリアヌスはササン朝ペルシアに対する遠征で戦死し、コンスタンティヌスの血統は途絶えた。

ゲルマン民族の侵入と西ローマ帝国の滅亡

364年、ウァレンティニアヌス1世が即位し、ウァレンティニアヌス朝を創始した。彼は弟のウァレンスを帝国東部の皇帝とし、自身は西部の皇帝となった。376年、アジア系遊牧民のフン族に圧迫された西ゴート族が、ドナウ川を渡ってローマ帝国領内に侵入した。「ゲルマン民族の大移動」の開始とされる出来事である。378年、ウァレンスのひきいるローマ軍はハドリアノポリス（アドリアノープル）で西ゴート軍と戦ったが大敗し、ウァレンス自身も戦死した。

翌年、将軍テオドシウスが帝国東部の皇帝とされた。西部でウァレンティニアヌス朝が倒されて僭称帝が現れると、テオドシウス1世は僭称帝をやぶり、394年に単独帝となった。熱心なキリスト教徒であったテオドシウスは、この間にキリスト教以外の異教の祭儀を全面的に禁止した。しかし、テオドシウスは単独帝となったわずか4カ月後の395年に死去した。ローマ帝国は彼の2人の息子アルカディウスとホノリウスに継承され、前者が東部、後者が西部を担当したが、以後東西のローマ帝国がひとつとなることはなかった。

西ローマ帝国では、幼いホノリウスにかわって、ヴァンダル人の将軍スティリコが実権を握った。スティリコはイタリアに侵入した西ゴート族を402年に撃退したが、このあと彼が北方辺境の守備軍をイタリアの防衛に投入したため、ライン川の防衛線が崩壊した。その結果、西ローマ帝国は領土の大半をゲルマン民族に奪われ、イタリアの地方政権と化した。408年にスティリコがホノリウスに処刑された後、アラリックのひきいる西ゴート族がイタリアを襲撃し、410年には3日間にわたってローマを劫掠した。

この後、アッティラを王とするフン族が西ローマ帝国への侵攻を開始した。西ローマ帝国の将軍アエティウスは西ゴート族などと同盟し、451年、カタラウヌムの戦いでフン族を撃破した。フン族は態勢をたてなおしてイタリアに侵入し、ローマに迫ったが、ローマ教皇レオ1世がアッティラを説得し、フン族を撤退させた。他方、ヴァンダル族は北方辺境をやぶってガリアやヒスパニアを蹂躙し、429年に北アフリカに進出して王国をたてた。ヴァンダル族はシチリアなどを占領してイタリアの海岸地域を攻撃し、455年にはローマを略奪した。

こうした民族の移動と戦乱は、とくに北イタリアの景観を軍事的なものへと変化させた。スティリコはホノリウスをラヴェンナ（古名ラウェンナ）に移住させたが、これは西ゴート族の侵攻をうけての施策であった。ラヴェンナでは城壁が新築され、市内に宮廷や教会がたてられた。他の都市でも城壁や城門などが、不要になった建築物の廃材を利用して建設された。またガルダ湖などの湖畔や、イタリア北東部からスロヴェニアにまたがるジュリア・アルプス山脈の要所には要塞が築かれた。

西ローマ帝国ではアエティウスが暗殺され、さらにテオドシウスの血統が断絶すると、スエウィ人の将軍リキメルが実権を握り、傀儡皇帝をたてて帝国を統治した。彼の死後、東ローマ帝国がユリウス・ネポスを西ローマ皇帝として送り込んできたが、将軍オレステスはその皇帝を追放し、息子ロムルス・アウグストゥルスを皇帝とした。しかし476年、ゲルマン人傭兵隊長オドアケルがオレステスを殺し、ロムルス・アウグストゥルスを廃位して帝冠を東ローマ皇帝に返還した。西ローマ帝国はここに滅亡した。

東ゴート王テオドリックは東ローマ皇帝ゼノンからイタリア征服を提示されると、489年にイタリアに侵攻し、493年にオドアケルを倒して、ラヴェンナを都に東ゴート王国を建国した。テオドリックはローマの伝統を尊重して、カッシオドルスなどのローマ人を重用し、古典文化も保護した。しかし、東ローマ皇帝ユスティニアヌスがイタリア征服に乗り出し、535年に東ゴート王国との戦争を開始した（ゴート戦争）。この戦争で東ゴート王国は倒され、かわって東ローマ帝国がイタリアを支配することになった。およそ20年におよんだゴート戦争はイタリアに甚大な影響を与え、人口は減少し、数多くの都市や農村が破壊された。さらに、568年にはランゴバルド族が侵入し、イタリアはランゴバルド領と東ローマ帝国領とに分裂した。イタリアの歴史は、6世紀にひとつの断絶をみることができよう。

（飯坂晃治）

第Ⅱ部

中世〜ルネサンス

5 紀元1000年ごろのイタリア半島
——6〜11世紀ごろの北部・中部・南部イタリア

イタリア半島は地中海世界におけるヨーロッパの東の玄関口であり、およそ500年間にわたる中世前期（西ローマ帝国の滅亡から紀元1000年頃まで）には、外部から多様な民族、勢力が到来して、ローマ帝国以来の住民とともに定住した。ここではイタリア半島を北部・中部・南部に三区分し、11世紀までの上級君主の交代をたどって、各地に展開された権威と権力の変遷、政治的錯綜、文化的多様性を比較しよう。それらはいわばイタリア半島を織り上げるタピストリーの、色彩豊かな緯糸《よこいと》といえる。

前コムーネ期の北部イタリア——ランゴバルド王国、カロリング朝、神聖ローマ帝国の下で

北部イタリアは、5世紀にイタリア半島全土に進出したアリウス派キリスト教徒の東ゴート族の王権（497〜553年）、次いで7世紀以降カトリックに改宗したランゴバルド族の王権（568〜774年）、カロリング朝「イタリア王」権（774〜962年）、962年からドイツ・ザクセン朝の皇帝権の下に入る。のちのジェノヴァ共和国、ヴェネツィア共和国、フィレンツェ共和国の領域となる地域に加え、ポー河流域平野に点在する多彩な都市を擁している。12世紀に神聖ローマ帝国皇帝フリー

カロリング朝イタリアの「首都」パヴィアのサン・ミケーレ教会［撮影：山辺規子］

ドリヒ1世と対立した際、北部諸都市はロンバルディーア同盟を形成して対抗し、自治権を主張して戦い、コスタンツァの和約を結んで、イタリアの都市コムーネの政治力を知らしめたことで名を馳せた地域でもある。

6世紀以降、ローマ法とともにランゴバルド法典が継承され、とりわけ家族や親族間の関係に基づく遺言や婚姻に関する取り決めにはランゴバルド法の影響が見られた。続くカロリング朝の王権は、新たに「伯」の称号を与えた家臣による統治と「伯管区」の支配領域単位を導入した。在地の有力家系から選出されることの多い都市の司教と、農村における伯の統治の均衡がはかられたのである。また王都パヴィアからは裁判役人の「巡察使」が地方に派遣され、紛争解決のために伯および司教など在地の有力者とともに巡回裁判集会を主宰した。ただし君主が「封」として土地を譲与し、家臣が忠誠誓約によって君主に託身するカロリング朝の「封建制度」は、フランキアなどのアルプス以北、とりわけライン＝ロワール間地域のヨーロッパと比較すると、北部イタリアでは同様には進展しなかった。

カロリング朝の王として初めて、ルドヴィーコ2世（在位840〜875）はイタリアに定住し、在地の有力家系から王妃を迎えて、中部ベネヴェント公国の内紛に介入し、南部のアラブ勢力に対抗して進軍するなど、活発に活動した。しかし支配勢力圏の拡延は失敗に終わり、彼の没後、「イタリア王国」の継承権をめぐってスポレート公や、ドイツや南フランスなど半島外部に支持基盤をもつ複数の王候補が次々に争い、ザクセン朝のオットー2世がイタリア王となり962年に皇帝（皇帝としてはオットー1世。在位962～973）に戴冠されるまで、およそ100年の戦乱の時代が続く。

地理的には北部イタリアに含まれるが、政治的にはこの枠組みの外部にあるのが、ヴェネツィアとラヴェンナである。ヴェネツィアは中世前期には名目的であれビザンツ帝国への臣従を続け、製塩業とアドリア海での商業活動で経済的基盤を築きながら、7世紀末から既に共同体の政治指導者にドージェ（元首）の称号を使用し、独自の政治構造の確立に努めている。ラヴェンナは東ゴート王国の首都がおかれた後、ビザンツ帝国領として総督の派遣される重要な政治拠点だったが、8世紀後半「ピピンの寄進」によって、ローマ教皇領の一部となった。政治的な枠組みでは、むしろ中部イタリアにつながる領域である。

教皇領と「小ランゴバルド」の中部イタリア

中部イタリアには、9世紀以来、ローマ教皇領と、旧ランゴバルド王国の遺制を残す「小ランゴバルド」のスポレート公国、ベネヴェント公国（のち、ベネヴェント侯国、サレルノ侯国、カプア侯国に分裂）が広がっている。

ローマ教皇領は、ピピン3世が、ランゴバルド王国と戦ってビザンツ帝国ラヴェンナ総督領を奪還し、皇帝に返還せず756年ローマ教皇に寄進したことが、成立の起源とされる。西のローマと東のラヴェンナをつないで、教皇領は半島に楔《くさび》のようにはさまっている。8世紀後半から11世紀後半の「グレゴリウス改革」を中心とする教会改革まで、教皇は、ローマの有力貴族家系、イタリア半島外部の諸王権、とりわけ皇帝などと、あらゆる政治的局面で対立や抗争を繰り返し、都市ローマとコムーネはその舞台であり続けている。

10世紀末から、都市ローマの後背地であるラツィオ地方の農村部で、他に先駆けて「インカステッラメント」という城砦に守られた防備定住地形成が始まるのも、こうした複雑な政治状況と無関係ではない。修道院などの大土地所有者は、城砦の建設を条件に、新たな開墾地を含む土地を中小領主に譲与する。領主は農民家族を城砦内に集住させ、周囲の農耕地・放牧地を再編して分与する。一般に高地の城砦に住民が集住する形態は、アラブ勢力に対する防衛の必要から説明されるが、農地再編を伴う「インカステッラメント」の動きは、11世紀以降の開墾の動きとも結びつき、これ以降、他の農村領域にも拡大していく。

「小ランゴバルド」の二つの公国は、かなり異なる歴史をたどった。スポレート公領は、「イタリア王国」支配下に入り、9世紀末にはイタリア王の継承権を争ったグィード（王在位889～895）のような公もいた。フリウーリを出身地としアルプス以北に支持層をもつ王候補ベレンガリオ（王在位888～924）と争い、両王が並び立つ時期もあったのである。教皇はスポレート公を支持し、皇帝として戴冠されたのは、グィードが891年、ベレンガリオは915年と、スポレート公のほうが早かった。

他方、ベネヴェント公国は、「イタリア王国」には帰属しなかった。公や諸侯は、モンテ・カッシーノなど有力修道院に大規模な寄進をした、ランゴバルド王国以来の大土地所有者でもある。中世前期にも多くの文書が作成されたのは北部イタリアと共通するが、カロリング小文字ではなく、モンテ・カッシーノ修道院とバーリを中心として使用されたベネヴェント書体と呼ばれる書体で書かれている。9世紀中葉まで、銀貨と並んで金貨が造幣されていたのも、アルプス以北とは異なり、金貨を使用するビザンツ経済圏との近さを示している。在地の行政機構として、もともとは王領地の所領役人だった「ガスタルド」が、公権力の代官として機能しているが、のちに有力家系に世襲される私的な権力へ変質し、ガスタルド管区が世襲の権力基盤となっていく。

ベネヴェント公国は、ルドヴィーコ2世が9世紀末に内紛を終結させようと介入したものの、結局849年にはベネヴェントからサレルノが独立し、861年にはさらにカプアが独立して分解し、「侯」の下に在地権力の細分化が進んだ。この時期ベネヴェント侯とサレルノ侯はむしろビザンツ皇帝の権威を認め、コンスタンティノープルからパトリキオスの称号を得ることに執心した。900年代からはカプア侯が勢力を増してベネヴェントを支配する時代が981年まで続き、最終的に1077年にノルマン人の勢力下に入る。後のオートヴィル朝による、シチリア王国建国の第一歩である。

ノルマン王国建設以前のビザンツ帝国領——南部イタリア

南部イタリアには、6世紀から9世紀にビザンツ帝国領に属した地域が広がっている。アッペンニーノ山脈の山間部では都市的な集落が発展しにくかったが、ガエタ、ナポリ、アマルフィ、サレルノなどのティレニア海沿岸の諸都市とその周辺は、中世前期の国際商業に連なる海港都市として栄え

イタリア商船旗中央部・4都市共和国の紋章
（左上から時計回りに、ヴェネツィア、ジェノヴァ、ピサ、アマルフィの紋章）

た。加えて、現プーリアとカラーブリアを中心に広がるビザンツ帝国領（中心都市バーリ）にはビザンツ属州のテマ制が敷かれ、ビザンツ役人のカテパノの支配領域カテパニキオンが形成される。他方シチリア島は、既に827年からアラブ勢力の進出が始まり、902年までに全島がアラブ勢力の支配勢力圏になっている。

9世紀以降、ベネヴェント公国の細分化により在地勢力が弱体化した地域に、半島南部の再支配をすすめるビザンツ勢力と、アラブ勢力が進出し、対立が大きくなる。その後傭兵としてノルマン人が到来して各地に支配拠点を増やし勢力を伸長し、シチリア島も含め1070年代に南部イタリアはほぼノルマン人の支配下に入った。

このように、中世前期の500年間は、イタリア半島各地に、東ゴート族、ランゴバルド族、ビザンツ帝国、フランク族、アラブ人、ノルマン人らの政治勢力が重層的に展開した。そのなかで、外来の上級君主の交替によっても揺らがない在地構造は、都市の中心地機能、法による統治、文書作成技術、文書主義に基づく行政、司教や修道院が支えるローマ・カトリックの信仰と文化、などに支えられていた。都市の繁栄や農村の成長を支えるこうした要素を、イタリア半島のタペストリーの経糸《たていと》と考えることができよう。

（城戸照子）

6 コムーネの誕生と展開
――11〜13世紀ごろの様相

コムーネの誕生とコンソリ（コンスル／コンソレ）

中世の北中部イタリアは、都市が事実上の独立国家として存在した、いわゆる「都市国家」の時代である。そのうち、11〜13世紀は、都市の住民が「コムーネ」と呼ばれる自治組織に集まり、さまざまな統治活動を行うコムーネの時代であった。「コムーネ（comune, commune）」とは、「共通の」「共同の」などを意味するcommunisというラテン語が独立した名詞として使用されるようになり、やがて都市の自治政府や自治都市そのものを表すようになったものである。現在のイタリア語でも地方自治体（市・町・村）を意味している。では、中世イタリアの都市コムーネはどのようにして誕生し、またその後展開していったのであろうか。

11世紀ヨーロッパの二つの出来事、すなわち地中海の遠隔地商業をはじめとする商業活動の活発化と、教会の世俗権力からの解放や聖職者の倫理的刷新をめざした教会改革運動は、イタリアにも大きな影響を与えた。北中部イタリアでは、中世前期においても、都市が司教、さらに伯の所在地として、人々の精神的・政治的中心として機能していたが、11世紀に顕著になる東地中海での貿易の拡大や内陸での在地商業の発達の中で、この都市の住民が徐々に経済力をつけていく。一方、同世紀に高まる教会改革運動は、皇帝と教皇の争い（叙任権闘争）や、それと連動する司教と都市民の争いに発展し、今まで都市政治の中心であった司教権力を動揺させた。こうしたことを背景に、都市内部の平和と統一、次に見るような周辺領域の統制を求める動きの中で、コムーネが成立する。都市の住民たちは、自らの代表としてコンソリ（執政職）と呼ばれる人々を選出し、統治を委ねた。コンソリの数や出現時期は都市によって異なるが、おおむね4～20名くらいであり、12世紀初めにはさまざまな都市でコンソリが見られるようになる。彼らは外交や軍事にリーダーシップを発揮したほか、都市の集会や評議会を主催した。書記・会計など都市政府のあらゆる機関の活動を統括し、都市民やコムーネに関わる係争を調停した。

コンソリに就任するような人物を提供する家柄に属し、評議会に参加するような人々が当時の支配層である。彼らは司教の家臣、伯・辺境伯の役人の家系、農村の土地所有者、豊かな商人や法律の専門家などからなる雑多な人々であった。経済的な豊かさと、政治的・軍事的経験がこのような雑多な人々に、支配層としての共通のアイデンティティを与えていた。彼らはまた、コムーネが提供する富（戦利品や関税などのさまざまな収入）を求めてしばしば争い、私的な報復、和解を行うこともあった。要するに彼らは都市の経済・政治において卓越した地位を占め、しばしば暴力に訴え、武勇と富を誇る、都市貴族であった。

コムーネと周辺農村領域

活発な経済活動や、司教・伯・辺境伯などの上位権力の動揺は、都市とその周囲の農村との関係に

現在も残る中世の市壁（チッタデッラ）

も影響を及ぼす。11世紀から農村の小領主や修道院、農村住民の団体などは、自らの係争を持ち込む先として都市の裁判（調停）を選ぶようになっていった。コンソリと都市民の側でも、農村社会に自分たちの裁判に訴えるように主張した。さらに先ほども述べたように、都市民の中にすでに農村に土地や城を所有する階層が参加していた。このような都市民は、通商上の安全や商取引を行う上での税の軽減、防備の必要から、周囲の農村や領主（これらの領主は、すでに都市政治と関係を持っている者も、そうでない者もいた）と実力で交渉することもあった。都市は自らの影響力をこのようにして拡大していき、12世紀頃には都市間で争いが生じた。

この中で13世紀にかけて、都市コムーネが自らに従属すべき農村の領域として主張していくのが、コンタードという領域概念である。コンタードという言葉は、もともとは「伯管区」、すなわち伯の支配領域を意味するラテン語史料のコミタートゥスという言葉に由来する。イタリアでは、基本的に伯管区は司教区と一致していた。また司教座教会は都市にあったので、都市は司教区の中心であり、伯が都市におかれたため行政的にも定められた地域の中心であった。そこで、12世紀末から、都市の世俗的支配権は、都市を中心とするこれらの領域（司教区、伯管区）に「本来的に」及ぶべきである、という考えが発展したのである。これがすなわちコンタードである。このように、都市の支配領域が都市の市壁内に限られず、周囲の農村地域も含んでいることは、中世イタリア都市の特徴である。

都市はこうして、自治組織と領域支配を発展させていくが、その過程でイタリアに再び皇帝権力を打ち立てることを望むドイツの皇帝フリードリヒ1世と対立が生じる。フリードリヒは、反皇帝の先鋒であったミラノを包囲・征服し皇帝の役人を各都市に派遣するなど、いったんは優位に立つが、諸都市はロンバルディーア同盟を結んで皇帝軍と戦い、レニャーノの戦いで勝利した。その結果、コンスタンツの和（1183年）によって諸都市が事実上行使してきた裁判や徴税、貨幣製造、築城や同盟締結などの諸権利が公認されることになった。

13世紀の変化

12世紀から13世紀初めにかけて、都市はますます発展し、農村からの富裕層・中層の移住、都市民のコンタードでの土地所有などが進んでいく。しかし、それにつれて、都市貴族内部のライバル関係を十分統御することができなかったり、あるいは、増大する都市の諸問題に効率よく対処できなかったりという問題が目立つようになった。そこで、生み出され定着していくのが、ポデスタ制である。ポデスタとは都市の行政・軍事・司法長官として他都市から招聘された人物である。都市の最高指揮者ではあるが、一種の役人でもあり、俸給をもらって自分を招聘したコムーネのために任期付き（半年か一年）で働いた。ポデスタは職務を執り行うために、裁判官、騎兵、公証人、召使い、馬丁などからなる家人集団（ファミリア）をつれていく。そして、職務の終わりには、当該コムーネによって監

当時の文書行政を象徴するものの一つに都市が独自に定めた都市条例がある。写真は1376年のボローニャの都市条例の写本［出所：Anna Laura Trombetti Budriesi, «Gli statuti di Bologna e la normativa statutaria dell'Emilia Romagna tra XII e XVI secolo», *Mélanges de l'École française de Rome - Moyen Âge* [En ligne], 126-2 | 2014, mis en ligne le 03 septembre 2014, consulté le 15 août 2017. URL: http://mefrm.revues.org/2396; DOI: 10.4000/mefrm.2396, Fig. 4 - Archivio di Stato di Bologna, Statuto di Bologna del 1376, c. 167 r.］

査を受けた。ポデスタには、統治の術を心得た人物が選ばれた。ポデスタと並んで、13世紀に重要性を増すのが小評議会（より限定されたメンバーからなる会議）である。小評議会や評議会では投票や多数決の方式が整い、議論や決議は議事録として記録されるようになった。こうして13世紀のあいだに制度に基づく統治や文書行政がコムーネで普及していった。

13世紀はまた新興住民層（ポーポロ）が台頭し、政治的に組織化されていく時期である。これら、新興住民層は、具体的にはコンタードから都市に流入した中小土地所有者や都市の職人・小商人であったと考えられる。彼らは、12世紀から都市貴族の暴力に対して自発的に自警団を作ったり、職業に応じて同職組合に集まったりしていたが、やがて主に地区に基づく団体を基礎として参政権を要求するようになった。旧来の都市貴族層との衝突、対抗関係を経てポーポロは評議会に参入し、都市評議会の人数は拡大した。先に見たポデスタ制の定着の背景には、このようなポーポロの活動があった。

ポーポロはますます勢いを増し、13世紀後半には多くの都市でポーポロが政権を担当するようになる。それにともない彼らは、カピターノ・デル・ポーポロ（ポーポロ組織の指導者）、長老と呼ばれる十数名の評議員、ポーポロ評議会などの制度を、コムーネに倣って整備した。なお基本的に他所者であったポデスタ、カピターノ・デル・ポーポロに対して、長老はポーポロ内で選ばれ、法令の提案を始めとする広範な政治的・行政的権限を持った。

13世紀はまた、都市貴族内部の党派争いが激しくなっていった時代である。党派争いとポーポロ対都市貴族の争いは1220年代後半から互いに重なり始める。このような事情に都市同士のライバル・友好関係、再びイタリアに支配権を打ち立てようとした皇帝フリードリヒ2世と教皇の争いが絡まって、13世紀の北中部イタリア都市は教皇派陣営と皇帝派陣営の争いへと流れていく。皇帝に対抗する諸都市は、再びロンバルディーア同盟を結んで教皇と協力し、約四半世紀にわたってフリードリヒ2世の陣営と争った。また、封建領主から都市政治に進出した家系の出身であるエッツェリーノ・ダ・ロマーノとオベルト・ペラヴィチーノは、皇帝と結ぶことで北部イタリアに勢力を拡大した。1250年のフリードリヒ2世の死後、両者は失脚し、支配下にあった多くの都市が独立を取り戻す。しかしポデスタ制コムーネはもはや北中部イタリアに安定をもたらすことはできず、党派争い・都市貴族とポーポロの争い・コンタードに対する都市の覇権をめぐる争いの中から、やがてシニョーレ（都市の単独支配者）による統治や、ポーポロによる寡頭制など、都市ごとに異なる政治体制が14世紀に向かって生まれていくことになる。

（髙田京比子）

7 南イタリアの展開
――外国勢力の支配

ノルマン人の来訪とシチリア王国建国

11世紀初め、南イタリアは、半島部にビザンツ帝国の直轄領、ビザンツ皇帝を宗主とするナポリ湾周辺の小国、ランゴバルド系諸侯国、シチリア島にイスラーム勢力が分立していて、政治面のみならず、宗教的にも文化的にも四分五裂の状態にあった。曲がりなりにも、西の皇帝の支配下にあって、ローマ・カトリック圏に属する「イタリア王国」としてある程度のまとまりを持っていた北・中部イタリアとは対照的な状態にあった。ところが、中世後期には、南イタリアは王国としてまとまり、北・中部イタリアは、個性豊かな都市や小勢力が割拠するようになる。つまり、11〜12世紀に、南北イタリアの性格は大きく変わることになったのである。そのきっかけとなったのが、フランスのノルマンディ地方からやってきたノルマン人の活動である。

最初にノルマン人が南イタリアにやってきたのは、聖地巡礼のためとも傭兵としての仕事のためともいわれている。いずれにせよ、この地で傭兵として定着し、さらに伯として所領を授与される者も出てきた。その中で、もっとも成功を収めたのがオートヴィル家の兄弟である。特にロベール・ギスカール（ロベルト・イル・グイスカルド）は、教皇が集めた反ノルマン同盟軍を破り、１０５７年教皇によって「プーリア、カラーブリアおよび将来のシチリア公」に封じられた。ロベール・ギスカールは、南イタリア半島全土に支配を広げ、弟ロジェール（ルッジェーロ1世、イル・グランコンテ）がイスラーム勢力支配下にあったシチリア島征服を担い、1070年代にはほぼ南イタリアはノルマン人の支配下に入った。

弟のシチリア伯ロジェールは、豊かなシチリアを拠点に、ロベール死後、南イタリア随一の実力者となった。その息子ルッジェーロ2世は、南イタリアの諸侯領を支配下にいれ、1130年、シチリア王となった。このシチリア王国が諸勢力に承認されるには約10年を要したが、以後、南部イタリアは「王国」として認知されることになる。

このシチリア王国では、在地の慣習が尊重され、シチリア島にはムスリム、シチリア島北東部とカラーブリアではギリシア系の人々、半島部ではランゴバルド人の流れを組むラテン系の人々が共存し、パレルモのノルマン宮殿やモンレアーレ大聖堂などに文化の交流や融合がみられる。

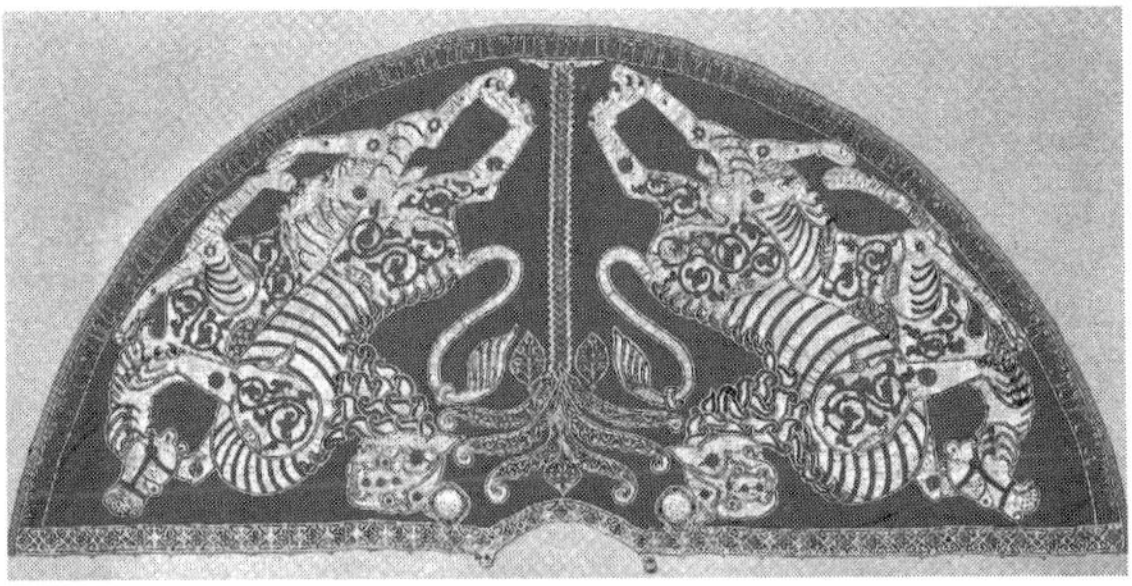
ルッジェーロ2世のマント（ウィーン、王宮博物館蔵）

1189年シチリア王グリエルモ2世（善王）が亡くなり、後継者争いが生じた。ルッジェーロ2世の孫タンクレーディはこの戦いに勝利したが、1194年に亡くなり、この年ノルマン王朝は終わる。

ホーエンシュタウフェン朝からアンジュー朝支配のシチリア王国

1194年、皇帝フリードリヒ1世（バルバロッサ）の跡を継いだ皇帝ハインリヒ6世は、妃でルッジェーロ2世の娘であるコスタンツァとともにパレルモに入り、ホーエンシュタウフェン家の皇帝がシチリア王を兼ねることになった。

1197年、ハインリヒは亡くなり、翌年コスタンツァも亡くなる。残されたフリードリヒ2世（フェデリーコ2世）は教皇インノケンティウス3世を後見人としてシチリア王となった。教皇はシチリア王と皇帝の分断を図ったが、混乱した。結局1212年、フリードリヒ2世はドイツ王として戴冠し、1220年にローマで皇帝として戴冠された。

カステル・デル・モンテ

しかし、フリードリヒは教皇と対立し、繰り返し破門された。同時代の年代記では彼を「世界の驚異」と呼び、後にイタリア・ルネサンスの文化の名著を記したブルクハルトは「玉座の上の最初の近代人」と評した。フリードリヒ自身は多言語を駆使し、詩人としても知られ、『鷹狩りの書』（1240年代）を記した。彼が設計したと言われるカステル・デル・モンテは、十字軍の経験が生かされたといわれており、映画『薔薇の名前』の図書館のモデルともなった。

一方で、1224年、シチリア王国の人材育成のためナポリ大学を設立し、メルフィで公布した当時の法学研究の成果を取り入れた大法典『シチリア王国勅法集成（リベル・アウグスタリス）』（1231年）を公布するなど国家体制を整えようとした。フリードリヒ2世はドイツよりもイタリアを優先したが、教皇と対立し、北イタリアの都市同盟軍に敗北し、失意のうちに1250年没した。

彼の死後、息子コンラート4世がその跡を継いだが1254年に急死し、シチリアではフリードリヒ2世の庶子マンフレーディが支配を確立する。これに対して、教皇は1263年、フランス王ルイ9世の弟アンジュー伯シャルル（カルロ・ダンジョ、カルロ1世）に、シチリア王国を授封した。シャルルは、1266年マンフレーディを破り、さらに1268年コンラートの遺児コンラーディンを捕虜とし処刑した。アンジュー朝の成立である。

シャルルはフランス人を登用し支配を確立したが、1282年パレルモで反フランス人感情が高まり、フランス人が虐殺された。「シチリアの晩禱」事件である。この事件をきっかけとして、シチリア島からフランス勢力が一掃されることになった。

ナポリ王国とシチリア王国の並立

「シチリアの晩禱」事件のあと、シチリア島ではホーエンシュタウフェン家のコスタンツァと結婚していたアラゴン王ペドロ3世が、ピエトロ1世としてシチリア王に即位することになった。しかし、半島部分はシャルルの支配下にとどまった。どちらの王も「シチリア王」を称したが、通常ナポリを中心とする王国は「ナポリ王国」と呼ばれる。

ナポリのアンジュー城

1285年にシャルルとペドロは没し、シチリア島ではペドロの息子ハイメ（ジャコモ）1世、ナポリではカルロ2世が跡を継いだ。ハイメはアラゴン王位も継承し、教皇の圧力を受けてカルロ2世と和約を結び、1297年カルロ2世の息子ロベルトとハイメの妹ヨランダ（ヴィオランテ）が結婚した。しかし、シチリアの在地有力者はこれを拒否し、ハイメの弟フェデリーコ2世（3世とも）をシチリア王とした。ハイメがアンジュー家と手を組み、弟が支配するシチリアを攻撃するなど、さらに状況は複雑となった。

1302年、ナポリを中心とするアンジュー家とシチリアのパレルモを首都とするアラゴン勢力との間で、カルタベロッタの和約が結ばれた。法的にはアンジュー家がシチリア王位を有するが、アラゴンのフェデリーコ2世にはシチリアを意味するトリナークリア王位が承認され、その存命中はシチリアを支配するとされた。しかし、1320年以降もフェデリーコ2世の共同統治者であった息子ピエトロ2世（暗愚王）が王位を継承し、アラゴン勢力によるシチリア支配が続いた。

1342年、ピエトロ2世の死後、幼いルドヴィーコ（ルイージ）王の摂政をめぐる争いから、貴族層が力を伸ばし、1355年に即位したルドヴィーコの弟フェデリーコ3世（4世とも）（単純王）の時代も反乱とナポリ王勢力との関係に悩まされた。

1377年、フェデリーコ3世の娘で、アラゴン王ペドロ4世の孫でもあるマリアが即位をすると、ペドロ4世がシチリア王位を要求し、シチリア統治を地域総督に委ね、アラゴン王国でマリアを自分の息子マルティン（マルティーノ）（大）とフェデリーコ3世の妹の息子マルティン（マルティーノ）1世（小）と結婚させた。その後、シチリア統治を委任された地域総督が相次いで亡くなったため、1392年マルティン父子とマリアは、シチリアに戻った。1401年にマリア、1409年にはマルティン（小）が亡くなり、1396年にアラゴン王となっていたマルティン（大）2世がシチリア王を兼ねたが、そのマルティン（大）も1410年に世を去り、アラゴン王朝は断絶した。このアラゴン王位を継いだのは、カスティーリャ王家のフェルナンド1世であり、フェルナンド1世、その跡を継いだアルフォンソ5世はシチリアに副王を派遣し、シチリア王国を属国とした。

ナポリの王宮

半島部分のナポリ王国では、1309年にロベルトがカルロ2世の跡を継いだ。彼は、ナポリ王国の秩序を整えただけではない。1317年にロベルトはローマのセナトーレに任じられ、北イタリアでも彼を支配者として認める都市や地域があり、皇帝不在の際の全イタリア代官とみなされ、賢王と呼ばれた。

1343年ロベルトが亡くなると、孫娘ジョヴァンナ1世が即位したが、アンジュー家出身のハンガリー王カルロ・ロベルトの息子でジョヴァンナ1世の夫アンドラーシュの死に関わって、又従兄でハンガリー王ラヨシュ1世の介入を招いた。1382年にジョヴァンナ1世が亡くなると、アンジュー家傍系で、ジョヴァンナの姪マルゲリータと結婚していたカルロ3世（ハンガリー王カーロイ2世）がナポリ王となった。しかし、このカルロ3世も1386年に暗殺された。おりしも教会大分裂が発生しているなか、ナポリ王位継承争いは王国の宗主権を持つ教皇の並立と結びつき、1414年、ルイージ2世（アンジュー公ルイ）とカルロ3世の息子ラディスラーオが対立し混乱を極めた。ラディスラーオが嫡子を残さず死んだ後、その姉ジョヴァンナ2世が即位したが、やはり子供はおらず、ヴァロワ・アンジュー家のルイージ3世（ルイ）やその弟ルネ・ダンジュー、あるいはアラゴン王アルフォンソ5世など後継者指名を二転三転し、混乱した。

最終的に1442年王位を獲得したのは、アルフォンソ5世である。彼は死ぬまでナポリにとどまり、その宮廷にはロレンツォ・ヴァッラなどの文人や芸術家が集まり、ルネサンス文化の一大中心地となった。アルフォンソは、シチリア島のシチリア王国の王でもあり、二つのシチリア王を兼ねたことから「両シチリア王」を称した。しかし、この二つの王国は統合されたわけではなく、アルフォンソの死後は、再びそれぞれの王が統治することになった。

このように中世後期以降のイタリア南部は王国という枠組みはあるものの、常に外国勢力の介入があり、王権が不安定であった。しかし他方で、さまざまな交流の場であったこともまた注目できる。

（山辺規子）

8 ローマ教皇庁とイタリア
——普遍性と地域性

イタリアに生きる教皇たち

イタリアを旅する日曜日、あちこちが休みで手持ち無沙汰なままテレビをつけると、教皇司式のミサが生中継されていることがある。教皇はその出身地にかかわらず流暢なイタリア語を使って国々から集った信徒、そして世界に語りかけ、熱狂的な喝采を浴びている。教皇に、国境はない。全カトリック世界の長として大きな発言権をもち、現代的な諸問題に臨む態度は国際的にも注視されている。その一方、中継を眺めながら、自分がイタリアにいることを強く感じるのも事実である。イタリア語の響きがそうさせるのか。おそらくそれは副次的な理由にすぎない。ミサを執り行う教皇の姿を眼前に、ここローマ——正確にはヴァティカン市国だが中世も近代もローマにほかならなかった——、あるいはイタリアこそが教皇のいるところとして最も相応しいのだと再確認するからに違いない。

初代ローマ司教とみなされる使徒ペトロ以降、歴史に名を遺した教皇は枚挙にいとまがなく、近年では2014年に列聖されたヨハネ・パウロ2世の活躍が記憶に新しい。他にも高潔、頑迷、芸術家、学者肌等々の、実に多種多様な人柄の教皇たちがおよそ2000年にわたってその歴史を継承してきた。しかし、彼らの個性をどれほど探求しようと、現在まで教皇がイタリアに存在し続けてきた理由を明確にはできない。なぜなら教皇の歴史は個人史の集積でありながら、その権力がたどってきたより総体的な歴史と捉えるべきだからである。この教皇権の歴史は、5世紀から16世紀はじめまで、つまり中世という時代を通じて、教皇が直面してきた多くの歴史的事象と深く関わっている。

皇帝権・王権と教皇権

歴代の教皇たちは、初代教皇ペトロの継承者を自任し、小アジアや北アフリカ、シリアなどの教会に対し、ローマ教会の普遍的優越性を申し立てた。ローマ帝国の首都教会であったことも有利に働き、諸教会のなかでも指導的立場にたっていた。しかしキリスト教を公認したコンスタンティヌス帝の庇護のもと、新都コンスタンティノープルに置かれた教会が急速に成長すると、ローマとコンスタンティノープルの間でどちらが首位教会に相応しいかという論争が生じるようになる。この抗争は神学的論争や政治的問題を孕みながら激しさを増し、4世紀後半以降、ゲルマン諸族の侵入に起因する西方世界の混迷が極限に達すると、両教会の懸隔は広がった。

アルノルフォ・ディ・カンビオによるペトロのブロンズ像（1300年頃、ヴァティカン、サン・ピエトロ大聖堂）

東ローマ帝国は異民族侵入の影響をほとんど受けず、周辺に対して圧倒的な存在感を誇る強国でありつづけたが、西方では各地で都市の破壊にともなう行政機構の喪失や教会の荒廃、司教区の消滅といった危機的状況が出来した。領土を狭める西ローマ帝国のなかにあってイタリアは476年まで帝国の中心でありつづけたために比較的安定しており、聖遺物の移送なども盛んに行われたが、それでも5世紀初頭には西ゴート族が、同世紀半ばにはヴァンダル族が相次いでローマを略奪するなど、中央政府の機能不全は明白であった。

このような状況下、教皇は西方諸都市の司教がそうであったように、自らが行政官として都市ローマを防衛し、市政を指揮しなければならなかった。大教皇とよばれたレオ1世（在位440～461）やグレゴリウス1世（在位590～604）はまさにこの種の功績によって記憶されている教皇であるが、このことは教皇にとってローマ以外の領域に影響力を及ぼすことが困難であったことを示唆してもいる。事実、東ローマ皇帝は教皇の人選に介入するなど西方教会をほとんど従属させていた。

こうした状況が変化するのは7世紀以降である。東ローマ帝国はイスラーム勢力を筆頭に波状的な異民族の侵入を受けて西方を顧みる余裕を失くし、また皇帝レオン3世が展開した聖像破壊運動にローマ教会が反発したために、東西の溝は深まった。ゲルマン系ランゴバルド族は6世紀末すでに北イタリアを占領していたが、帝国勢力の後退を好機とみて積極的な領土拡張に乗り出し、751年には東ローマ帝国の総督府が置かれていたラヴェンナを陥落させてローマに迫った。教皇は東方ではなくゲルマン部族国家の中でいち早くカトリックに改宗していたフランク王国に救援を要請し、フランク王ピピンはこれにこたえて旧ラヴェンナ総督領をランゴバルドから奪って教皇へ献上した。これにより教皇は、イタリア内に自らの領地である教皇領を広く保有することになり、世俗君主同様、その経営や維持が重要な課題となった。そして、この事件を契機としていっそう緊密化した教皇とフランク王権との関係は、教皇権のあり方に大きな影響を与えることになる。

800年、教皇レオ3世（在位795〜816）は、ローマのサン・ピエトロ聖堂において、フランク王カールにローマ皇帝の冠を授けた。カールはランゴバルド討伐をはじめとする大征服によって旧西ローマ帝国領に匹敵する広大な領土を出現させていたが、それだけが皇帝戴冠の理由ではない。教皇はその権威を保障し教会を庇護する強力な権力者を求めており、フランク王はカトリック信仰を国家の統治理念とし、教会組織を統治システムに組み込むことで王国支配を強化しようと企図していた。したがって戴冠は両者の利害が一致した結果であり、復興した西ローマ帝国は、東ローマ帝国から独立した「新たなキリスト教世界」としてのアイデンティティを獲得するに至った。しかしカールは旧ランゴバルド領を教皇領に加えることはなく、皇帝としてローマにとどまることもなく、聖職者を臣従させ、教会行政を統制した。国家と教会は不可分であり、主導権を掌握していたのは王だったのである。

カール死後、フランク王国は分裂して衰退し、イタリアは教皇領を含む多数の勢力に分断されて混迷したが、フランクの支援を喪失したことで教皇権は失墜し、イタリアやローマの局所的な政治状況に左右される権力闘争の場と化した。ランゴバルド系貴族などローマ近郊の有力者は教皇の廃立にまで関与し、各地の教会や修道院は効果的な働きかけをすることのできない教皇を軽視した。この窮状から教皇を救ったのは、やはり王であった。教皇は自らの庇護者として当時有望な成長をみせつつあった東フランク王国に狙いを定め、962年には国王オットー1世に加冠して神聖ローマ帝国を事実上現出させた。

普遍的権威の確立と教皇にとってのイタリア

神聖ローマ皇帝と教皇は一時「蜜月」といえるほどの協調関係を築いていたが、11世紀後半になると状況は変化する。グレゴリウス7世（在位1073～85）は、従来皇帝や諸侯によって行われていた聖職者任命に強く反対し、宗教上のあらゆる権限を教皇のもとへ集中させるべく世俗権力との激しい闘争を開始した。以後教皇はローマやイタリアと結びついた不安定な地域的権威から、西ヨーロッパ全域に宗教的権限を行使する普遍的権威への転身をはかり、ウルバヌス2世（在位1088～99）期にそうした傾向はより顕著になった。彼は十字軍派遣を宣言して教皇の威信を著しく高揚させるとともに、教皇を補佐する行政機構すなわち「教皇庁」を整備して、教会統治を合理化した。叙任権闘争が妥結した12世紀初頭には教皇領内における皇帝の影響力が払拭されて、教皇は世俗権力からの自立を得、普遍性を一層帯びることとなったが、それは「聖なる教皇」から「統治する教皇」への変質をも意味していた。インノケンティウス3世（在位1198～1216）

インノケンティウス3世のフレスコ画（13世紀前半、スビアーコ、サン・ベネデット修道院〔サクロ・スペーコ〕）

が自らを「キリストの代理人」と称し、霊的分野のみならずヨーロッパの国際政治にも介入したことや、ボニファティウス8世（在位1294〜1303）が聖職者課税をめぐってフランス王と激しく対立したことも、11世紀後半以降の教皇権の変容を把握してはじめて理解することができる。

他方、教皇権の自立は、イタリア中部に広がる教皇領という基盤と枠組みの上に成り立っていたことも無視できない。この地理的枠組みは、14世紀初頭に教皇庁がローマからアヴィニョンへ移転して以降、むしろその真価を発揮した。というのも多くの教会人が教皇のローマ帰還を熱望しており、また教皇たち自身もその意志を有していたからである。1377年に教皇はイタリアに帰還したが情勢は安定せず、ローマとアヴィニョンに教皇が並立する異常事態へと発展した。事態の収拾を目的に開催された公会議では教皇に対する公会議の優越が宣告されるなど、中世末期の教皇権は一層厳しい試練に直面することとなる。イタリアに目を転じれば、中世中期以降教皇と神聖ローマ皇帝との軋轢に端を発したグェルフィ（教皇派）とギベッリーニ（皇帝派）の党争が都市において蔓延し、政治状況をますます混乱したものにした。祖国フィレンツェの政争にまきこまれたダンテの放浪は、このような文脈の上に生じたものである。

このように中世における教皇は、ローマを中心とした局所的聖職者から全ヨーロッパにおける普遍的権威者としての性格を強め、教会統治や国際政治に大きな存在感を示すようになった。しかし、教皇の所在地はローマでなければならず、教皇はローマとともに歴史を刻んできた。超域的で普遍的な権威者たる教皇にはあくまでもイタリア、そしてローマという地域性が不可欠だったのである。

（藤崎　衛）

コラム 1

十字軍とイタリア

「十字軍」とは、キリスト教教会の敵と戦うことに対して与えられる贖罪のことであり、聖地の解放はその一部に過ぎない。一般的にこのように定義される「十字軍」に、「イタリア」は長期にわたって関与した。ただし一口に「イタリア」といっても、シチリア王国・ナポリ王国・モンフェッラート辺境伯国のような領域国家と、ヴェネツィア・ジェノヴァ・ピサのような港湾都市国家とでは関与の仕方は異なり、大きく見ると前者の関与は直接的であり、後者のそれは間接的であった。しかし、いずれにも共通するのは、当時において大きな海運力を持っていた、ということである。

シチリア王国は、そもそも聖地巡礼の帰路に南イタリアに立ち寄った集団によって建国されたのであり、ロベルト・イル・グイスカルドの長男ボエモンドが十字軍士として第1回十字軍に参加したことは自然な流れとも言える。苦心の末に彼がアンティオキアの攻略に成功した後、疫病の蔓延や食糧の不足などに苦しむ十字軍士たちを支えたのは、ジェノヴァやピサからやって来る艦隊であった。これらの艦隊からの支援があったからこそ、同十字軍はエルサレム占領に成功したのである。そもそもこれらの港湾都市が艦隊を東方に派遣できたのは、すでに交易ルートが確立していたからに他ならない。かつてアンリ・ピレンヌが主張したように、イスラーム勢力の地中海進出はヨーロッパ世界を外界から遮断した、というわけではなかった。むしろ、それは地中海世界におけるキリスト教徒の活動の活性化を促したのであった。ヴェネツィアが同十字軍への関与を見送ったのも、ファーティマ朝との交易関係を重視してのことであった。しかし、同十字軍がエルサレム占領に成功した1099年の翌年より、ヴェネツィアも艦隊を派遣してシドン（現サイダ）やティール（現スール）といった地中海沿岸都市の占領や、すでに獲得された地域の維持に大きく貢献し、その見返りとして商業特権などの様々な権利を得ていくこととなった。

1187年、サラーフッディーンによってほぼ壊滅状態に陥った十字軍国家の危機を救ったのは、モンフェッラート辺境伯コッラードであった。彼は、すでに東方に向かっていた父グリエルモ5世と兄グリエルモの後を追って聖地にやって来たのであったが、概して十字軍運動はこのような十字軍家系によって支えられていた。そして、コッラードの弟のボニファーチョ1世こそ、第4回十字軍の統率者となった人物である。周知の通り、この十字軍で最も多くの利益を得たのがヴェネツィアであった。クレタ島をはじめとする多くの拠点を手中に収めたヴェネツィアは、東地中海における制海権をほぼ確立した。また、この時にペロポネソス半島に建国されたアカイア侯国は15世紀まで存続した。

シチリア国王でもあった神聖ローマ皇帝フリードリヒ（フェデリーコ）2世は、条約によってエルサレムを回復したことでも知られるが、その家系を滅ぼしてシチリア島の支配権を握ったのがフランス国王ルイ9世の弟のアンジュー伯シャルル（カルロ）1世であった。彼はアカイア侯国も支配下に置き、その支配はアンジュー家がシチリア島から駆逐されてナポリに拠点を移して以降（ナポリ王国）も続いた。その後に第4回十字軍の副産物はオスマン帝国によって奪われる、もしくは危機的状況に晒されたが、1571年、神聖同盟によって結ばれたスペイン王国とその支配下に置かれたナポリやジェノヴァ、ヴェネツィア、ローマ教皇庁などの連合軍がレパント沖にてオスマン帝国海軍を破った。実は、この神聖同盟も十字軍特権を核としていたのである。（櫻井康人）

9 中世イタリアの港湾都市の興亡
――地中海世界とイタリア

地中海世界は人々の交流の場として知られているが、半島と島が面積の多くを占めるイタリアにおいては、港湾都市はその重要な窓口として歴史上機能した。古代においてナポリがギリシア人の植民地として建設されたのはその古い例である。さて、中世に花開いた港湾都市はいくつかあるが、アマルフィ、ピサ、ヴェネツィア、ジェノヴァはその代表格であろう。本章では、こうした勢力のイタリア外での進出と活動に焦点をあててみたい。

コンスタンティノープルとイタリアの港湾都市

これらの港湾都市が、時代のダイナミズムのなかで海外進出の様相を示す一例が、11～12世紀における地中海世界の中心の一つともいえるコンスタンティノープルでの活動である。いち早くイスラーム文化との接触をもっていたアマルフィは、この地への進出も早く、金閣湾沿いのペラマ地区に居留地をもった。11世紀後半には、同地にはアマルフィ人による聖マリア・ラテン教会の存在を含む居留地が確認される。マウローネ伯家系に連なるマウロやその息子パンタレオーネは、11世紀のアマルフィ人の東地中海での活躍を象徴する人物である。父マウロの代から彼らはアマルフィの富裕な商人でもあり、教皇、ビザンツ皇帝、さらには神聖ローマ皇帝をも含む東地中海世界を中心とした国際政治に関与し、また、ビザンツ製のブロンズの門を、モンテ・カッシーノ修道院をはじめとするイタリア各地の修道院に普及させるなど芸術面での文化交流にも尽力したことで知られる。コンスタンティノープルに壮麗な邸宅を持っていたのに加え、アンティオキアやエルサレムにアマルフィ人の旅人やその他の巡礼者のために修道院付属の宿泊所を設立した。パンタレオーネは1087年には十字軍の前哨戦ともいえるアル・マーディアの戦いにも参戦している。

アマルフィ人の東地中海での活躍は、1073年、アマルフィがノルマン人の支配に服して以降、陰りを見せていく。1081年、ノルマン人の支配者ロベルト・グイスカルドがビザンツ皇帝アレクシウス1世に対して遠征軍を派遣したさい、アマルフィ人の船はノルマン人に味方せねばならなくなり、コンスタンティノープルとの良好な関係は失われていくことになる。

南イタリアで封建社会と農業に立脚する社会が展開していくなか、イタリア人の国際商業の主役となるのは中北部イタリアの自治的な港湾都市であるヴェネツィア、ピサ、ジェノヴァである。前述の1081年のロベルト・グイスカルドのコンスタンティノープル遠征にさいし、ビザンツ皇帝アレクシウス1世はヴェネツィア人の船に軍事協力を要請した。そしてこれを契機に、ビザンツ側は翌1082年以降、ヴェネツィア人にコンスタンティノープルにおける大きな特権を与えた。商業面ではあらゆる商品に対する関税免除等の特権を授かり、さらに居留地空間や寄港地を金閣湾沿いに獲得し、居住地や商店、市などを持つことができ、ヴェネツィアはこの地の商業において優位に立つことになる。

ピサは、第1回十字軍に参加し十字軍勢力への協力と引き換えにシリア方面での数々の特権を得ており、コンスタンティノープルにおいても1111年には関税率の引き下げという特権を獲得した。さらにピサ人はアレクシウス1世に対する忠誠や軍事支援と引き換えに帝国内での人身と商品の保全、コンスタンティノープルでの居留地と同地における商人の住居と仕事場、教会、商店、寄港地などを有する権利を獲得し、ヴェネツィアの後に続いた。

この二つの港湾都市に遅れて、ジェノヴァは12世紀中頃以降同地で頭角を現してくる。ピサと同じく十字軍国家で既に数々の商業特権を有していたジェノヴァは、この時期から公証人文書を数多く残しており、そのなかには、シリア方面ほどではないにせよ、ビザンツ向けの投資も数多く確認される。ジェノヴァ人は皇帝マヌエル1世との交渉により1155年には関税率をピサと同程度に引き下げることに成功し、その見返りにビザンツに対する軍事協力を約束した。ジェノヴァ人とビザンツとの関係が進展する一方、ビザンツとヴェネツィア人との関係は悪化し、1171年にはビザンツは帝国内の全ヴェネツィア人の身柄と彼らの商品を差し押さえるという事件が起こった。この事件は第4回十字軍勃発の背景の一因として論じられることも少なくない。まもなくコンスタンティノープルをめぐるイタリアの港湾都市の興亡も次の段階を迎えることになる。

13世紀以降のイタリアの港湾都市

13世紀は「モンゴルの平和」といわれるモンゴル帝国による安定のもとに東西交流が活発化した時代で、国際商業の発展期であった。また、この世紀後半にはジブラルタル海峡の定期便航路も開け、北西欧へのイタリア商人の進出が進展し始める時代であった。そうしたなか、13世紀後半以降の港湾都市の興亡では、ピサの衰退が注目される。アッコン陥落によるシリア方面での十字軍国家の消滅や、コルシカ島でのジェノヴァとの勢力争いの過程で、勢力を減退させつつあったピサは、1284年のメロリア海戦でのジェノヴァへの敗北以降、急速に力を失い始め、14世紀末には勢力拡大をもくろむ他のイタリア都市国家の領土的野心の矛先となり、1406年にはフィレンツェに併合された。

港湾都市の残り二つ、ジェノヴァとヴェネツィアの展開について述べよう。13世紀に入って間もない1202年に始まった第4回十字軍は、その進展途中に十字軍に多額の資金提供を行っていたヴェネツィアの要望も反映される形となり、その結果コンスタンティノープルを陥落させビザンツ帝国を追放し同地にラテン帝国を築いた。この帝国の成立により、コンスタンティノープルでの国際商業はヴェネツィア人が圧倒することになった。このことは、この時期の同地におけるジェノヴァ商業の件数の激減からも実証されている。ところが、1261年、ラテン帝国が滅亡しビザンツ帝国がコンスタンティノープルに帰還すると、この帰還の直前にのちのビザンツ皇帝ミカエル8世と軍事同盟を結んだジェノヴァがこの地の商業で優位に立ち、コンスタンティノープルの背後に広がる黒海沿岸部への優先権等の特権を獲得する素地を築いた。ヴェネツィアもその後ビザンツ帝国と和平を結ぶが、黒海世界ではジェノヴァが優勢のまま中世の終わりを迎えることになる。

中世後期のジェノヴァとヴェネツィア

ジェノヴァとヴェネツィアについては、13世紀末の1298年のクルツォーラ沖の戦いでのジェノ

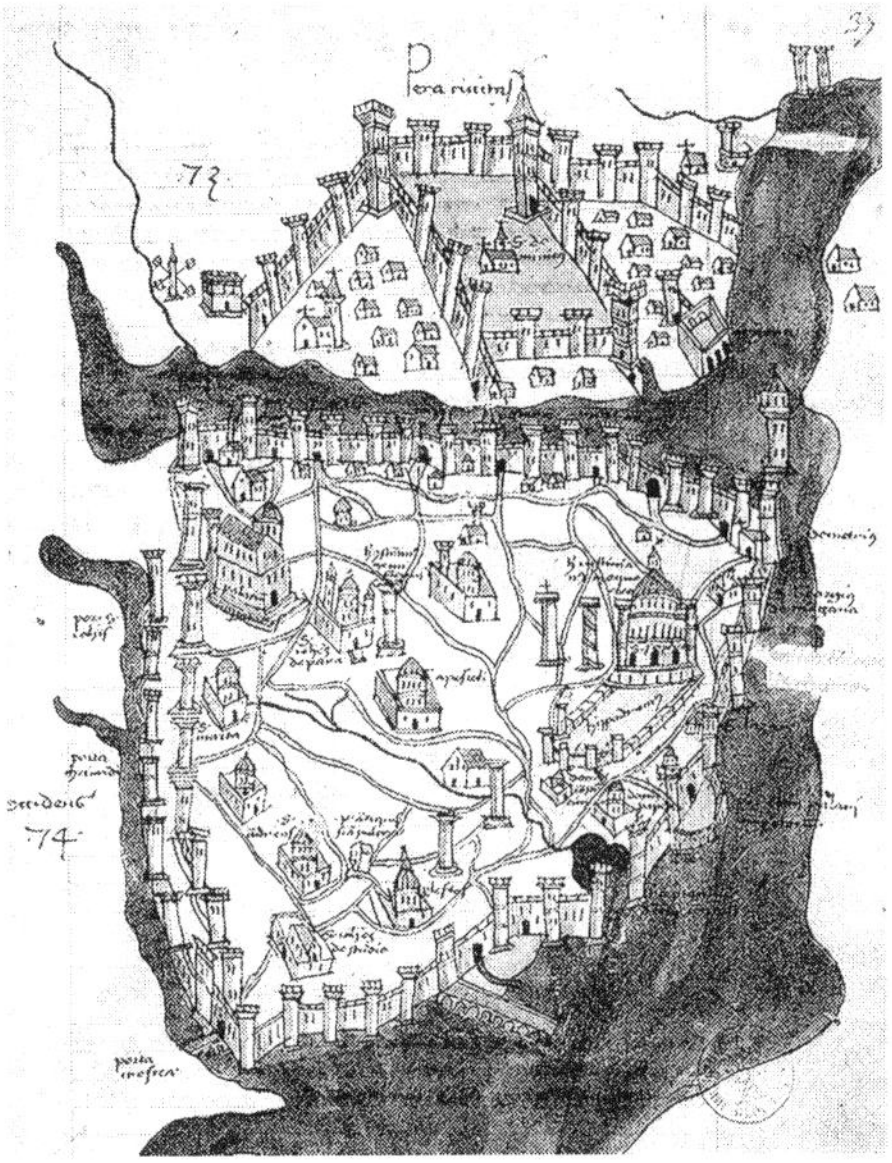

コンスタンティノープルとジェノヴァ人の居留地ペラ。15世紀前半、クリストーフォロ・ブォンデルモンティ作成の地図（フランス国立図書館蔵）

ヴァの勝利、また14世紀後半の1378年に始まる両者の争いでのキオッジアの戦いにおけるヴェネツィア側の防衛死守などの直接対決があった。しかしながら、こうした直接対決の結果として結ばれた条約の内容等からもわかるように、それ自体による両都市の海上覇権における優劣はつかなかった。13世紀末は前述の「モンゴルの平和」の末期でまだ対外進出拡大可能性を秘めていた時代であり、敗北した側の痛手も少なかった。一方、14世紀後半は、既に新たな地域での貿易拡大の限界が認識されていた時代に突入しており、この時期の戦いは、地中海内での勢力争いにすぎない。両都市とも巨額の戦費を用いたが、死守したヴェネツィアもジェノヴァを圧倒する余力はなく、勢力拡大には至らなかった。

　こうした時代の限界を察していたヴェネツィアとジェノヴァは、それぞれの海外居留地を保持するのに力を注ぎ、またお互いの活動領域を意識しある程度「棲み分け」をしながら、中世後期の対外進出活動を繰り広げ生き抜いていく。海外での拠点形成において国家主導色の強いヴェネツィアでは、13世紀よりクレタ、14世紀後半以降のイオニア諸島、そしてその他のギリシア諸地域や東欧圏にも直接的支配領域を形成した。東地中海ではシリアやアレクサンドリアで香料等の貿易を活発に行っている。ジェノヴァは、14世紀半ば以降ジェノヴァによる支配の色合いを濃くしたコルシカや、13世紀後半以降、奴隷や小麦などジェノヴァ商業の主要交易品を扱う黒海沿岸部各地の拠点等では、国家から派遣された居留地の代官なども存在するものの、それらに加えて、私的な勢力を基盤とする対外進出活動も顕著に見られた。なかでも西欧諸国での需要の高かった明礬《みょうばん》交易の拠点であったエーゲ海のキオス島は、同島征服に尽力した人々の持つ植民権に正統性の起源をもつ私的な勢力が、ジェノヴァ本国の居留地行政を担当する役人とは別に島の経営権を握り、支配の中核となるといった現象が起こった。

中世後期から近世前半にかけて、両都市ともオスマン帝国の地中海進出に苦悩することになる。ヴェネツィア支配のモドン、コロン、ジェノヴァ支配のシノップ、サムスンなど、両都市が地中海や黒海沿岸に獲得していた拠点の多くはオスマン帝国の攻撃により陥落した。ヴェネツィアは時にオスマン帝国と直接戦闘をしつつ、またポルトガルの紅海貿易進出にも対抗しつつ、香辛料交易での利権を守るべく奮闘していた。ジェノヴァの商人たちは、マグリブでの金の交易に関与したり、イベリア半島への進出の度合いを高めるなどして、西地中海方面での活躍が顕著になっていき、ブローデルに「16世紀はジェノヴァ人の世紀」という言葉を広めさせたような金融業・商業活動を展開する。スペインとオスマンという大帝国の対立のなか、ヴェネツィアやジェノヴァもそれぞれの立ち位置を再考する必要が近世初頭には生まれたのであった。

（亀長洋子）

コラム 2

イタリア中世都市の形態学

イタリア中世都市の形態は諸々の決定要因が絡み合い約1000年をかけてつくりあげられているため、それを時間軸に沿って記述することはむずかしい。これに対して1960年代の都市学者マリオ・モリーニは、紀元1000年を境界とする二つの時期に分けることを提言した。第1期（1000年以前）では、西ローマ帝国の滅亡、異民族の侵入・定住、封建領主の台頭などの歴史的背景が都市形態にあらわれた現象として、（A）ローマ都市の縮小化、（B）防衛上有利な地点あるいは教区聖堂周辺の小居住核の発生、（C）修道院周辺の小居住核の発生、（D）城砦周辺の小居住核の発生をあげている。11世紀以降、ヨーロッパの至る所で生じた経済の復興は、イタリアにおいても都市建設活動を急速に活性化させ、社会の新たな法的・政治的組織を包み込む構築物としての中世都市を形成させる。以下、第2期（1000年以降）において最も本質的な三つの発生要因にもとづくイタリア中世都市の類型について述べる。

①既存のローマ都市を発展させた中世都市

ローマ都市の大カルド（南北大通り）と大デクマヌス（東西大通り）は矩形の市壁を貫き、東西南北の四つの市門をもっていたが、1000年以降の人口増加に対応して二度三度にわたって新たな市壁で囲われた。ボローニャ、フィレンツェ、ルッカなどその後巨大な中世都市に発展した例が多い。この類型に共通するのは、ローマ都市の神殿、浴場などの遺構が消滅し、一部の円形闘技場、劇場が街区形態として存続する一方で、大カルドと大デクマヌスを座標軸とした格子状道路網、ならびに市壁が境界付けていた矩形の都市輪郭が中

図1　フィレンツェの中心部には古代ローマ植民都市の格子状道路網と市壁が境界付けていた矩形の輪郭が残存している

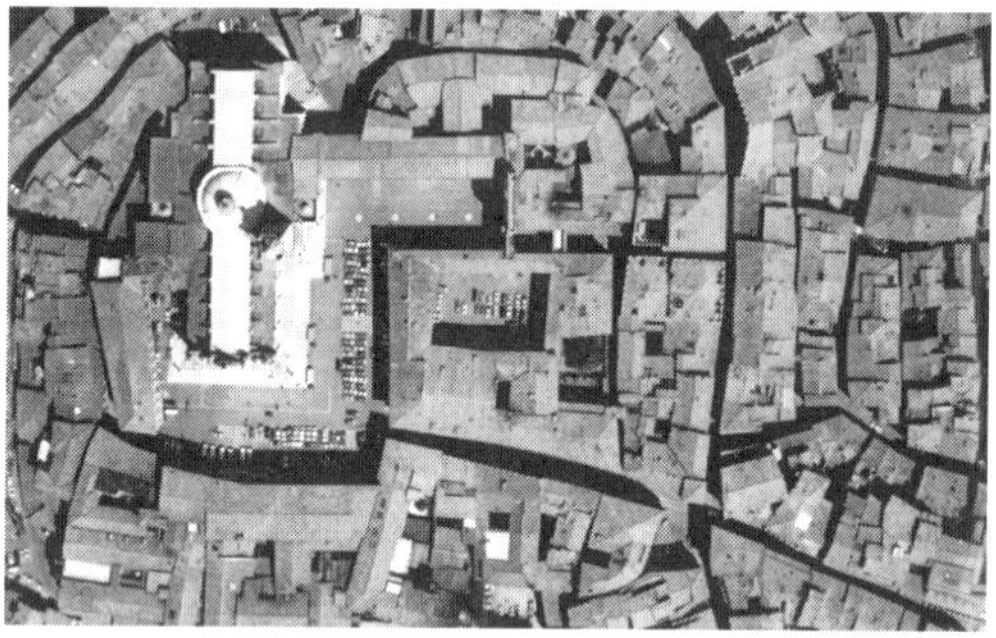

図2　シエーナは丘陵と尾根の等高線に沿って高所から形成されていったため、有機的かつ造形的な形態と空間が出現している

世都市の中心部に明確に残存していく点である（図1）。

②自然発生的に形成された中世都市

類型①がローマ時代に確立した都市の継承的発展であるのに対し、この類型は中世初期以降、新たに発生した居住核が長い時間をかけて成長し都市が形成されるという点で自然発生的な性格をもつ。この場合、社会・経済的成立要因は立地の自然条件と相関するため、結果としてきわめて多様なパターンの都市形態が生み出される。同一の成立要因と機能をもつ都市も、平地か、河川沿いか、丘上かによって異なる形態をとる。特に丘上の場合、丘陵、尾根、台地、斜面の形状に沿って高所から徐々に形成されるため、有機的かつ造形的な形態と空間が出現する（図2）。

③計画図にもとづき新設された中世都市

12世紀に入ると中・北部の大規模な中世都市、パヴィア、ヴェローナ、パドヴァ、ボローニャ、フィレンツェなどが領域支配に向けて政治的・軍事的意図にもとづく新都市を周辺に建設する。免税の特権を与えて、周辺住民や母都市の住民を集住させ、辺境の防衛と支配のための拠点としたのである。未耕作地の開墾など農業的・経済的要因から生まれた場合もある。この母都市直属の計画都市は、議会で設計図面をもとに建設が決議され、明確な年代に着工され建設が完了することから、②の類型のような長い時間の流れの結果としてあらわれる中世都市とは、明らかな形態上の相違がみられる（図3）。

（野口昌夫）

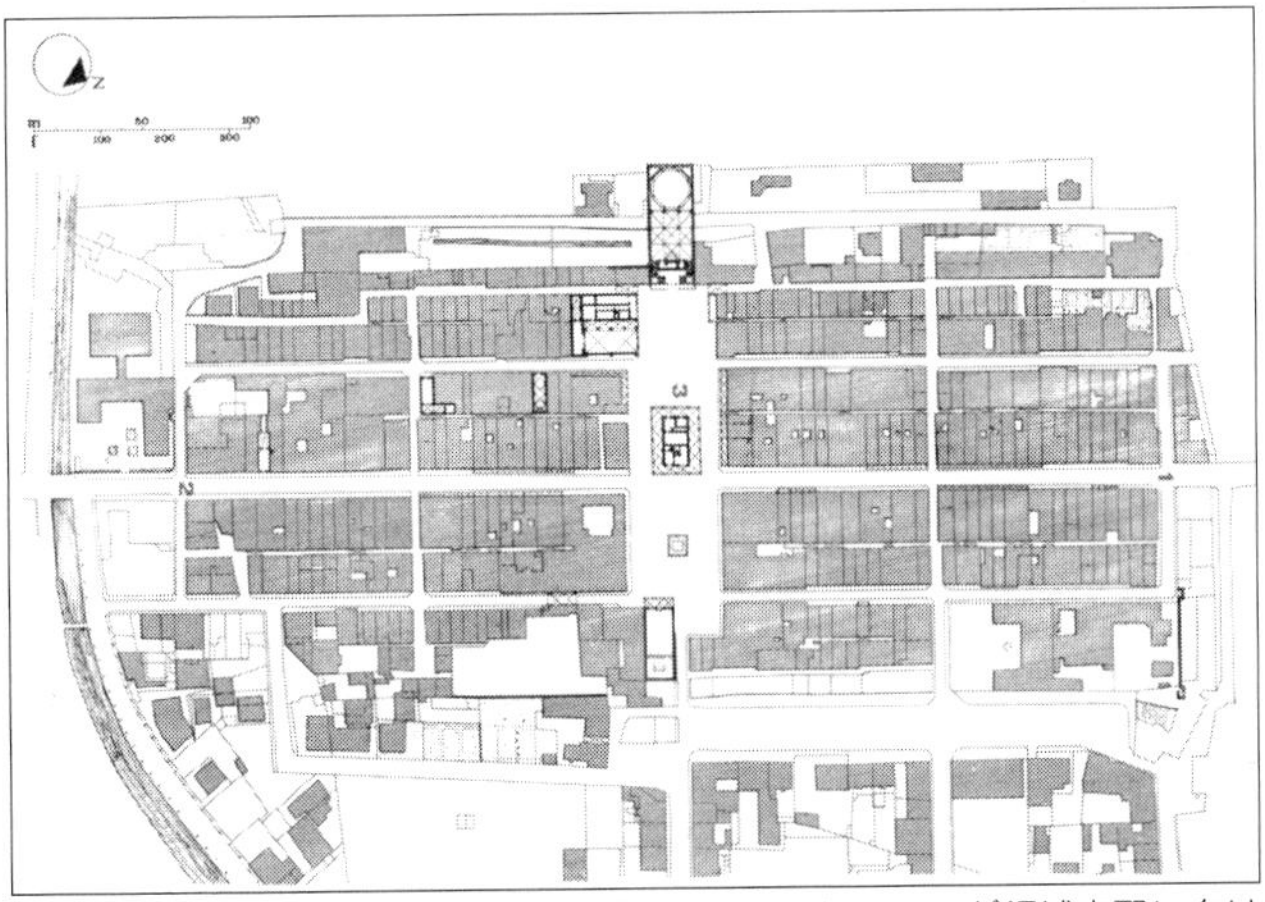

図3　サン・ジョヴァンニ・ヴァルダルノはフィレンツェが領域支配に向けて政治的・軍事的意図をもって新設した計画都市である［出所：E. Detti, G. F. Di Pietro, G.Fanelli, *Città murata e sviluppo contemporaneo:42 centri della Toscana*, Milano, 1968.］

10 人文主義と「国家」の理念
——領域国家フィレンツェの新たな歴史像

人文主義と人文主義者

人文主義の父といわれるフランチェスコ・ペトラルカ（1304〜74）とそれに続く知識人たちは、中世スコラ学を排撃し、古代ローマ共和政末期の政治家、哲学者キケローが唱えた「フーマーニタース（人間性）」（humanitas）研究に倣い、文法学、修辞学、歴史学、詩学、道徳哲学（倫理学）などの人文諸学問を通じて、全人的な教養と徳を持つ、「人間的」な人間のありようを探究した。彼らは、動物とは異なる人間の基本を成すものとして言語を重視し、古代の諸言語の熟達に努めるとともに、古典の写本を熱心に収集し、古代のさまざまなテキストに対する文献学的な吟味と歴史学的な解釈から、自らの学識や思想、道徳観などを育んだ。こうした活動を人文主義、その担い手となった知識人たちを人文主義者と今日呼んでいる。

人文主義者たちはフーマーニタース探究の先達である古代人を手本とし、優れた古代の「模倣」をあらゆる点において行おうとした。この人文主義の精神がルネサンス文化の基底となったことはよく知られている。人文主義者は、高貴な事柄は高貴な形で表現されるべきであるとして、当時の知識人の共通言語であったラテン語を、スコラ学の「野蛮」な（と彼らが考えた）ラテン語から古典に則った美しく優美なラテン語へと書き換え、それに相応しい書体も考案した。このような古代を基準とした美の追究は美術、建築の分野にも及び、ルネサンスの芸術作品が生み出される契機ともなった。

フィレンツェ書記官長サルターティ

人文主義は15世紀から16世紀にかけてイタリアからヨーロッパ各地に広まり、その内容も多岐にわたる。しかしながら、初期人文主義はルネサンス揺籃の地フィレンツェを中心に大きく発達した。政治や公的生活に深く関わった、15世紀初頭のフィレンツェ人文主義者たちの活動は、20世紀の歴史家H・バロンによって「市民的人文主義」と名づけられて以来、広く研究されている。

フィレンツェでは、ペトラルカの年下の友人にして文学の同志であったジョヴァンニ・ボッカッチョ（1313～75）が没した後も、ペトラルカの衣鉢を継いだアウグスティヌス会士ルイージ・マルシーリ（1342～94）、次いでコルッチョ・サルターティ（1331～1406）が人文主義の活動を継承した。サルターティは1375年にフィレンツェ書記官長職に就き、その死まで30年余も同職に留まった。当時の書記官長は、フィレンツェ都市政府の意向に基づいて公式書簡を執筆し、都市の政治エリート層と日常的に接しながら政治実務の一端を担う要職であった。キケロー風のラテン語によって古典の引用とともに著されたサルターティの公式書簡は、フィレンツェ外交上の武器とみなされるとともに、都市内部でも政治エリート層の間で回覧されるなどして共有され、少なからぬ影響力を持ったとされる。

人文主義者として初めて書記官長となったサルターティの下には、次世代の人文主義者たちが集い、古典の文学や思想について熱心に論じ合った。彼らの輪の中には、レオナルド・ブルーニ（1370頃〜1444）やポッジョ・ブラッチョリーニ（1380〜1459）といった、サルターティと同じく、文筆の才や学識によって社会的な栄達を目指した職業的知識人のみならず、フィレンツェ政治を主導する富裕市民の子弟たちも加わっていた。このように知識人と政治支配層が緊密に交流する人文主義の知的環境の中で、古代に範を仰ぎながら、当時形成されつつあった新たな「国家」のあり方が理念化されていくことになる。

「領域国家」としてのフィレンツェ

北中部イタリアの中世コムーネ都市は高度な自治を行い、コンタードと呼ばれる固有の周辺支配領域を持っていたが、さらに、ミラノ、フィレンツェ、ヴェネツィアなどは14世紀後半から15世紀前半にかけて、その領域を大幅に拡大し、他のコムーネ都市とそのコンタードを取り込む広域支配を実現させた。この広域支配と集権化によって生まれた新しい政治単位は、研究者から「領域国家」または「地域国家」などと呼ばれている。

フィレンツェは14世紀後半以降、スペイン人のアルボルノス枢機卿によって再建された教皇領や、拡大政策を推進するヴィスコンティ家のミラノと対立しながらも、アレッツオ（1384年）や、長年のライバル都市ピサ（1406年）などを支配下に収め、1300年前後に約3900平方キロ程度であった領域は15世紀前半に約1万1000平方キロとほぼ3倍に膨張した。領域拡大と平行して、多元的、水平的な従来の都市制度は一元化、集権化に向かう。公正さのために他都市から招聘されて形式的には都市を代表した、中世コムーネ制に典型的なポデスタ職などが周縁化され、中間団体の独立性も抑制される一方で、都市政府中枢への権力の集中が進み、政治の実権を握るエリート市民層が形成された。

こうした政治権力構造の再編は、とりわけ14世紀末から有力市民マーゾ・デッリ・アルビッツィとその息子リナルドらを中心にして促され、その成果は1434年に権力を掌握したメディチ家へと引き継がれていく。転換期を生きたフィレンツェの人文主義者たちは、中世コムーネ都市の枠組みを越えた、この「領域国家」の正統性を模索した。

「自由」の擁護

すでに14世紀の法学者バルトルスが「事実において上位者を認めない都市はそれ自体が君主である」と定義したように、都市の自治は法的にも理論づけられてきたものの、帝国の秩序とそれを統べる皇帝の至高権に異が唱えられたわけではなかった。フィレンツェはまた、自らの「自由」を誇ったが、グェルフィ都市として教皇およびナポリ王と結んでいたフィレンツェの「自由」は、教皇権への依存を前提としていた。しかしながら、領土をめぐる軋轢の激化から教皇との全面対決に至った「八聖人戦争」（1375～78年）と、それに続く教会大分裂（シスマ）の混乱によって、古いグェルフィ主義は破綻した。

「八聖人戦争」の最中、そして1390年代以降のミラノとの抗争期に、サルターティの外交書簡は、共和政フィレンツェの「自由」を共和政ローマの「自由」に重ね合わせて雄弁に称揚する。この

「自由」は、対外的な独立の「自由」とともに、単独者に服さない共和政体の「自由」を意味した。古代ローマ人が建設した都市フィレンツェは、14世紀の年代記によって「ローマの娘」と謳われ、フィレンツェの「自由」の源を古代ローマに求める考えもすでに現れていたが、サルターティは、フィレンツェがイタリアの「自由」を守るために、またトスカーナ諸都市の「自由」な共和政体を守るために戦っている、フィレンツェ支配領では「自由」が享受されており、教皇やミラノ公の「専制」に抗して共に「自由」を守るべく、他都市はローマ同盟都市のようにフィレンツェと同盟すべきだと訴えた。

こうして、フィレンツェのトスカーナ地方における領域支配と覇権確立の事実は、古代の共和政ローマに倣った「自由」の擁護というプロパガンダによって正当化された。「自由」はまた、激しい権力闘争が渦巻き、流動的で不安定なフィレンツェ政治社会内部において体制を維持する統合原理としても働いた。

ブルーニの『フィレンツェ人の歴史』

このような「自由」の主張を推し進め、中世コムーネ都市の伝統や皇帝および教皇の普遍的な権威から脱して、新たなフィレンツェの「国家」像を明確に提示したのが、１４２７年より没するまで、師サルターティと同じくフィレンツェ書記官長を務めたブルーニであった。

当時の政治リーダーたちの要請を受け、ブルーニが１４１５年から書き始めた大著『フィレンツェ人の歴史』は、伝説や神意、歴史神学的な思考を棄却し、近代歴史叙述の祖ともされてきたが、いわゆる客観的歴史観に基づく記述はなされていない。題名にある「人」を意味するラテン語「ポプルス」（populus）には古代ローマの「ポプルス」が持つ「国家」の意が重ねられ、序文ではフィレンツェのピサ征服がローマのカルタゴ征服になぞらえられている。さらに、その実質的な叙述が１２５０年の皇帝フリードリヒ２世死去による帝国支配の終焉から開始されているように、フィレンツェ史の歩みは、都市が帝権の軛《くびき》から放たれ、外部権力に拠ることなく、主権的な権力を持つ「国家」へと至る過程と解釈された。過去を書き換え、形成されつつあった「国家」に相応しい歴史像をもたらした『フィレンツェ人の歴史』は、後に初のフィレンツェ正史として市庁舎に収蔵され、公的、シンボル的な性格を持つことになる。

ベルナルド・ロッセッリーノ《レオナルド・ブルーニ墓碑》。1450年頃、サンタ・クローチェ教会（フィレンツェ）。ブルーニの横臥像は自著『フィレンツェ人の歴史』を胸に抱いている

15世紀後半のイタリア半島政治は、こうして生まれてきた諸「国家」間の相互承認によって秩序づけられていく。その地平の先には、１４９８年にフィレンツェ第２書記官長となるニッコロ・マキアヴェッリ（１４69～１５２７）の「国家」がすでに姿を現している。

（三森のぞみ）

11 都市コムーネから領域国家へ
――中世後期中北部イタリア半島の諸国家

ポデスタ制の発達によって、イタリア半島中北部の都市コムーネの間には緊密な政治的・文化的交流が生まれた。その一方で、都市内の社会的矛盾とも結びつき、市民間の政治的対立から党派が形成され激しい市内抗争が繰り広げられていた。諸党派は近隣都市の党派と連携し、時には神聖ローマ皇帝や教皇の権威と結びついて広域的ネットワークを形成し、やがて「グェルフィ」と「ギベッリーニ」と呼ばれる二大陣営を形成する。こうして13世紀後半には、都市の世界は既に一つの都市の世界を超えて広がっていた。

このような時期に都市コムーネは主として二つの変化を経験する。一つは権力構造の再編成とその結果としての権力の集中である。この過程と結果は各都市の条件によって異なるが、目立った現象として、都市コムーネが一人の人物に大幅な権限を委譲し単独支配が実現するケースがある。この人物は「シニョーレ」と呼ばれ、シニョーレによる統治は「シニョリーア制」と呼ばれる。もう一つは、一都市とその周辺領域のコンタードという規模を超え、しばしば複数の都市や中心地を含んで広がる領域国家が成立することである。これは研究者たちによって「地域国家」あるいは「地域／領域国家」と呼ばれている。

新たな権力構造――様々なシニョリーア制と共和政

シニョリーア制は都市コムーネの権限の合法的な委譲という形で登場するが、時にはシニョーレの地位が世襲され、皇帝など上位権力の承認を得て君主国となることもあった。ミラノがその一例である。しばしば自都市の市民ではなく外部の強力なシニョーレの支配下に中小の都市が自ら入り、統治権委譲の協約を結ぶこともある。だが、同じように市内抗争や社会矛盾に対応し権力構造を変化させても共和政を維持している場合もある。フィレンツェとヴェネツィアがその代表例である。

ミラノでは、ミラノ大司教の封臣である貴族が早期から都市の指導層として重きをなしていたため、この都市では貴族が重要な鍵を握り、平民寄りの政策を支持する党派も貴族の指導下にあった。こうして13世紀にポーポロの党派を指導したのがデッラ・トッレ家であり、対して貴族中心の党派を率いたのがヴィスコンティ家である。党派抗争に勝利したヴィスコンティ家は都市コムーネからシニョーレとしての地位を与えられ、シニョーレ位の世襲化を認めさせた後、1395年に神聖ローマ皇帝によってジャンガレアッツォ・ヴィスコンティが公位を授封され、君主国としてのミラノ公国が誕生した。ヴィスコンティ家では1447年にフィリッポ・マリア・ヴィスコンティが男系相続者なく没したため、その女婿であった傭兵隊長フランチェスコ・スフォルツァが継承し、ミラノ公位はスフォルツァ家に移った。

対して13世紀に金融業と毛織物産業が発達したフィレンツェでは、経済力を付けた平民が政治的にも台頭し、アルテ（同職組合）から代表を選出する平民の政府「プリオーリ（「代表者たち」の意）」が誕生していた。これに対立する人々は、1293年に制定された「正義の規定」によって政権から排除され、ポーポロが担う権力機関「シニョリーア」が作られた。しかし百年戦争期の金融危機をきっかけに、１３４０年代以降のフィレンツェは深刻な政治的・社会的危機に見舞われた。14世紀半ば以降の急速な支配領域の拡大は、傭兵制の採用もあって戦費の増大により危機に拍車をかけ、結果的に共和政体の構造を大きく変化させた。財政負担増は教皇庁との八聖人戦争をきっかけに深刻化し、１３７８年に「チョンピの乱」と呼ばれる下層毛織物労働者の示威運動を引き起こした。中・上層市民はこれを弾圧し、その結果下層労働者の排除による中・上層市民の政権が確立した。一方で、同じ経済危機は、利益を分配する実力を持つ少数の有力者とその周囲に集まる派閥を生み出した。メディチ家はそのような有力者として台頭し、やがて事実上の独裁に至った。

同じ共和政体でも、ヴェネツィアは限られた都市門閥貴族による寡頭支配を行った。終身の最高執政官ドージェ（総督）は存在したが、実際には都市門閥貴族が構成する大評議会が最重要機関であり、国政の最終決定を行った。具体的な政策立案と執行は「元老院」や「十人委員会」などの小評議会が担当した。ヴェネツィアでも庶民層の上昇は彼らの政治参加要求へとつながったが、大評議会が１２９７年から１３２３年にかけて改革され、それ以前までに評議員を出していない家族には評議員資格が認められなくなった。これは「セッラータ（閉鎖）」と呼ばれている。後に評議員資格が貴族身分の指標とされ、限られた貴族による寡頭支配が実現した。しかし貴族以外でも市民層の中のエリートは書記局を中心に官僚として活躍し、一定の影響力を行使した。

地域／領域国家

地域／領域国家は個々の都市コムーネの総和とは異なり、新しい権力機構や権力形態を生み出した。ミラノでは、シニョーレに従属する新行政機構が創出された。都市ミラノには都市の日常業務と公国全体の裁判実務にあたる評議会が設定された。ミラノ以外の都市にはポデスタ、軍指揮官（カピターノ）、シニョーレ補佐官（レフェレンダリオ）の三大役人をシニョーレが派遣し、それぞれ司法、軍事・警察機能、財政を派遣先の都市で管掌した。その他の中央組織として、書記局、シニョーレ諮問会議、中央国庫も創出されている。

共和政のフィレンツェは、権力の集中を回避するために役人の任期は最長6カ月と短く、選出は抽選だった。そのため戦争などの非常時には非常大権を持つ臨時委員会「バリーア」を設置し、平時には「プラティカ」と呼ばれる、有能な市民を含むシニョリーアの諮問委員会を置いた。メディチ家は逆説的にもこの権力集中回避機構を利用して独裁的権力を獲得した。非常大権を持つバリーアには超法規的な権力行使が可能であり、メディチ派は１４３４年にバリーアを利用して役人選出を自派で固め、やがて自派からなる「70人評議会」が実質的にシニョリーアに取って代わった。

都市による農村支配の構造も変化した。「都市」と「農村」だけでなく、「君主」（ミラノのような君主国の場合）または「支配都市」（フィレンツェやヴェネツィアのような共和国の場合）という第三の極が登場したからである。ミラノのヴィスコンティ家は、都市の農村に対する優位は認めつつも、農村の共同体に自治を認めたり、領主に授封して都市に対する裁判や課税の自治を認めたりして、都市の力を相対化することに努めた。最終的には15世紀半ばに都市の裁判権の農村部の封に対する優位が確認されるのだが、少なくともそこに至る過程において、ミラノでは農山村部の中小の共同体やシニョーレの封臣などが相対的に大きな自治を獲得し維持した。

対してヴェネツィアでは、基本的に従属都市の既存のコンタード支配と市民の特権を維持した。しかし本土領（テッラフェルマ）の征服が進むと状況が変化した。旧ヴィスコンティ家領やヴェローナのスカーラ家領などには、特権を持つ領主や山間地域の渓谷共同体などが存在したため、ヴェネツィアもそれらを受け入れて一部自治を認め、テッラフェルマにはより複雑な構造が出現した。

フィレンツェはヴェネツィア以上に自治特権の創出には慎重であった。14世紀に近隣のコムーネを従属させると、従属都市とそのコンタードを「ディストレット」と呼んで都市フィレンツェとそのコンタードから区別し、ディストレットの都市には従来の財政上の自治権を認めた。しかし15世紀には、農村や山間の地域を自らのコンタードに編入するなどして、フィレンツェは新しい広大なコンタードを創出し財政的に支配した。また、従属都市の主要な役人の多くがフィレンツェ市民から選ばれるなど、15世紀のフィレンツェは従属地域全体に対して他国以上に大きな支配力を及ぼした。

イタリア同盟――五大国と「小国」の世界

こうして規模の大きな領域国家が成立し、15世紀半ばにはイタリア半島内の「大国」が絞られていく。ミラノ、ヴェネツィア、フィレンツェ、教皇国家、ナポリ王国の五大国によるイタリア半島の勢力均衡体制は、１４５４年に互いの領域を承認しあったローディの和約と、それに他の諸国が参加したイタリア同盟によって実現した。しかし「五大国」のイタリア半島は、同時に小国のイタリア半島でもあったと言える。このような小国としてウルビーノ公領、モーデナ公領、フェッラーラ公領などが著名である。小国の支配者と有力者たちは、傭兵隊長としての軍事力、宮廷文化人としての威信や帝国封臣としての地位と外交力などを備えており、諸大国は勢力均衡のための公式・非公式の交渉や軍事力を小国の人材に頼り彼らの独立を尊重した。小国の地位も均衡政策の帰趨を左右する実力を持ちうるかどうかにかかっていた。イタリア・ルネサンスの文化力と経済力は、こうして幾重にも複雑に絡みあった大国と小国が両面をなし、一体となったメダルの産物だったと言っても過言ではないだろう。

（佐藤公美）

1454 年のイタリア［出所：Andrea Gamberini and Isabella Lazzarini (eds.), *The Italian Renaissance State*, Cambridge, 2012, p.XIV より作成］

12 市民的宗教
――コムーネと一体の信仰

中世イタリアにおける信仰のあり方は、市民を主体とし都市と一体になった信仰であった点に特徴がある。それは素朴な農民の迷信すれすれのような土俗的信仰でもなく、内面に沈潜する個人化された信仰でもなく、聖職者よりも俗人である市民が主導権を握り、瞑想よりも行動に現れ、都市のさまざまな集団によって共同で担われる信仰であった。こうした信仰のあり方は13世紀にコムーネ体制が成立するとともに姿を現し、コムーネの発展にともなって多彩な展開をみせ、16世紀に対抗宗教改革と君主制の出現によってコムーネ精神が衰えたとき衰退した。こうしたコムーネと一体になった信仰のあり方は一般に「市民的宗教」（civil religion）と呼ばれている。

市民の教会、都市の守護聖人

市民的宗教は形と行動に現れやすく、それゆえ今もイタリアの歴史的都市を訪れると街中の各所にその痕跡を見出すことができる。かつてコムーネであった都市の中心部には広場があり、広場の一角にはその都市を代表する壮麗な教会がそびえている。フィレンツェのサンタ・マリア・デル・フィオーレ教会、ペルージャのサン・ロレンツォ教会などに代表されるそうした教会はドゥオーモ（神の家）と呼ばれ、司教が所在する司教座教会である。とはいえ13世紀以降建立されて今に残るこれらの司教座教会は市民たちの税金と設計によって建てられ、運営と管理も市民たちが握っていた。場合によっては、ボローニャのサン・ペトロニオ教会のように、伝統のある司教座教会よりも市民が新しく建立した教会の方が都市の中心教会となっていった。そうした都市の中心教会は、ときには市民たちが壮大な理想を追いすぎたため資金不足に陥り、シエーナの新ドゥオーモに見られるように建設が中断されて未完のまま残される事態も生じた。しかしその未完部分は市民の力不足をあらわにすることで、かえってこれが市民による建築であることを今に伝えているのである。

都市の中心教会は特定の聖人に捧げられており、パドヴァのサン・タントニオ（聖アントニオ）教会のようにその名で呼ばれることが多い。教会が特定の聖人にささげられることは珍しくないが、都市の中心教会の奉献聖人はしばしばその都市の守護聖人ともなっている。市民たちは自らの過去からゆかりの深い聖人を選び出し、都市を災害や戦乱から守り繁栄に導く守護者として篤い崇敬を捧げた。崇敬はさまざまな形で表され、たとえばフィレンツェ市民は守護聖人たる聖ヨハネの祝日を盛大な祭りで祝い、シエーナ市民は重大な戦争の前には同市の守護者聖母マリアに戦勝を祈願した。こうして都市のシンボルとして市民のアイデンティティの一部となった守護聖人は、絵画や彫刻の中に守護者としての姿をとどめている。林立する中世の塔で有名なサン・ジミニャーノは、都市名ともなった聖ジミニャーノを守護聖人としたが、彼は絵画の中ではこの都市の模型を捧げ持つ姿で描かれている（図1）。この都市を抱き守るようにして祝福を与えている彼の姿は、都市と守護聖人との密接な関係を端的に示しているといえよう。

図1　都市サン・ジミニャーノを守護する聖ジミニャーノ（タッデーオ・バルトロ作、1391年頃、サン・ジミニャーノ市立美術館蔵）

しかし市民と聖人との関係はこうした都市との関係にとどまらず、より生活に近いレベルでも聖人は兄弟団という組織を通じて市民にとって身近な存在となっていた。兄弟団とは俗人が信仰を実践するために自発的に組織した集団であり、特定の聖人を守護者とし、日々の活動においては信心業にとどまらず多様な社会的活動を展開した。その数は14～15世紀のフィレンツェで100以上、サン・セポルクロのような人口5000人ほどの小都市ですら14を数えた。兄弟団は活動内容が多岐にわたり一様な性格づけは困難だが、大きくみれば鞭打ちによる贖罪を目的とするもの、讃歌を歌いミサをあげることを目的とするもの、貧民救済などの慈善に力を注ぐものなどに分けられる。市民たちはそうした兄弟団の一つあるいはいくつかに参加し、週の一日や聖人祝日に集まって共同で祈りをささげるとともに贖罪苦行や讃歌詠唱や慈善活動を行い、団員の死に際しては葬儀を執り行った。兄弟団はときには芸術のパトロンともなった。ヴェネツィアのスクオーラ・グランデと呼ばれる有力兄弟団は独自の礼拝堂を有し、その内にカルパッチォやティツィアーノといった著名な画家に宗教画を描かせた。こうして兄弟団は都市という大きな単位とは別の、顔見知りの仲間が寄り集まって信仰と親密な社交を展開する場であり、その設立と運営に当たっては、托鉢修道会など教会側の関与があったとはいえ、市民がイニシアティブをとり、その意味で冒頭で述べた市民的宗教の特徴がもっともよく現れてくる場であった。

貧民救済――慈善と統制

市民的宗教が具体的な形をとったものとしてもう一つ注目すべきは、弱者救済を目的とするさまざまな施設である。貧者、女性、子供、病人、障害者などの弱者に救いの手を差し伸べることはキリスト教的隣人愛の実践であり、こうした面では当初教会が主導権を握っていた。しかし13世紀以降コムーネが発展するにつれ、これらの慈善活動も都市と市民の手に移っていくことになる。そうした経過がよく見て取れるのが貧者や病人などの弱者を広く受け入れて手当てを行った施療院である。現存する最大規模の施療院といってよいシエーナのサンタ・マリア・デッラ・スカーラ施療院は、当初ドゥオーモの聖堂参事会によって設立されたものの、13世紀末以降その運営は兄弟団類似の俗人団体に移っていった。施療院にはこのように運営が教会から市民の手に移っていったものが多いのに対し、14世紀以降現れてくる特定の弱者に特化した救済施設の場合、最初から市民の手で設立されている。よく知られている例は史上初の捨子養育院として有名なフィレンツェのインノチェンティ捨子養育院であり、これは同市の絹織物商ギルドがコムーネの支援を受けて設立と運営に当たった。

救済の主導権が教会から市民に移っていったのは、市民が隣人愛の実践主体として立ち現われてきたためであり市民的宗教隆盛の一面といえるが、他方でこの変化には一種の社会政策的な面があった

図2　「質入れ」と題された本作品にはモンテの営業実態と理念が描かれている。手前の台では客が質と引き換えに貸付金を受け取っており、右では係員が質を蔵に収めている。奥の台では中央の支配人の指示のもとに記帳が行われている。奥の山の両側から袋を担いで出てくる人物はモンテの活動資金を提供した市民たちであり、山（モンテ）の上の墓地から立ち上がるキリストは貧者への憐れみ（ピエタ）を象徴している（作者不詳、1587年頃、ロマーニャ銀行蔵）

点を見落としてはならない。14世紀以降都市は次第に増大する貧民の存在に悩まされるようになる。市民にとって貧者は救済を通じてキリスト教的愛徳を発揮する対象であると同時に、犯罪や反乱の温床として市民生活を脅かす存在でもあり、また増大する貧者は都市の手に余るようになった。そこから貧者を選別して救済すべき「真の貧者」のみを救済し、健康でありながら救済を当てにして働かない「偽の貧者」を排除するという方向転換が生じる。こうして15世紀以降キリスト教的隣人愛とともに現実的な貧民対策が弱者救済を方向づけることになる。

このような方向性をよく示しているのがモンテ・ディ・ピエタという公益質屋である。モンテ・ディ・ピエタとは、ユダヤ人高利貸に苦しめられる貧民を救済するためにコムーネによって設立された質屋であり、市民が拠出した資金を原資として低利で貸し付けた（図2）。１４６２年ペルージャに設立されたあと、フランシスコ会修道士の説教による設立キャンペーンに市民が応じる形で北イタリア諸都市に設立されていき、16世紀初頭までにその数は100を超えた。モンテはフランシスコ会修道士の働きかけがあったとはいえ、市民が自らの資金で設立と運営に当たった組織であり、低利金融による貧者の支援が目的であったから貧民救済施設の一つということができる。また設立キャンペーンにおいてモンテは愛隣の美徳の実践であることが強調された。とはいえモンテが対象としたのはすべての貧者ではなく、貸与と引き換えに質物を提供しうる者、すなわちある程度の財産を有する者――当時の言葉でいえば「太った貧者」――であり、そこからは質物すらない極貧者は排除されていた。いいかえればモンテは低利金融によって貧困状態から抜け出る可能性のある者に的を絞った救済機関なのであり、そこには貧者選別の原理が働いていた。モンテにおける貧民救済理念と貧者選別原理の共存からは、市民的宗教の理想と現実、コムーネの光と影を見て取ることができよう。

ドゥオーモ、守護聖人、兄弟団、施療院、モンテ・ディ・ピエタは、それぞれ形は個性的ながらいずれも市民が主体となりコムーネによって推進されたという点で市民的宗教の表れというにふさわしい。しかしそうした市民的宗教も、16世紀になると君主制の拡大によってコムーネが衰退し、対抗宗教改革とともに教会上層からの民衆信仰への統制が厳しくなるにつれ当初の性格を失っていった。モンテは君主の国庫としての性格を強め、兄弟団はカトリック信仰統制の道具として教会側に利用されるようになる。市民的宗教は13世紀から15世紀にかけて北イタリアのコムーネにおいてコムーネを土壌として花開いた宗教文化であり、その意味ではイタリア・ルネサンスの宗教的表現であったともいいうるのである。

（大黒俊二）

13 中世の都市生活
——いかに住まい、いかに生きたか

都市空間

中世都市の景観を特徴づけたのは都市を囲む防壁である。法的には「都市」の範囲は市壁の外側に広く及んだが、人口は市壁内とその周囲に集中し、14世紀半ばの黒死病で人口が激減するまで、しばしば都市は人口過密であった。もちろん人口と比例して市域は拡大した。経済的・政治的利点にひかれて都市へやって来た多数の人々が市壁の外側に住みつき、この新開地を囲い込む形で将来の人口増を見越した市壁が新設されることが繰り返されたからである。

たとえばフィレンツェでは同時代のヴィッラーニの年代記や15世紀初頭のモレッリの覚書が挙げる数字、15世紀の課税財産申告《カタスト》からの類推などにより、14世紀前半に9万人以上の人口があったと推定されているが、この人口に対応するべく13世紀末から市域拡大が図られ、１３３３年に約６３０ヘクタールを囲む市壁が竣工した。だが、15世紀後半の景観図「鎖のフィレンツェ」を見ると、市内周縁部に建物がない。市壁完成後に黒死病で半減した人口は15世紀末まで以前の水準に回復せず、余裕を持って拡大された市壁の内部に多くの空地や菜園が残ったのである。そこから推測すれば、黒死病前の人口の多くはまだ、狭い旧市壁内とその周囲からなる直径１・６キロメートル程の範囲に集中して

中世フィレンツェの市域の拡大［出所：Fanelli, G., *Firenze*, Laterza, Bari, 1997より作図］

いたと考えられ、人口の稠密度がうかがい知れる。

住環境

限られた都市空間の中で家屋は密集し高層化した。住環境は必ずしも良好とは言えず、貧しい独身者が一部屋をシェアしたり、家族で一部屋に住んだりすることもあった。より恵まれた者は一つの建物の中に複数の部屋を所有ないし賃借した。裕福な商人や旧来の都市貴族などの支配層はしばしば複数の家屋を所有したが、それらは自宅に充てられる以外に部屋単位で賃貸されたのである。支配層は市内抗争の激しい時代には塔のある要塞化された住居群に一族で集住したが、抗争の収まった14世紀にはより開放的な構造の居館《パラッツォ》に住むようになった。窓は相対的に大きく（ガラスは稀少で、油を染ませた亜麻布を貼った窓もあった）、通りに面した一階部分には店舗が設けられ、他の手工業者・小売商にも賃貸された。増築されたり既存の建物と接合されたりした複合構造の居館も増える。概して通りに面した間口は狭く（どの家屋にも通りに接した面を確保させるためであろうが、間口で算定される道路維持費等の負担軽減の意図も指摘される）、ファサードの造作や道路に接するラインは隣接の建物に合わせるよう都市法で規制された。また13世紀までは木造の建物も多かったが、14世紀以降、火災（囲いのない暖炉、灯火、調理や作業の火など火元は少なくない）の延焼を恐れた都市当局は不燃化を義務づけ、建材が煉瓦や石材に変えられていった。

住まいの核は居間《サーラ》と寝室《カーメラ》で、しばしば居間が食堂を兼ねた。台所は、階下にあると調理の熱や煙が上がるため、建物最上階の屋根裏に設けられた。１４１８年作成のメディチ家の財産目録には、居館（現メディチ・リッカルディ邸に移る以前のもの）の部屋として居間四つ、寝室九つ、書斎三つ、台所二つ、下女たちの寝室（ベッドはない）一つ、馬丁たちの寝室一つ（ベッド二つ）が挙げられ、ここに当時の当主ジョヴァンニ・ディ・ビッチ夫妻、長男コジモ（メディチ家の支配の基盤を築いた）夫妻、次男ロレンツォ夫妻の3世帯が住んでいたことが分かる。書斎は各夫婦の寝室に付随し、ジョヴァンニの寝室には控えの間《アンティカーメラ》と物置部屋《アジアメント》が、コジモの寝室にも物置部屋があった。さらに特筆すべきは「ピエロ［コジモの息子］と乳母の上階の寝室」が確保されていることで、その寝室の前には小さな居間もあった。このメディチ邸に限らず居館の部屋数は概して10〜20程度であった。

15世紀半ばになると、それまでにないタイプの居館が現れた。一階部分に店舗のない閉鎖的で巨大な居館で、フィレンツェのストロッツィ邸が典型である。その構造に外に向かって閉じられた「私生活」の成立を見るのか、むしろ権力を顕示して外部の人間を招き入れる公的・儀礼的な場としての機能を見るのかについては、議論の残るところであるが、既存の家屋を壊して新築されたこれらの巨大な居館は確かに、複数の建物をつないだ従来の居館とは一線を画す建築理念に基づいていた。

家族と家意識

前述のメディチ邸には3組の夫婦が同居していたが、1427年の課税申告などからフィレンツェの世帯規模を算定すると、一世帯の平均人数は約4人で、申告した世帯全体のうち単婚世帯が5割を占める。たとえば、ルチェッラーイ家の26世帯のうち複合世帯は7・7%、同じくカッポーニ家では18%である。15世紀を通してトスカーナの都市部では複合世帯は12%だったという指摘もあり、他の地域でも同様の傾向があった。むろん、世帯構成は常に流動的であり、単婚世帯・複合世帯の割合も年代によって変わるし、経済条件・住宅環境の影響で富裕層では複合世帯の割合がやや増える。黒死病で人口が半減する前には、複合世帯の割合が相対的に高かったとも推測される。それでも、少なくとも北・中部イタリアの都市では一人世帯・単婚世帯が多かったと考えられている。15世紀前半のアルベルティ『家族論』で、何を家族《ファミーリア》と呼ぶかと問われた登場人物の一人は、「子供、妻、それにその他の召使い、使用人、奴隷」と答えている。

その一方、世帯の枠を越えた「家」意識も強かった。右の『家族論』でもアルベルティ一族の連帯がしばしば強調される。コンソルテリアとも呼ばれたこうした親族集団の結束は14世紀以降、弱まっていくが、ジェノヴァについてはアルベルゴと称される親族集団の存在が16世紀まで知られている（ただし、かつて考えられていたほど強固な結合ではなかったとも指摘されている）。こうした「家」として重視されたのは、あくまで父系親族のつながりであった。女性の社会的立場には都市によって多少の差異があるが、家の財産は男子のみを通じて継承され、中世イタリアでは基本的に「家」の概念の中で母系親族が重視されることはなかった。結婚は社会的立場・勢力の強化を目的とした家同士の「連帯」

として重要視されたが、二つの家の「融合」や「合体」ではなかったのである。

都市を覆う人脈網

狭い都市の中には様々な階層・立場の人間がいた。基本的に封建的身分のないイタリアの都市社会（例外的にヴェネツィアは独特の議会貴族制を作り上げた）では、上層の住民は自身の支持者や協力者を確保しておくために、中下層の住民は有力者に公私の様々な便宜を図ってもらうために、種々の人的ネットワークの中に身を置く必要があった。「家」はそうした人脈網の最も重要な部分であり、また職業・同業組合のつながり、さらには兄弟団（信心会）なども社会的紐帯として機能した。しかし、血族・姻族の絆は強くても狭く、同業組合や兄弟団はメンバーシップで限定される。より広範な人脈として活用されたのが、近所付き合い《ヴィチナンツァ》である。概してイタリアの都市では階層や身分の棲み分けが曖昧である。市内抗争の時代の名残で有力家門が特定区域に集住する傾向はあるものの、多様な階層の人間が隣人関係にあった。14世紀のパオロ・ダ・チェルタルドの処世訓は「お前の隣人たちから恐れられるよりも愛されようとせよ」と教え、15世紀のモレッリの処世訓は、後ろ盾を得るために縁組みをするなら、まず自分の居住地区で相手を探すよう勧める。通常、市内は街区・地区に分けられ、これが行政・税務上の単位であったから、その範囲で便宜を図ってもらえたり、政治的に支持してもらえたりするような良好な人間関係を維持することが大切であった。

とはいえ、日常生活も人間関係も地区共同体の中で完結するはずはない。そこで家柄や居住地に縛られない人脈として友人関係《アミチツィア》が重宝された。その結節点となるのは文字通りの「友人《アミーコ》」であるが、そこから人伝てで隣人、パトロンやクライアント、一面識もない人間までもが結びつき、ときには政治的に対立する立場の者同士さえつながった。社会的立場の異なる様々な人間を含みつつ、友人関係は建前としては平等で互恵的なもので、相互の親密さと無私の互助性がしばしば兄弟や父子の関係になぞらえて強調されたため、この関係にある各人の血縁、地縁、同業組合や兄弟団のような職業上あるいは宗教上の社縁が、あらゆる方向に人脈網を形成し得たのである。

社会と共通善

都市は貧富差の露骨な社会であったが、自治とコムーネの理念を通じて住民の一体感が得られやすい場でもあった。政治への直接的関与は市民権を持つ者に限られたが、人々の合意とネットワークに支えられた社会のあり方は、市民権を持たない住民も含めた都市への強い帰属意識を醸した。そこへ、スコラ学を中心にローマ法概念の影響も受けた共通善（公共善）の理念が広まる。個人の欲を規制して都市全体の利益・善を守ることが重要であるという理念が、都市政府に「公」の自覚と施策の公共性の意識を常に与えたのは、都市社会のこうした環境によるところが大きかった。都市には政治的・社会的に多様な階層が包含されたが、同時に一つの都市の住民としての一体感もそこに存在したのである。

（徳橋　曜）

14 建築家という職能の形成に向けて

――フィレンツェの建設現場

ドミニコ会助修士の建設活動

中世イタリアではまれにしか用いられることがなかったarchitectusという用語が記録文書の中で多用されていく過程を辿ってみたい。建築家を意味するarchitectusという言葉の用例を軸にして、建築家という職能の成立過程を人文主義的活動による成果と建設現場の記録を再構成することによりその様相を明らかにしたいからである。ルネサンス期の人文主義者レオン・バッティスタ・アルベルティは『建築論』（1452年）の中で建築家を職人とまったく異なった役割を担った芸術家であり知識人であるとし、建築家の建築行為を現場施工から切り放した設計行為であると考えた。これは古代ローマの建築家ウィトルウィウスの『建築十書』を踏まえているとはいえ、同時代に芽生えつつあった建築家の職能意識を裏づけるものであった。しかし、それ以前からフィレンツェの活発な建設活動の現場で徐々にそのような建築家像は形成されつつあった。

13世紀半ばにボローニャからフィレンツェにやってきたドミニコ修道会士たちは、フィレンツェ政府から優遇を受けてサンタ・マリア・ノヴェッラ修道院を設立し、政府と良好な関係を築くようになる。14世紀前半には修道士ヤコポ・パッサヴァンティが *Operarius ecclesie S. Marie Novelle* の職にあって聖堂建設に深く関与し、聖堂建設を統括していたことや、助修士ヤコポ・タレンティが *magister lapidum ed edificiorum bonum* として、ジョヴァンニ・ダ・カンピが *bonus carpentarius et industrius in edificiis construendis* として聖堂建設に技術的に深く関与していたことが修道院の死者名簿（*Necrologia*）の記述から確認できる。建設に関わる助修士の中には architector と死者名簿に記録される者も出てくる。確かに助修士たちは聖堂と修道院の建設など本来の修道院内での任務だけでなく、都市における布教活動の重視から、その技術を活かして世俗的・公共的に都市整備へ積極的な介入することもその任務としたと考えられる。事実彼らは１３３５年にはポンテ・アッラ・カッライアを建設し、１３５０年にはフィレンツェ政府への貢献により報酬を得ているからである。

サンタ・マリア・ノヴェッラ修道院聖堂の身廊ヴォールト天井内観

　死者名簿に記録されたドミニコ会助修士の中にはガスコーニュなどフランスの出自をうかがわせる名前が散見できることから、聖堂ヴォールト天井架構技術もフランスから導入された可能性を秘めている。ドミニコ会修道士は誓願を立てた聖職者と誓願を立てない助修士に明確に分離され、聖務の妨げとなる様々な雑務は助修士によって細かく分担されていたため、その技術が専門化しやすい環境が整っていた。助修士たちによって培われた建設技術は、都市国家の枠を超えて、他都市のドミニコ会修道院へと伝えられていったと考えられる。ドミニコ会助修士たちの建設技術の高さは、フィレンツェ内の聖堂や修道院建設にも影響を与えた。ドミニコ会助修士ヤコポ・タレンティはその指導力を発揮し、毛織物業組合が建設工事の監督責任を負っていたサンタ・マリア・デル・フィオーレ大聖堂やサンタ・トリニタ聖堂の身廊ヴォールト天井架構工事にも参加し、報酬を得ていたことが大聖堂建設局（operai）の記録に残っている。

いままでに経験のない規模をもつ建設現場

フィレンツェ大聖堂は、中世から初期ルネサンスにかけてフィレンツェ最大の建設計画であった。第四市壁の内縁にあったサンタ・レパラータ聖堂の位置に、新しい大聖堂の建設が１２９４年に開始された。それは大幅に都市領域を拡張するために１２８４年以降に建設開始された最終市壁内のほぼ中央に位置し、その規模からみて同時代に建設が進行していたシエーナやオルヴィエートの大聖堂に対抗する、都市国家フィレンツェの威信を懸けた建設事業であり、アルノルフォ・ディ・カンビオが１３００年に大聖堂の初代capudmagister（職人頭）に選出され、大聖堂の建設に携わった。その後紆余曲折を経て、建設工事は継続されたが、15世紀に入るとフィレンツェ大聖堂のクーポラ（円蓋）建設という難題に直面した。それまでに体験し得なかった規模と困難極まる技術的問題は、従来の建設頭領の能力を超えたものであった。この建設の主導権は、伝統的な労働の担い手から計画を実現する構想力をもった有識者へと移った。その役割を担った人物が後述のフィリッポ・ブルネレスキであり、同時に施工から解放された建築家的役割を演じたミケロッツォ・ディ・バルトロメオやアントニオ・ディ・マネット・チャッケリであった。その建築家的役割の職名はcapomaestroであったが、報酬の違いやcapomaestroという役職名に付帯する修飾語のニュアンスの違いから、複数のcapomaestroの中に分担する任務の違いを読み取ることができる。

しかし、この時期のフィレンツェには、建設記録に見出すことのできる建築家的存在は彼らをおいて他にはない。現実に小単位の都市国家内での建設需要を考えても、そう何人も受け入れられるほどの需要はあり得ない。したがって、彼らの職能上の利益を守るための同業者組合も存在し得ないし、職業としての明確な地位を確立することも容易ではなかったのは当然のことである。このような事情からも画家や彫刻家とは異なり建築家が職能として確立するには困難が伴った。その職能組合の確立に

フィレンツェ大聖堂クーポラ（円蓋）外観

はさらに1世紀を要し、ジョルジョ・ヴァザーリが仕掛けたアカデミア・デル・ディセーニョの創設（1562年）を待たねばならない。しかし、15世紀前半の大聖堂以外の建設現場にも様々な変化の徴候を読みとることができた。

さまざまな修業を積んで建築家になった

ブルネレスキはorafo、いわゆる金細工師として修業を積み、ミケロッツォはintagliatore、つまり彫塑師として修業し、のちにはscultore、いわば彫刻家としての才能を発揮しつつ、建築活動を続けた。チャッケリはlegnaiuolo、つまり指物師として、建築模型、建設機械を製作する中で建築家としての素養を身に付けた。彼らは、それぞれ異なった経歴で建築家になり、自分の能力に応じて、各自個別的な方法で建築に取り組んだ。15世紀イタリアの建築家はあくまでも個別的であり、その経歴と手法に一般解は見出せないが、それぞれの個別史の中に、建築家の職能が確立へと向かう兆候を見ることができる。まさに建築家という職能が成立に向かう胎動期に当たるといえる。

また、それらの動きは、明らかに人文主義活動によって助長された。フィレンツェの書記官長カルロ・マルズッピーニは、1446年に逝去したブルネレスキを、聖堂壁面にある墓碑銘文の中で「建築家フィリッポ（Phylippus architectus）がダエダロスの技において、いかに卓越していたか、このすばらしき円蓋をもつ名高き聖堂と彼の天賦の才によって生み出された多くの機械が証明するところである」と讃えている。また、15世紀後半に入ると、人文主義者による追悼表現以外でも建設記録や建設現場の出納帳の中にもarchitectusという用語が使用されるようになる。1460年にチャッケリがサンティッシマ・アヌンツィアータ聖堂のarchitettoreとして建設記録の中に記録されて以後、徐々にarchitectusに相当する用語が様々な建設記録の中で用いられるようになる。１４８０年にフィレンツェの大聖堂の建設記録の中でジュリアーノ・ダ・マイアーノが大聖堂のprincipalis architectusに選出されている。彼は１４７７年にすでにこの現場のcaputmagisterに任命されているが、その後の大聖堂の仕事内容が特段変わったとは考えにくい。彼がナポリにフィレンツェの建築家として政府から派遣される際に便宜的に付与された可能性もあるが、彼以降もこの称号が付与されている。

また、１４９１年のフィレンツェ大聖堂ファサードの設計競技の記録は、architectusという用語使用の変化の特質を如実に示している。そこでは何らかの形で建設に従事する業種の人々以外に有力市民あるいは学識経験者が審査員としてarchitectusの一員として記されている。それはアルベルティが『建築論』で主張し、自らも実践した、施工を離れた助言者・仲介者としての建築家の姿が定着しつつあることを意味している。

以上、現存する限られた史料の読み解きに過ぎないが、architectusという用語を基軸に、14世紀から15世紀末までの建設記録をみてきた。その中で人文主義者たちが理想としていた、施工を遠隔操作する建築家像が着実に定着していく過程を垣間見ることができた。

（石川　清）

15 修道会の活動
――聖と俗のあいだで

東方（ローマ帝国東部）の影響を受けて古代末期に始まった西方の修道制は、中世に「修道会」という地域を越えて広がる修道院組織を生み出すことで独自の発展を遂げた。「清貧・貞潔・従順」を誓う修道士が俗世といかに向き合うべきか、修道会は時代の変化とともに新たな形態を模索しながら、現代まで宗教的・社会的・文化的な役割を担ってきた。ここでは中世のイタリアに重点を置きながら、修道士たちの活動を概観することにしよう。

祈り・労働・学問の場としての修道院

古代から中世への移行期、西欧修道院の基本法となる『戒律』がイタリアで作られた。ヌルシアのベネディクトゥスがローマの南東に位置するモンテ・カッシーノの山上に修道院を建て、既存の修道院規則や自身の経験をもとに、修道生活の指針として『ベネディクトゥス戒律』（以下『戒律』）を執筆したのである（6世紀）。祈りと労働を中心とする共住生活を定めた『戒律』は、修道士に過度の禁欲を課すことなく、「分別という点で秀でており」（グレゴリウス1世）、他の修道院でも採用されるようになる。特にカロリング朝フランク王国が教会政策の一環として全修道院に『戒律』の遵守を義務づ

現在のモンテ・カッシーノ修道院［提供：Fototeca ENIT］

けたことで、修道士たちが院長の指導と『戒律』に従って一所定住するベネディクト修道制が西欧では支配的となった（8・9世紀〜12世紀頃）。

古代文化を中世へと継承し、中世修道院での知的生産活動のモデルとなったのは、6世紀にカッシオドルスがカラーブリアに築いたヴィヴァリウム修道院である。その図書館はキリスト教のみならず歴史や医学のような世俗の学問もカバーし、修道士たちは写本制作とギリシア語著作のラテン語への翻訳に勤しんだ。北イタリアでは、アイルランドの宣教師コロンバヌスが7世紀に創建したボッビオ修道院が写本制作の拠点となった。中世初期には支配階層であっても文字（ラテン語）を読み書きできる者は少なく、各地の修道院と司教座聖堂付属学校こそが学問・教育の主役であった。

改革運動から托鉢修道会の誕生へ

中世盛期、西欧の修道院が聖俗領主との関係を深めながら死者供養など祈禱の場として機能し、寄進された所領の運営に関わるようになると、それに満足せずに孤独の地での隠修生活に理想を求める修道士たちがイタリアやフランスに現れた。11世紀のトスカーナで生まれたカマルドリ修道院（ロムアルドが創建）とヴァッロンブローザ修道院（グァルベルトが創建）は、そうした修道士の集まりが共住

鳥たちに説教するアッシジのフランチェスコ（ジョット作、アッシジ、サン・フランチェスコ聖堂上堂）

制と隠修制を組み合わせた修道会へと進展した事例である。しかし隠修士修道院が俗世から完全に隔絶した世界であったわけではない。隠修運動はベネディクト修道制の刷新であると同時に、聖俗の分離や聖職者の綱紀粛正を目指す教会改革にも影響を与えた。隠修士にして枢機卿ペトルス・ダミアニによる修道院・教会改革が想起されよう。さらに11・12世紀の西欧にはベネディクト修道制と異なる新たな修道会の形態（律修参事会・騎士修道会・病院修道会）が生まれ、修道生活の多様化が進んだ。

聖界刷新の動きは、都市社会の発展を背景に、12世紀には民衆による宗教運動にも波及していった。すなわち、俗人（一般信徒）でありながら、イエスと使徒をモデルにした「使徒的生活」を志向し、清貧と福音説教に身を捧げる者たちが出現したのである。俗語で聖書理解を試み、司教の権利に属す説教を無許可で行う、こうした民衆の自由な宗教的情熱の高まりを前にして、教皇を頂点とする教会組織は対応を迫られた。13世紀にかけて、ローマ教会は俗人のさまざまな信仰生活を峻別し、「正統と異端」の境界を定めてゆく。そこで登場したのが、教会の権威のもとで清貧と説教を実践する托鉢修道会であった。使徒的生活を希求する俗人の集まりからフランシスコ会（「小さき兄弟会」）が、異端に対抗する聖職者の集まりからドミニコ会（「説教者兄弟会」）が誕生、次いで隠修士の集団にルーツをもつカルメル会とアウグスティノ隠修士会が認可された。

なかでもフランシスコ会の創始者アッシジのフランチェスコの生涯は、ロベルト・ロッセリーニの映画『神の道化師、フランチェスコ』にみられるように時代を超えて多くの映画監督や現代作家を魅了してきた。あるいは現教皇がフランチェスコの名を教皇名として選んだのも記憶に新しいところである。13世紀初頭、新興勢力の商人階層の出身であったフランチェスコは、自らの病やハンセン病患者との出会いを通して回心、徹底的に世俗の富を拒み、労働と托鉢でその日必要な糧を得ながら、仲間とともに遍歴説教と慈善に生きた。晩年の作品『太陽賛歌』には神と被造物である自然への賛美、そして平和への願いが込められている。彼の生き方は、「使徒的生活」の理想を実践した12世紀の遍歴説教者たちともつながっている。その一方でフランチェスコの集まりは、地元司教の支持と教皇の認可によって独自の会則をもつ修道会となり、創設者の霊性と会の組織化との両立に苦しみながらも最大規模の修道会へと急成長してゆく。

托鉢修道会の活動

托鉢修道会の特徴は、西欧全体で組織的に俗人の司牧に取り組み、彼らに対する説教を重視した点にある。教皇インノケンティウス3世の主導した説教と告解の制度化は、こうした托鉢修道会のあり方を決定づけた。異端運動の広がりのなかで開催された第四ラテラーノ公会議（1215年）は、司教に対して適切な説教師の確保を、全信徒に対して年一回の聖体拝領と告解を義務づけた。しかし当時の教区司祭の多くが十分な教育水準に達しておらず、専門教育を受けた托鉢修道会士が在俗聖職者との間に摩擦を起こしながらも彼らに代わって説教を担ったのである。説教では、信徒に罪の何たるかを教え込み、彼らを告解に備えさせることが求められた。「種子は説教で播かれ、実りは告解で刈り取られる」（ドミニコ会第5代総長フンベルトゥス・ロマーヌス）。

ローマ教会の目指す「キリスト教社会」の実現に向け、教皇はさらに特別な任務——異端審問——を托鉢修道会に課している。1230年代に教皇グレゴリウス9世が異端審問を開始すると、異端対策は司教の管轄から教皇直属の異端審問官の手に移された。まずドミニコ会が、ときに民衆の激しい反発に遭いながら、カタリ派をはじめとする異端の摘発と根絶に従事した。次いでフランシスコ会も異端審問に加わったが、修道会は清貧のあり方をめぐる急進派（聖霊派）と穏健派（修院派）の深刻な内部対立に揺れ、14世紀には急進派が異端として断罪される状況にまで陥った。付言すると、北イタリアの修道院を舞台にしたウンベルト・エーコのベストセラー小説『薔薇の名前』は、まさにこうした時代状況が背景に設定されている。

異端審問が西欧内部での動きであるのに対して、「キリスト教社会」を外部に拡大するため（あるいは西欧「キリスト教社会」を防御するため）の活動が東方伝道であった。13・14世紀、フランシスコ会士とドミニコ会士は教皇使節としてアジアへと旅立ち、期待した成果が得られなかったにせよ、外交と布教に努めている。モンゴルの実情を初めてヨーロッパにもたらしたのは、フランシスコ会士ピアン・デル・カルピネのジョヴァンニの報告書である。またインドを経て中国へ渡ったフランシスコ会士ポルデノーネのオドリコの報告書のように、エキゾチックな風習や動植物を紹介した宣教師たちの旅行記は西欧の人々の間に「驚異に満ちた東方世界」のイメージを掻き立てた。

中世の終わり、新たな時代へ

上述のように托鉢修道会の活動の中心には説教があり、それは中世末期のイタリア都市で最盛期を迎える。説教は典礼から独立して広場でも実施されるようになり、説教内容も対異端から日常生活全般の指針へと拡大した。15世紀のフランシスコ会説教師シエーナのベルナルディーノは、平易な言葉で、ときにユーモアを交えながら、政治経済から家族関係に及ぶ道徳的規範と教義・教理の解説を結びつけて語り、諸都市で人気を博した。また説教師の語りが具体的な市民の行動につながった点もこの時期の特徴である。贅沢を非難し倹約を勧める説教によって都市政府は奢侈条例を制定し、平和の説教は敵対する党派を和解へと導き、説教師が提案した公益質屋の構想は貧者救済の恒久的な施設を生み出したのであった。ただし説教師が職分を越えて市政改革に直接関与することはなく、世紀末のフィレンツェに神政を敷いたドミニコ会説教師サヴォナローラは特異な存在であったといえよう。

サヴォナローラの処刑（1498年）からおよそ20年後、托鉢修道会の一つ、アウグスティノ隠修士会の修道士であったルターはドイツで宗教改革を開始、修道制の否定へと向かう。一方、カトリック陣営では世界宣教と教育を活動の主軸に据えたイエズス会が創設され（1540年認可）、はるか日本の地にもキリスト教が伝えられることになる。かくして西欧の修道制は新たな時代を迎える。

（木村容子）

16 ルネサンスと宗教改革・対抗宗教改革
——人文主義の基盤のうえに

ルネサンスの中の16世紀イタリア

本章では、16世紀イタリアにおける人文主義とキリスト教の歴史的一幕を覗いてみよう。このためには16世紀という枠組みを理解するのに必要な前提がいくつかある。時代的には、この世紀が14世紀半ばから1600年頃までのルネサンスの時代に属している1世紀であるということ、したがってこれは外延的な時代規定である。

では、始まりと終わりがそのようにどうして設定されているかという中身の問題、内包の点については代表的人物の作品から考えたい。自我・自意識を強調する『わが秘密』のペトラルカ（1304年生年）から、学識あふれる懐疑主義的姿勢を打ち出す『エセー（随想録）』のモンテーニュ（1592年死去）までのおよそ250年の間にわたって連綿と続く特質の期間がルネサンスとなる。ここでは個々の人間が他者と世界にいかに向かい合い、自らの態度をどのように取るかを決定をしなければならなくなっている。

そのうえで、ペトラルカとモンテーニュの間を貫徹する基調とはなにかとなれば、それは人文主義、ヒューマニズムとなろう。この人文主義についてもある程度前提となる知識が必要である。しばしば人文主義の打ち出した文化は、宗教改革が起こったこの世紀ではこれと対立してひ弱さを示し、その結果、ルネサンスは終結する、あるいは廃棄される運命にあると言われる。人文主義運動にルネサンスの特色を見、中世の神中心の社会から大きく人間中心に重心が移ったとされながらも、この人文主義はギリシア語とラテン語、さらにはヘブライ語などを必須とする学識に関わるがゆえに、結局は、ルネサンスとは一部の知識層やこの層に支援的に関わるパトロンたちの文化に過ぎなかったというのである。これに対し、宗教改革は社会各層を巻き込む全体的運動となり、中世とは異なる社会を現出させた。それが近代である、と。他方、イタリア・ルネサンスは8～9世紀のカロリング・ルネサンス、そして12世紀ルネサンスに次ぐ古典文化再生の繰り返し、反復であり、革新を生むことはなかった、とされる。

ルネサンスに人文主義という「イズム」があって、イデオロギー的にこの宗教改革の創出した「社会的原理」と対立していたのではない。宗教改革に深く関与した人物たちもまた、人文主義の基盤上にあった。特にメランヒトンやカルヴァンはその点で傑出もしており、また他にも枚挙にいとまがないほどこのような人物は多い。では、その基盤とはいかに。それは教育に根底を有するのが人文主義の特徴であり、古典に縁遠いと考えられる宗教改革者たちもそのような人文主義の発展から、自らのキリスト教理解を深め、新生面を切り開いているのである。こうしてルネサンスと宗教改革には関連があり、聖書に対する言語学的学識や原始キリスト教社会に対する歴史的認識が高まった。ルネサンスのこのような寄与があってこそ、宗教改革は永続する革新となったのではなかろうか。それは16世紀を超えて現代まで続いている。

さらに、ペトラルカとモンテーニュ間ではイタリア社会に大きな出来事が起こっている。モンテーニュ没年のちょうど1世紀前の１４９２年のコロンブス（コロンボ）のいわゆるアメリカ大陸発見がそれである。この事件は実態的のみならずまた象徴的な意味あいも甚大であった。「地理上の発見」を現出させたこの時代に、こうしてルネサンスは世界史的広がりを有することになり、ルネサンス現象はヨーロッパだけに限定されなくなる。

ルネサンスの新修道会であるイエズス会はローマに本拠地を置いた。同会士によって「発見」された日本と、「既知」となった新大陸からは数々の報告書がここにもたらされた。ところで、日本に来た大物のイエズス会士を一人だけ挙げるとすれば、それはアレッサンドロ・ヴァリニャーノとなろう。ヴァリニャーノはパドヴァ大学法学部出身であり、教育の基盤としての人文主義を日本に導入する一方、天正遣欧使節派遣を発案した。これは、日本人ベルナルドが在ローマのイエズス会初代会長イグナチオ・デ・ロヨラにローマで面会した16世紀半ば過ぎの出来事に次ぐ、80年代の快挙となる。ベルナルドのほうが密やかな旅であったとすれば、４人の少年たちはローマ市民となる歓迎を受けた。ここにイタリア史と日本史の接点ができ、使節一行に関しては実に多様な印刷物が出回った。それはモンテーニュがローマ市民となったのとまったく同時代の出来事であり、マルコ・ポーロのいう「ジパング」からの賓客であったために、特にイタリアでは歓迎ムード一色となった。

宗教改革とカトリック世界としてのイタリア

ここでこの時代のイタリア宗教史の問題が浮上する。一般的にはその動向はイタリアにおけるカトリック基盤の堅固さを証していた。イタリアは他のヨーロッパ主要国、アルプス北側の世界と違い、宗教分裂によりカトリックとプロテスタント間の宗教戦争を経験しなかった地域であった。しかし北側世界の影響が及ばなかったかというとそうではなかった。宗教上の亡命者は少なからず出て、しかも英国本島と大陸側双方においてプロテスタントの指導者として活躍し、注目される人物が多く輩出した。列挙してみよう。ベルナルディーノ・オキーノ、ピエトロ・マルティーレ・ヴェルミリ、ピエル・パオロ・ヴェルジェリオ、アオニオ・パレアリオ、そしてソッツィーニ兄弟たち。この中には異教古典の素養に恵まれていた人文主義者的改革者も多い。

また半島内で異端者として処刑された人が出なかったわけではない。ルネサンス最後の人として先のモンテーニュに代わってジョルダーノ・ブルーノ（1600年処刑）を挙げることも、イタリア史の視点から見た場合、可能であろう。ただ宗教上の異端処刑はここに始まるわけでなく、12世紀のアルナルド・ダ・ブレッシァの例もある。ただ中世と違い、もはやカトリック一色ではなかった西欧にあって、キリスト教のドグマを拒否してブルーノは自己の意思を貫いたのである。後述するルターの教説と福音主義は思想的にも小さからぬ影響を半島に及ぼした。フィレンツェの名門

ピエトロ・カルネセッキの肖像（ドメニコ・プリーゴ作、1527年、ウフィツイ美術館蔵）

出身のピエトロ・カルネセッキは、プロテスタント的傾向を有する高貴な女性たち、とりわけジュリア・ゴンザーガと親交を重ねながら、北方からの新教義を信じ、１５６７年に処刑される道を選んだ。カルヴァンは、ローマに来た修道士ルターのように「巡礼者」としてではなく、フェッラーラの宮廷に客人として一時滞在した。ルネサンスの宮廷文化が栄えたこのフェッラーラは、当時フランス王家から嫁いできたルネ・ド・フランスによってカルヴァン改革派の温床となっていた。

キリスト教はそれ自体においていつも矛盾を抱えていた。十二使徒のペテロを初代のローマ教皇にする教会制度とその組織は、位階なき人間関係、偏在なき富所有という問題と衝突せざるをえないだろう。そのことは端的にアッシジの聖フランチェスコとその教団の歴史が示しているだろう。また興味深いことに、またフランチェスコ教団は発展する過程の中で聖アウグスティヌスの思想的影響を少なからず受けた。先に挙げた人物の中には同教団出身者やアウグスティヌスの影響を受けた亡命者が少なくない。フランチェスコ教団に端を発する、厳格なカプチン会のオキーノはその一人である。

宗教思想上では聖パウロのほうが重要かもしれない。パウロことローマ市民サウロは生前からのイエスの弟子ではなく、むしろ迫害者であった。にもかかわらず、新約聖書の重要な執筆者パウロの思想がこの時代の革新部分を形成することになる。パウロはペテロたちの仲間入りをはたして、異教のアテネやローマでの宣教を雄弁に行った。皮肉なことに、パウロ解釈がペテロの首位権を揺るがすこととなり、ローマ・カトリック教会からの信仰離脱者が出て、プロテスタント世界を前進させる。

恩寵のみ、聖書のみとともに、人は信仰によってのみ義とされると謳うルターが拠り所としたのはこのパウロであった。パウロ神学がどのように16世紀ルネサンスに導入されたかは、恩寵や照明説のもとで情意や意志を強調する古代の聖アウグスティヌスが中世の聖トマス的知性に代わって、どのように同時代に受け入れられたのかという視点とともに興味深いところである。これら双方において鍵を握る人物は、15世紀フィレンツェ・ルネサンスのプラトン主義者マルシリオ・フィチーノであろう。フィチーノは、キリスト教神学の面ではパウロの『ローマの信徒への手紙』の解釈に挑み、ジョン・コレットのいる次の世紀への橋渡しをした。またアウグスティヌス自身がプラトン主義から影響を受けていたことが、フィチーノの哲学思想とキリスト教神学の融合に大きな支えとなった。この思潮の流れは1545年から始まるトレント公会議に列席する重要な枢機卿ジローラモ・セリパンドに受容され、ルネサンスと宗教改革、そして同公会議に代表される対抗宗教改革の時代においても、生動ある思想として継続した。

宗教改革以前から進行していたカトリック改革は、この神学上、哲学上の展開と少なからざる関連があった。16世紀初めから同世紀を通じて、半島には半島独自の新たな修道会がいくつも誕生し、その後のカトリック・イタリア世界の特色となった。フィリッポ・ネーリの創設したオラトリオ会はまさにその代表的な修道会である。生まれたのはイエズス会だけではない。同会による天正遣欧使節が丹念に見て回ったのは、まさにそのような聖人となる人物や、人文主義的傾向を持った神学者、哲学者がいた半島の新しい世界であった。

（根占献一）

コラム
3

イタリアの食文化
——野菜が支えるイタリア料理

現在のイタリアの食文化は、地勢が多様なイタリア半島内部に占める位置によって、地域ごとの特色があることで際立っている。もちろんパスタやピッツァなどはどこでも食べられる「イタリア料理」の定番だろうが、その土地土地で生産される肉や魚介類、野菜や果物、乳製品やそれらを用いた独自の「郷土料理」が各地にあり、それがスローフード運動の原点にもなっている。

ところが中世からルネサンス期にかけては、事情は異なった。一種の「料理の国際主義」がイタリアにも波及していたのだ。それは、王侯貴族に仕える料理人たちが、出身地から離れて他国の君主に仕えることも多く、国際的な共通レパートリーとなっている料理を作っていたこと、加えて料理書による伝播もあったのだろう。たとえば、香辛料への飽くなき嗜好は、国を問わずヨーロッパ中、あらゆる階層に共通する中世の食文化の基本的特徴であった。また中世はキリスト教の影響下にあり、精進日と肉食日の交替をはじめとする食のリズムが、社会のすみずみまで行き渡っていた。

さらに当時は身分制社会であったため、身分・階級ごとの食のヒエラルキーが明示された。すなわち、貴族たちの食卓には、権力を誇示する意味も含めて、多様な種類のあり余るほどの肉が山盛りにされ、つぎからつぎへとサーブされる料理をブドウ酒とともにたらふく胃に詰め込んだ。パンは上質の小麦粉から作られる白パンであった。一方、農民たちは、一貫してブイイ（一種の粥）を主食としていた。彼らのパンは白パンではなく、黒パンや雑穀パンであった。都市民は、その富裕化とともに、次第に貴族の食に近づこうとした。

ただしイタリアには、中世・ルネサンス期から、他のヨーロッパ諸国に比して独自の傾向があり、それがその後のイタリア料理の基礎として役立った。

ひとつは「野菜類・穀類の重視の伝統」である。じつは、ヨーロッパ諸国のなかでも、野菜類の多用が、中世以来現代にいたるまでのイタリア料理の際立った特徴なのである。古代地中海世界の諸民族は、肉食ではなく草食の民であり、ローマもその例外ではなかった。かの古代ローマの美食家アピキウスの料理書には、かならずしも贅沢な料理ばかりでなく、第3巻「菜園の庭師」には数多くの野菜・豆類のレシピが挙げられており、ほかにスペルト小麦、大麦の「粥」のレシピもある。野菜類重視は、中世末まで地中海域全域に見られたし、とりわけイタリアでは、ルネサンス期、そして近代以降、ヨーロッパ全体の趨勢に合わせて肉食偏重が昂進しても、穀物、豆、野菜を主菜とすることをやめなかった。12世紀末の『サレルノの健康規定』、13世紀の『規定食の華について』、そして時を隔てて、15世紀

Tacuinum Sanitatis（『健康全書』）の中のキャベツの図

の食を愛するユマニスト、プラーティナや16世紀の複数の医者、さらに17世紀の農学者ヴィンチェンツォ・タナーラの著作でも、薬草や、野菜、豆類への熱い注目がある。

もうひとつは、この国では「農民の食と貴族の食との接近融合」が見られることである。上に挙げた料理書中、野菜のレシピは、四旬節や貧者の食べ物として挙げられているわけではなく、むしろあらゆる階層にとっての野菜類の重視が、そこから窺われるのである。

また、パスタやミネストラは、農民・一般庶民の日常食として出発したが、すぐさま貴族たちもそのコース料理に、工夫して取り入れるようになった。現在のイタリア料理は、いわば、民衆料理とエリート料理の歴史的融合の産物であり、それがたとえば、フランス料理などと大きく異なる点なのである。

（池上俊一）

第Ⅲ部 近代

17 16世紀のイタリア
──近世の始まり

イタリア戦争とスペインの覇権

16世紀前半のイタリアは、フランスと神聖ローマ帝国がイタリアにおける覇権を争うイタリア戦争の舞台となった。この戦争は1494年のフランス王シャルル8世のイタリア侵入によって始められ、その後の君主たちにも継続された。神聖ローマ帝国が優位となっていくのは、カール5世が即位してからである。彼はすでにスペイン王でもあり（スペイン王としてはカルロス1世）、フランスはこの二国に挟まれた形となった。

イタリアにおけるカール5世の勢力拡大を恐れるローマ教皇クレメンス7世はフランスと結んで対抗しようとしたが、その結果、ローマ劫掠（1527年）を招くことになった。皇帝軍はローマで暴虐の限りを尽くし、ルネサンスの都ローマは輝きを失った。その後もフランスは数度にわたって戦争を再開するが、ハプスブルク家の優位は揺るがず、1559年のカトー・カンブレジ条約でイタリア戦争は終結した。イタリアの覇権を握ることになったのは、カルロス1世からスペインを継承した息子のフェリペ2世であった。

1559年のイタリア［出所：G. Holmes, *The Oxford Illustrated History of Italy*, Oxford, Oxford University Press, 1997より作成］

領域国家の形成

スペインの直接支配下に入ったのは、ミラノ公国、ナポリ王国、シチリア王国、サルデーニャ王国であるがその他のイタリア諸国も多かれ少なかれ、スペインの影響を受けることになった。かつてはこのスペイン支配によりイタリアは衰退したとされてきたが、近年その評価は見直されてきている。スペイン支配に抑圧的な部分がないわけではないが、直接支配下に置いたところでも現地の貴族との共同体制をとっていたし、イタリア内の勢力均衡が保たれていれば、それ以外の諸国に強引な干渉はしなかった。スペイン支配下でイタリアは平和な時代を迎え、諸国はイタリア戦争による荒廃から回復することができたのである。

この時期のイタリアでは、領域国家の形成が進んだ。領域国家とは、都市コムーネのレベルを脱し、現在の州レベル程度の領域を支配下に置く国家のことである。このような規模の国家では、都市コムーネとは異なる領域政策が必要になる。近代的な中央集権化が行われたわけではなく、地方や封建貴族の自立性は残っているが、それを何らかの形で中央により強力に結びつけようとする政策が行われた。たとえばトスカーナ大公国は、領域全体に適用される法を発布し、地方の役人へのコントロールを厳しくし、地方のエリートを宮廷やサント・ステーファノ騎士団に吸収し、小都市の有力者を書記官や法律家あるいは軍人として取り込んで、領域支配を強固なものとしていったのである。またトスカーナとは異なり封建貴族の力が強かったパルマ・ピアチェンツァ公国では、17世紀の初めに陰謀などを理由に多くの大貴族が封土を没収され、貴族へのコントロールも強化された結果、反抗的な封建貴族層は君主に従順な宮廷貴族へと変わっていった。

宮廷社会の始まり

近世においてとくに重要となるのが宮廷である。イタリアでは、ウルビーノ公国やフェッラーラ公国のように早くから文化的にも進んだ宮廷が存在していた。カスティリオーネがウルビーノの宮廷をモデルとして執筆した『宮廷人』（1528年）は、文武双方に秀で、わざとらしさを避け、さりげなさを重視する洗練された理想の宮廷人の姿を示したし、ジョヴァンニ・デッラ・カーザは、より具体的な宮廷人のマナーを記した『ガラテーオ』（1558年）を出版した。このような洗練された宮廷は、封建貴族の力が強く、武人の伝統が残るアルプス以北の国々の宮廷に、新しいモデルを提供するものとなる。フィレンツェのピッティ宮殿のような君主の宮殿は、この宮廷を目に見える形で示す壮麗な装置である。

ウルビーノの街と宮殿

宮廷は階層性の社会である。君主に仕える侍従のような役職から、掃除洗濯を行う者まで、厳密な階層秩序がある。高位の役職には、執事や侍従のほか、衣服や調度、厩舎、君主の食を管理する役職があり、これには貴族や有力市民が就任した。この時期にすでに食を担当する者も高位の宮廷人であることはイタリアの特色で、食がイタリアの宮廷で重要視されていたことが分かる。

誰が高位の宮廷職に就くかは、各国の状況に左右された。パルマ・ピアチェンツァ公国のように、封建貴族が新しい君主を敵視していたところでは有力市民が多く（この公国は教皇パウルス3世によって1545年に創設）、君主がもともとは市民の一人であったトスカーナ大公国では、国内外の貴族が多かった。17世紀になると、これらのエリート層は徐々に融合していくことになる。

貴族の時代へ

宮廷に有力市民たちが入っていったことからもわかるとおり、市民たちは宮廷人化すなわち貴族化していくことになる。アルプスの北の諸国では、武人だった貴族が宮廷貴族化する過程が16世紀から始まるが、イタリアではルネサンス文化を発展させた市民たちが貴族化していく過程が始まる。貴族化といっても、必ずしも「貴族」の称号を持つとは限らない。単なる市民以上のエリート層は、侯や伯といった称号のあるなしにかかわらず、貴族（nobile）あるいは貴紳（gentiluomo）と呼ばれるようになる。市の評議会のようなさまざまな機関が、それまで公職に就いた経験のない市民に門戸を閉ざし、エリート層を固定化させていった。多く

フィレンツェのピッティ宮殿

の君主国にできた騎士団も、入団条件に公職就任や数世代にわたる祖先が「卑しい」手仕事に従事していないことを課し、エリート層の形成に貢献した。

当然、生活スタイルも変化する。かつての「市民」たちは、商業への投資の代わりに土地への投資を増やし、贅沢な邸宅を持ち、馬車を利用し、優雅な別荘を持つようになり、帯剣する者も出てくる。商業に従事するよりも、宮廷人や軍人として活躍し、騎士団もこのような市民たちに名誉を与える。17世紀にはこのような市民の多くが、実際に称号を獲得して貴族となっていく。とはいっても、中世のような土地に根差した封建貴族になるわけではない。彼らはあくまで名誉のために称号を望んだのである。

ルネサンスと対抗宗教改革

16世紀はルネサンスの最終段階であると言えるだろう。ローマ劫掠以前、ローマは芸術の中心であった。ミケランジェロやラファエロが活躍し、システィーナ礼拝堂の壁画が完成したのはこの時期である。16世紀にはヴェネツィアもルネサンスの中心の一つになった。画家のティツィアーノやヴェロネーゼが活躍し、パッラーディオが古代の様式を取り入れた建築で名を馳せた。15世紀半ばに発明された活版印刷術はイタリアの各地に急速に普及したが、とくにヴェネツィアは、その地の利やローマ教皇庁から距離をとることによって比較的自由な出版が可能であったため、イタリアの印刷・出版業の中心となった。

16世紀の前半には、マキアヴェッリやグイッチャルディーニのような人物が、政治や歴史の名著を書いた時期でもある。この時代は、イタリア戦争の中でイタリアの将来像が描けず、各国家がどうあるべきか、どうするべきかが模索された時代でもあった。一方、貴族化が進む中で騎士道に範をとった叙事詩が発展し、アリオストの『狂乱のオルランド』やタッソの『解放されたエルサレム』が生まれた。

また16世紀にはアカデミアと呼ばれる機関が発展した。アカデミアとは、規約を持ち、一定の場所に人々が定期的に集まって、講演や作品の発表などを行う機関で、君主や貴族、有力市民が後援しているものもあれば、とくに後援者がいないものもあった。多かったのは、文学に関わるアカデミアであったが、言語や演劇や音楽、後には科学にかかわるものもあった。この時代の大学にはない学問分野を担っていたと言えるだろう。

一方、この世紀は対抗宗教改革の時代でもある。１５１７年にルターが贖宥状を批判したことで始まった宗教改革に対して、カトリック教会の対応は遅れた。最終的な対応を決定したのは、１５４５年から63年にかけて開催されたトレント公会議である。これにより、カトリックの教義を確認し、教会が神と人とを結びつけるという教えを再確認し、教会が自己改革を行っていくことが決定された。このような動きは、異端の可能性のある思想や学問への厳しい態度を伴っており、異端審問所が設立され、禁書目録の作成が行われた。イエズス会は世界中で布教活動を行う一方で、ヨーロッパのカトリック地域に多くの学院を作り、エリート層の高等教育に大きな影響を与えた。

（北田葉子）

18 17世紀のイタリア
——動乱のなかで

国際政治の中のイタリア諸国

17世紀初めのイタリアの勢力図は、基本的にカトー・カンブレジ条約以後の体制を保っていた。スペインによる勢力均衡政策の中で、イタリア諸国のどこかが突出した国力を持つことはできなかった。しかし17世紀のイタリア、とくにイタリア北部は戦禍に巻き込まれる。三十年戦争は神聖ローマ帝国を舞台にカトリック陣営とプロテスタント陣営に分かれて、多くのヨーロッパ諸国が参戦したことで知られているが、この戦争はイタリアでも戦われた。イタリア戦争でも敵味方であり、三十年戦争でも争っていたハプスブルク陣営とフランスが、再びイタリアを舞台にして戦ったからである。フランスの宰相リシュリュー、そして彼を継いだマザランはともにイタリアに積極的に干渉した。とくにはげしかったのは、マントヴァ公国の継承者を争うマントヴァ継承戦争（1627～31年）で、この戦争によりマントヴァは劫掠され、都市は荒廃した。結果的にフランスの支持したヌヴェール公カルロが公国を相続した。その後もフランスはイタリアにおけるスペイン支配に挑戦し続け、三十年戦争後もこの戦いは継続し、1659年のピレネー条約でようやく終結することになる。

この戦いの中で、多くのイタリア諸国は、強力な軍事力を持たないために、強国の間でバランスをとる政策をとらざるを得ず、外交を駆使して中立政策を固持しようとした。パルマ・ピアチェンツァ公国のオドアルド1世やモーデナ公国のフランチェスコ1世のような好戦的君主が、フランスに接近して利益を得ようとしたこともあるが、成功はしなかった。

フランスとハプスブルク陣営の戦いでは、イタリアに関してはフランスに得るものはなかった。しかしこの戦いの中でスペインの力は急速に衰え、フランスに対する優位は完全に失われた。一方フランスはルイ14世の時代に入り、絶対主義的な国家の頂点を迎えていく。しかしルイ14世のフランスは、イタリアに積極的に関与することはなかった。代わりにイタリアで力を持ったのは、神聖ローマ帝国皇帝である。皇帝はフランスやオスマン帝国との相次ぐ戦争のために、皇帝の臣下とされるイタリア諸国に莫大な戦費の支払いを強制し、イタリアへの影響力を拡大した。最後のハプスブルク家のスペイン王カルロス2世が死亡した時、ブルボン家によるスペイン＝フランス連合とハプスブルク家の皇帝はイタリアにおいてスペイン継承戦争（1701～14年）を戦った結果、皇帝によるイタリア支配への道が開かれることになる。

17世紀半ばの戦争状態の中で、イタリアの経済は衰退傾向に向かう。少なくとも商業先進国としての地位は失うことになった。実際に各地の毛織物工業は衰退するが、絹織物産業では好調な都市もあった。また17世紀末にはとくに北部で農村工業が盛んになり、都市における経済の衰退を補うことになった。

サヴォイア家の台頭

このような状況の中で、唯一、独立した力を獲得することができた国家がサヴォイア公国である。ヴェネツィア共和国も独自の軍事力を有し、オスマン帝国と海外領土をめぐって争い続けていたが、徐々にその領土を失い、国力は衰えていった。

サヴォイア公国は、16世紀のイタリア戦争の間に領土のほとんどをフランスに占領された。サヴォイア公は神聖ローマ帝国側に立ってイタリア戦争を戦い、戦争終結後、領土の回復を果たした。しかしもともとの首都であったサヴォワ地方（現フランス）のシャンベリーはフランスに攻撃されやすいため、アルプスを越えてピエモンテのトリノに首都を移した。以後、公国はイタリアとの関係を深めていくことになる。

サヴォイア公国も、他のイタリア諸国と比較すれば好戦的ではあったものの、17世紀の末までは、スペインとフランスの影響下にあった。しかしルイ14世をモデルに絶対主義的な君主国を形成したヴィットーリオ・アメデーオ2世（在位1675～1730）の時代に、この公国は国際的な重要性を獲得する。ハプスブルク家の血筋が絶えたスペイン王位をめぐるスペイン継承戦争において、サヴォイア公国は反仏のイギリスやオランダの資金提供を受け、スペインおよびそのイタリアにおける領土を主張するフランスと対峙することになった。１７０６年5月、トリノはフランス軍によって包囲される。危機的な状況であるが、ヴィットーリオ・アメデーオ2世はトリノを脱出して神聖ローマ帝国に仕えるオイゲン公の軍と合流を果たし、スーペルガの丘の上でフランス軍を偵察、9月4日に総攻撃を行った。この攻撃は成功し、フランス軍は撤退し、以後ルイ14世はイタリア戦線を放棄すること

トリノ郊外のスーペルガ聖堂

になった。この戦いは、サヴォイア国家の存亡をかけた戦いであると同時に、その後のイタリアにおけるオーストリア支配に道を開くものであった。スペイン継承戦争を終結させたユトレヒト条約で、サヴォイア公はシチリア王国を手に入れ、王の称号を得ることになる（1720年にはオーストリアと領土を交換し、サルデーニャ王となる）。トリノでの勝利を記念し、スーペルガの丘の上には壮麗な聖堂が建立され、サヴォイア家の霊廟とされた。

　またヴィットーリオ・アメデーオ2世は、中央集権的な国家を造ることにも成功した。貴族や教会の権限を弱め、地方の自治権を削減しつつ、官僚制を整備し、自らに権力を集中させた。効率的な中央行政機構が誕生し、国家財政も再編された。君主のもとには内務卿、外務卿、軍事卿がおかれ、これらの卿や官僚制の重要役職には、貴族ではなく、国内外の有能な市民層出身の者が就任し、多くの者は新たに貴族の称号を与えられた。従来の貴族に代わる新しいエリート層が創出されたのである。またトリノ大学も整備され、国家の役人を輩出することになった。さらに全国で土地台帳の作成を行い、公平な課税への道を準備した。啓蒙専制主義の時代の改革を先取りしているような先進的部分もあるが（たとえば教会に対する態度や土地台帳の作成）、彼の支配は基本的に絶対主義的なものであり、知的自由はなく、下からのイニシアティブは抑圧されることになった。

宮廷の栄華

政治的に強力になることができたのはサヴォイア公国のみであるが、文化的モデルとしてのイタリアはこの時代も力を保っていた。ルイ14世のヴェルサイユにおける文化は、このモデルをしのぐ影響力を持ったが、ヨーロッパにおけるイタリアの文化の影響力が消え去ったわけではない。

制度としての宮廷が最盛期を迎えたのもこの時代である。国内のエリートは宮廷に集まり、宮廷が政治の中心となり、その重要性は増加した。16世紀から開始された市民の貴族化は進展し、新旧の貴族が宮廷の中で多かれ少なかれ融合していった。外交問題における危機の中で、このようなエリート層と君主は協同することになる。一方で、宮廷儀礼は緻密化され、身分や役職によるふるまい方もより厳密に定義された。

このような宮廷や教会を中心に、壮大なバロック芸術が花開いたのもこの時期である。ローマでは、とくにトレント公会議以降、人々の心に訴えかけるような壮大壮麗な造営や装飾事業が行われた。ジャン・ロレンツォ・ベルニーニによってヴァティカンのサン・ピエトロ大聖堂前の広場が整備されたのもこの時代である（1656〜67年）。またローマのナヴォーナ広場は、ボッロミーニによるサンタニェーゼ・イン・アゴーネ聖堂とベルニーニによる「四大河の噴水」が建てられ、バロック的な空間へと変わった。バロックの時代の画家としては、カラヴァッジョ、アンニーバレをはじめとするカラッチ一族、ピエトロ・ダ・コルトーナなどがあげられる。一方トリノでは、ヴィットーリオ・アメデーオ2世が、シチリア出身の建築家フィリッポ・ユヴァッラを招聘し、トリノを王国の首都としてふさわしい壮大なバロック建築で飾らせた。王宮は拡張され、マダーマ宮の壮麗なファサードが完成した。郊外には瀟洒な狩りの館ストゥピニージ宮が建設されたし、前述したスーペルガの聖堂を作ったのもユヴァッラである。

学芸の発展

17世紀はイタリアにおいてオペラが誕生し、発展した世紀でもある。歌唱と音楽、演劇を組み合わせる試みは16世紀末から存在した。最初のオペラはメディチ家が支配するフィレンツェで、君主フェルディナンド1世の婚礼祝賀用に作られた「ダフネ」であったという。その後オペラの中心は、初期のオペラの多くを作曲したモンテヴェルディが活躍したヴェネツィアへと移る。ヴェネツィア貴族たちは劇場を開設し、多い時には16もの劇場があったという。これらの劇場には入場料を支払えば一般市民も観劇できるようになっており、オペラはヴェネツィアの人気の娯楽として発展していった。そしてヴェネツィアからその他のイタリア都市へ、そしてヨーロッパ全体へイタリアのオペラは広まっていくことになる。

現在のアカデミア・デッラ・クルスカ（かつてのメディチ家の君主の別荘）

学術でもこの世紀には発展があった。1583年に設立されたアカデミア・デッラ・クルスカは、14世紀のフィレンツェの作家であるダンテ、ペトラルカ、ボッカッチョを範としながらも、16世紀の作家まで取り込んでイタリア初の辞書を作成し、1612年に出版した。イタリア語がどのようにあるべきかという議論は16世紀から行われており、この辞書によって決着がつけられたわけではないが、一つの重要な指針を提供したと言えるだろう。

17世紀は科学革命の時代であり、その父と言われるのがガリレオ・ガリレイである。物理学および天文学における彼の功績は大きい。ガリレイは、対抗宗教改革の教皇庁と対立し、裁判にかけられることになるが、彼の弟子たちはトスカーナ大公の保護下にあったアカデミア・デル・チメントで活躍することになる。大学にはまだ講座を持たない自然科学は、辞書制作のクルスカと同様、アカデミアという制度を利用して発展していくことになる。

（北田葉子）

19 18世紀イタリアの政治
――ヨーロッパ国際政治のなかのイタリア半島

18世紀のイタリアは、大きく二つの時期に分けることができる。すなわち、1701年のスペイン継承戦争勃発から1748年のオーストリア継承戦争の終了までの戦禍の絶えることのない不安定な時期と、1748年以後フランス革命に至るまでの安定した時期とである。

スペイン継承戦争からアーヘンの和約まで

17世紀のイタリア半島に絶大な力をもったのは、スペインである。スペインは、ミラノ公国、ナポリ王国、シチリア王国、サルデーニャ王国を直接の支配下に置いていただけでなく、ジェノヴァ、トスカーナ大公国などにも隠然たる影響力を行使していた。このため、1701年から始まったスペイン継承戦争はイタリア諸国にも大きな影響を及ぼすことになる。

ブルボン家によるスペイン王位継承を不服としたハプスブルク家は、ピエモンテから東方への進出の機会を窺っていたサヴォイア家と結び、ブルボン家の新スペイン王に忠誠を誓ったミラノ公国に向けて進軍を開始した。この軍事行動に対して、ブルボン家もフランスからサヴォイア公国に侵攻し、同国の首都であるトリノを包囲した。トリノは一時陥落寸前まで追い込まれたものの、オーストリアからの援軍を得たサヴォイア家は、トリノの包囲を破り、フランス軍のイタリア半島進出を阻むことに成功する。

トリノの包囲戦は、スペイン継承戦争のイタリアにおける趨勢を決定づけることになる。トリノを解放したハプスブルク家は、1707年にミラノおよび同じくブルボン家側についたマントヴァを陥落させ、まず北イタリア一帯を勢力下に収める。さらに同1707年に、教皇国家を通過し、ミラノ公国同様にブルボン家側に与したナポリ王国にまで攻め入り、ナポリ王国も占領下に置いてしまった。また時を同じくしてオーストリアと同盟したイギリス－オランダの連合艦隊がスペイン領のサルデーニャ島に侵攻し、この島を占領した。

この一連の軍事行動の成果は、スペイン継承戦争後のユトレヒト条約（1713年）およびラシュタット条約（1714年）によりおおむね承認される。ブルボン家がスペインを継承することを認める代わりに、オーストリアはミラノ公国、ナポリ王国の他、サルデーニャ王国の領有が認められ、スペインに代わってイタリア半島の全体に強い影響力を及ぼすことになる。またオーストリアの同盟者としてこの戦争を戦ったサヴォイア家にはシチリア島が与えられ、シチリア王を名乗ることが認められた。

ブルボン家もイタリア半島における勢力挽回を狙わなかったわけではない。早くも1717年にはスペイン王妃エリザベッタ・ファルネーゼの主導により、スペインはサルデーニャ・シチリアに軍を送り、両島を一時占領したものの、イギリスと手を結んだオーストリアはすぐに両島をスペインから奪還する。その結果、1718年のロンドン協約、さらにその後のハーグ条約（1720年）では、スペインがイタリア半島に領土を獲得することは認められず、シチリア島はオーストリア領となり、スペイン継承戦争以後シチリア島を支配してきたサヴォイア家には、シチリアに代わってサルデーニャ島が与えられた。同時にサヴォイア家にはシチリア王位に代えて、サルデーニャ王の位が与えられ、ここにイタリア統一まで続くサルデーニャ王国が成立することになる。

こうしたハプスブルク家の圧倒的優位の状況がやや緩和され、南イタリアにおけるスペイン・ブルボン家の支配が復活するのは、１７３３年から始まるポーランド継承戦争を待たねばならない。ポーランド国内の王位継承争いはヨーロッパ各国の利害が絡み、遠くイタリアの地でも戦争を引き起こすことになる。さらなる東方への領土拡大を狙っていたサヴォイア家は、今回はフランスと同盟を結び、それまで同盟国だったハプスブルク家の支配するミラノ公国に進軍を開始し、一時ミラノ公国を占領下に置く。また、南イタリアでもこの機に乗じてスペインがナポリ王国とシチリア王国の奪回に成功する。

ポーランド継承戦争の終わりを告げた１７３８年のウィーン条約により、ミラノ公国はハプスブルク家に返還され、マントヴァ公国、パルマ・ピアチェンツァ公国もハプスブルク家の支配下に入った。さらに、マリア・テレジアの夫であるフランツ・シュテファンがロレーヌ公国を放棄する見返りとしてメディチ家断絶後のトスカーナ大公国を継ぐことも決まり、以後トスカーナは形式上の独立を保ちつつ、ハプスブルク家の勢力下に組み込まれることになる。他方でブルボン家側もイタリア半島に新たな足場を築くことに成功する。戦争中の軍事行動の結果、シチリア王国とナポリ王国の支配権は、ハプスブルク家からスペイン・ブルボン家へと移行することが定められたのである。

ここに北中部イタリアを支配するハプスブルク家と、南部を支配するブルボン家とが、教皇国家を挟んで向かい合う構図が成立する。

こうした状況の中では、1740年から始まるオーストリア継承戦争において、イタリア半島でも戦火が交えられたのは当然のことと言える。ハプスブルク家は、再びサヴォイア家のサルデーニャ王国と結び、ブルボン家のフランス、スペインと敵対した。当初中立を宣言していたジェノヴァが、ブルボン家側で参戦し、スペイン軍の領内通過を認めたため、オーストリア、サルデーニャ側は、一時ミラノを占領されるなど劣勢に回る。しかし、1746年には形勢を逆転させ、オーストリアは逆にジェノヴァを占領してしまう。

もっとも、このオーストリアによるジェノヴァ占領も短期間続いたのみで、都市反乱によってジェノヴァ共和国は再度独立を回復することに成功する。結局、オーストリア継承戦争では、北部イタリアを中心に戦闘が繰り広げられたものの、1748年のアーヘンの和約（エクス・ラ・シャペルの和約）ではサルデーニャ王国が東に領土を拡大したこと、パルマ公国がスペイン・ブルボン家のフェリペに与えられたことを除けば、ポーランド継承戦争終了時の勢力図に大きな変更はなかった。

1748年以後の平和

本章の冒頭でも述べたように、1748年以後のイタリア半島は政治的な安定を取り戻すことになるが、これはイタリア半島諸国のイニシアティブや半島内の政治情勢の結果というよりは、ヨーロッパ全体の国際政治の大きな変化が生んだ副産物に過ぎない。長く対立してきたブルボン家とハプスブ

《ピエトロ・レオポルドとマリア・ルイーザ夫妻とその子供たち》
［出所：Pietro Leopoldo d'Asburgo Lorena (a cura di O. Gori), *Relazioni dei dipartimenti e degli impiegati (1773)*, Firenze; Leo S. Olschki Editore, 2011.］

ルク家が、オーストリア継承戦争後一転して同盟関係を築いたため、イタリア半島を南北に分けて行われた両家の対立にも終止符が打たれ、政治的な安定がもたらされたのである。

　この「外交革命」の成果の一端として、マリア・テレジアの娘であるマリー・アントワネットが後のルイ16世に嫁いだことは有名だが、イタリア半島内部でも、婚姻による同盟関係の強化が図られている。例えばマリア・テレジアの娘であったハプスブルク家のマリア・カロリーナがナポリ王フェルディナンド4世に、逆にスペイン・ブルボン家からはマリア・ルイーザが、フランツ・シュテファンからトスカーナ大公位を継いだ彼の息子ピエトロ・レオポルドのもとに嫁いでいる。実際、続く七年戦争ではイタリア半島はもはや戦場となることはなく、イタリア半島内部での領土変更も見られない。

　パスクワーレ・パオリを指導者とする反乱に手を焼いたジェノヴァ政府が1768年にフランスに

売却したコルシカ島を例外とすれば、18世紀後半のイタリア半島はブルボン－ハプスブルクの同盟に支えられ、フランス革命の勃発まで久方ぶりの平和を享受することになる。

だが、これはイタリア半島の諸国がヨーロッパの戦争とまったく無関係になったということを意味するのではない。むしろ、ハプスブルク、ブルボン両家とも、増え続ける戦費負担の一部を支配下にあるイタリア諸国に転嫁し続けたため、イタリア諸国はヨーロッパの戦争と間接的に関わりを持ち続ける。平和ではあるものの、絶えず戦費の負担を強いられるという18世紀イタリア半島の独特な状況の中、イタリア諸国は他国に先駆けて啓蒙改革と呼ばれる行財政改革を行っていくのである。

（大西克典）

20 17・18世紀のイタリア経済学
――近代経済学への貢献

17・18世紀は近代社会への幕開けで諸科学の事始めの時代であった。ウイリアム・ハーヴィ（1578～1657）が血液循環を発見して生理学に画期をもたらし、ガリレオ・ガリレイ（1564～1642）、アイザック・ニュートン（1642～1727）が、力学、物理学、天文学上の発見で次々に輝かしい成果を生み出していた。社会科学の分野でも、フランシス・ベーコン（1561～1626）が神学と世俗の科学を区分しイギリス経験論哲学を確立し、ニッコロ・マキアヴェッリ（1469～1527）が史料実証的方法によって歴史研究を実証科学として基礎づけた。その後、経験的・実証的方法は科学的方法論として普遍化していき、近代的社会関係の形成に大きく貢献することになった。

イングランド人でピューリタン革命後アイルランドの大地主になったウイリアム・ペティ（1623～87）は、統計的手法を駆使して『政治算術』（1690年）、『アイルランドの政治的解剖』（1691年）を相次いで発表し、後にカール・マルクス（1818～83）によって「イギリス経済学の父」（『経済学批判』1859年）と評価された。アンシャン・レジーム下のフランスでは、ルイ15世付きの宮廷医フランソワ・ケネー（1694～1774）が、血液循環からの着想で経済循環の総過程を図式化した『経済表』（1758年）を発表して、同じマルクスから「ケネーが経済学を科学にした」（『哲学の貧困』（１８４７年）と評価された。しかし、17～18世紀半ばはまだ世界史的に見て経済学という新しい科学はやっと黎明期を迎えたばかりで独立科学としての認知は不十分だった。

17世紀の状況

では、この時期のイタリア経済学の研究状況はどうであったか。ジョセフ・アロイス・シュンペーターは『経済分析の歴史』（１９５４年）で、「イタリア人の高水準の貢献」として「スミス以前の体系的創作分野の名誉は、18世紀のイタリア人に帰すべきである」と経済学という分野でのイタリアの先行性を高く評価している。イタリアではすでに16世紀末ベルナルド・ダヴァンツァーティ（１５２９～１６０６）が、当時の経済社会の宿痾であった貨幣貶造（君主の恣意的な改変、偽造、縁の削り取り）の対策の書として『貨幣論講義』（１５８８年）を著している。彼ははじめて「価値のパラドックス」に注目し、価値論の基礎として効用と希少性を指摘した。次に、ジェミニアーノ・モンタナーリ（１６３３～87）が『貨幣商業論』（１６８０年）を著し、価値の基礎を効用よりも希少性に求めてダヴァンツァーティの主張を媒介するかたちで、後のガリアーニの効用価値論形成に貢献した。さらに、ジョヴァンニ・ボテーロ（１５４４～１６１７）は、『国家理性論』と補遺『都市の偉大と壮麗の諸原因』（１５８９年）を著し、その補遺の方で事実上マルサス人口論の論理を先取りしている。

17世紀初頭には、ナポリ人アントニオ・セッラ（生没年不詳）が、『鉱山のない王国に金銀を豊富にし得る根拠の小論――三地方に分けてナポリ王国に適用』（１６１３年）を出版して、事実上ヨーロッパで最も早く本格的な経済学原理や政策を提示した。ところが、セッラは、『太陽の都』（１６２３年）

で知られるカラーブリアの哲学者トッマーゾ・カンパネッラ（1568～1639）の政治的陰謀の累でヴィカリアの監獄につながれ、生前何の評価も受けることなく、惜しくも朽ち果ててしまった。だが、フェルディナンド・ガリアーニ（1728～87）は、セッラのこの著書を高く評価し「政治経済学の最初の著作者の地位に彼を据え、この今まで未知だった彼の祖国という名誉をカラーブリアにも疑いなく認めたい」と誰よりも早く称えた。その理由は、ガリアーニによれば、貨幣と為替の混乱という当時のナポリ王国の焦眉の問題を、セッラが誰よりも明晰・公正に把握していて、その災害の原因と唯一有効な対策を指摘したからであった。あまつさえガリアーニは、セッラを『商業論』（1734年）の著者である著名なフランス経済学者ジャン・フランソワ・ムロン（1675～1738）、『統治二論』（1690年）、『利子・貨幣論』（1692年）の著者のイングランド啓蒙思想家ジョン・ロック（1632～1704）とあえて比較すると言い、セッラが「経済学の闇と誤謬の世紀に生きたために、両者に克服される人」になってしまったと惜しんでいる。さらにシュンペーターも、セッラの著書を単に貨幣的国際収支論にとどまらず経済社会の一般的商品分析も含むものと高く評価し、「非体系的ではあったが最初の科学的論考を著した名誉を与えられるべきである」と称賛した。

18世紀の状況

18世紀が一般に啓蒙主義の時代であることはよく知られている。特にフランスの啓蒙主義者たち、『ペルシャ人の手紙』（1721年）、『ローマ人盛衰原因論』（1734年）、『法の精神』（1748年）のシャルル・ルイ・ド・スゴンダ・モンテスキュー（1689～1755）、『哲学書簡』（1734年）、『カンディード』（1759年）のフランソワ・マリ・アル・ヴォルテール（1694～1778）、『人間不平等起源論』（1755年）、『社会契約論』（1762年）、『エミール』（1762年）のジャン・ジャック・ルソー（1712～78）を知らない者はいない。彼らも時代的に先行する『リヴァイアサン』（1651年）の著者トーマス・ホッブズ（1588～1679）やロックのイギリス経験論の影響を受けていて、『人間本性論』（1739～40年）、『政治論集』（1752年）の著者デヴィッド・ヒューム（1711～76）とも交流した。

1748年オーストリア継承戦争が終結してアーヘンの和約が成立してヨーロッパに平和が戻り、この時期にイタリアでも政治・経済・社会制度全般の改革の機運が生じた。まず、カルロ・アントニオ・ブロッジァ（1698～1767）はつとにイタリア財政学の古典とも言える『租税・貨幣・公衆衛生論』（1743年）を著した。次いでルドヴィーコ・アントニオ・ムラトーリ（1672～1750）は『公共の福祉』（1749年）を著して、貧困問題の解決、そのための新時代の生産力の育成を主張し、君主の社会改革の実施を求めてイタリア啓蒙主義の道を拓いたとされる。南のナポリ王国では、ガリアーニが貨幣問題にとどまらず公共の福祉の提言の書である『貨幣論』（1751年）（黒須純一郎訳、京都大学学術出版会、2017年）を著して全イタリアで好評を得た。『貨幣論』の経済学への画期的な貢献は、あらゆる物の価値基準として「効用」と「希少性」の概念をさらに明確にして、効用価値論を完成したことである。これは事実上1870年代の「限界革命」の先駆となるものである。しかし、ルイ16世治下のフランス財務総監であったアヌ・ロベール・ジャック・チュルゴ（1727～81）が20年近くも後に、ガリアーニの『貨幣論』に何も言及せずに「価値と貨幣」（1769年）で、「効用、卓越性、希少性」を主張したために彼が「限界理論」の先駆者とする誤解が生まれた。また、ガリアーニの『貨幣論』は投下労働価値論の指摘も含み後に問題を残している。さらにガリアーニはその後ナポリ王国大使館秘書官としてパリに赴き上流知識社会の寵児になったが、舌禍事件でナポリに召還された後、百科全書派のデニ・ディドロ（1713～84）、デピネー夫人（1726～83）の協力によって『小麦取引に関する対話』（1770年）をフランス語で出版した。イタリア語の『貨幣論』と違って、重農主義の穀物自由取引論に反旗を翻したと見られたこの書はフランスで盛んな賛否両論を生みドイツ語訳も出た。その後、ガリアーニはナポリ王国財政最高会議筆頭顧問にまで上り詰めることになる。

イタリア経済学の発展

さて1754年にはナポリ大学にイタリアで最初の経済学講座（世界で最初がスウェーデンのウプサラ大学だから2番目）が設置され、アントニオ・ジェノヴェージ（1713～69）が初代教授に選ばれ『商業すなわち市民経済講義』（1765～67年）を著し、啓蒙主義者として講壇から近代的改革を唱えジェノヴェージ学派を形成した。一方、北のミラノ公国ではピエトロ・ヴェッリ（1728～97）が最大幸福論を唱えた『幸福論』（1763年）、貨幣的経済学の体系化を試みた『政治経済学』（1771年）を著して経済学研究を主導した。彼は弟のアレッサンドロ・ヴェッリ（1741～1816）や10歳年下の友人チェーザレ・ベッカリーア（1738～94）らと「こぶしの会」を結成し、機関誌『カフェ』によってまず市井の啓蒙改革運動を推進した。ヴェッリ兄弟の協力でベッカリーアが書き上げた『犯罪と刑罰』（1764年）（小谷眞男訳、東京大学出版会、2011年）は、フランス人神父のアンドレ・モルレ

（1727～1819）の改編フランス語訳によってヨーロッパ的好評を得た。この業績によってベッカリーアはロシアの女帝エカチェリーナ2世（在位1762～96）の招聘を受けたが、頭脳流出を惜しんだオーストリア政府はベッカリーアのためにミラノ王室学校に官房学（経済学）講座を開設して彼を教授にすえた。これはナポリ大学に次ぐイタリアで2番目の経済学講座であった。ベッカリーアはこの講義のために教科書に使う草稿を準備したが、これが彼の死後ピエトロ・クストディ編『公共経済学原理』（1803年）となって現れる。後にヴェッツリ、ベッカリーアはミラノ公国の経済最高会議のメンバーに選ばれ行政官として活躍することになる。この会議の議長は、ベッカリーアをメンバーに推挙したジャンリナルド・カルリ（1711～74）であった。彼もまた貨幣経済学者であって『貨幣の起源と取引』（1751年）、『貨幣とイタリアの造幣所設立』（1754～60年）を著している。

ベッカリーアはシュンペーターから「イタリアのスミス」の称号を受けることになるが、『犯罪と刑罰』に比べれば『公共経済学原理』はなおわずかに知られているにすぎない。これはジョルジュ・アンリ・ブスケーが『イタリア経済学抄史』（1960年）で嘆いているように、イタリア語が世界でマイナーな言語である事実が手伝っている。たとえば、1750～59年の間にイタリアで出版された58点の経済学関係書籍のうち、フランス語への翻訳は、英語書籍が12点、スペイン語書籍も4点あるのに、イタリア語書籍はわずかにジェロラモ・ベッリーニ（?～1760）の『商業論』（1750年）1点だけが1755年になされるという惨状である。だが本書だけはまったく例外的に早くも1752年に英訳され、マルクスによって「ブルジョワ経済学の総体系」と「評価された」ジェームズ・ステュアート（1713～80）の大著『経済の原理』（1767年）で注釈されたし、同年ドイツ語訳される栄誉まで得ている。このほか、ジャンマリア・オルテス（1713～90）は、『国民経済学』（1774年）を著して社会の支配法則の不変性、経済過程に対する一切の人為的干渉の排除、さらに不変法則の典型として人口原理を主張して、後の『人口論』（初版1798年）、『経済学原理』（初版1820年）で著名なトーマス・ロバート・マルサス（1766～1834）の先行者とも目されている。こうして18世紀のイタリア経済学は、言語的制約に縛られながらも、最大多数の最大幸福、公共の福祉という近代社会形成の必須条件の処方箋として、実質的に経済学史上先駆的貢献の一翼を担ったのである。

（黒須純一郎）

21 イタリア啓蒙
――ムラトーリとその残響

イタリアの啓蒙は、ヨーロッパ他地域との不断のつながりのなかで醸成されたものであり、本来イタリア半島内部の展開のみを追うだけでは十分な把握は難しい。だが、ここではあえてルドヴィーコ・アントニオ・ムラトーリとその後代への影響を追うことで、次章で扱う啓蒙改革の底流に流れていた思想の一側面を見ていきたい。

ムラトーリと「牧者たる君主」

ルドヴィーコ・アントニオ・ムラトーリは、1672年にモーデナ近郊のヴィニョーラで生まれ、モーデナで哲学を修めた。その後、聖職者として活動するかたわら、ミラノのアンブロジアーナ図書館やモーデナのエステ家図書館で司書として働き、歴史、宗教、哲学など広いテーマに関して多くの著作を残した。特に『イタリア年代記』（1744～49年）はイタリアにおける歴史研究の嚆矢として、高い評価を得ている。

ムラトーリは、18世紀前半のイタリアの混乱に終止符を打ったアーヘンの和約の2年後、1750年にモーデナで没しており、啓蒙改革と呼ばれる実際の改革はおろか、現実の政治にもほとんど関与していない。にもかかわらず、イタリア啓蒙の文脈で彼が必ずと言ってよいほど言及されるのは、ひとえに彼の著作がイタリア啓蒙の始まりを告げたと考えられているからである。

例えば、『法学の欠陥について』（1742年）では、ローマ法に基づく伝統的な司法制度の錯綜とその中で司法官の裁量に委ねられた部分があまりに大きい点を批判し、君主の主導のもと新たな法典を編纂するよう提案している。また、『節度ある信仰について』（1747年）に代表される一連の宗教関連の著作の中では、カトリックの多すぎる祝日や、民衆の間に広がる迷信を指摘し、それがイタリアの民衆の怠惰や無気力につながり、イタリア諸国の発展を妨げる一因であると批判する。

だが、ここからムラトーリをカトリックの批判者と捉えたり、限界はあったにせよ宗教を排斥した世俗主義の先駆者であると考えるのは大きな誤りである。

ムラトーリがベネディクトゥス14世など同時代の知識人や聖職者に宛てた書簡からも分かるように、彼が批判したのは、神秘体験を通じて神との直接の対話や一体化を目指そうとする17世紀に流行したバロック的な信仰のあり方であり、それを盲目的に受容し熱狂する迷信深い一般信徒たちだった。したがってムラトーリが目指したのは、カトリックや宗教そのものの価値の否定ではなく、「理性」によって信仰を整理し直し、迷信と熱狂のただ中にある一般のカトリック信徒を「節度ある信仰」に復させることであった。

むしろ、ムラトーリが理想の統治と考えたのは、一種の祭政一致の支配である。1743年から49年にかけてヴェネツィアで出版された『パラグアイにおけるイエズス会教父の宣教にみる幸福なるキリスト教』は、彼の理想の一端を垣間見せてくれる。ムラトーリの著作としては小著の部類に入るこの本の中で展開されているのは、南アメリカにおけるカトリック宣教の賛美である。当時のパラグアイには、イエズス会が宣教や聖務だけでなく、実質的には世俗の統治をも司っている地域が存在していた。ムラトーリは生涯パラグアイの地を踏むことはなかったので、彼は他の旅行者や宣教師たちの書いた記録をもとにイエズス会の支配するパラグアイの様子を叙述しているのだが、興味深いのは、彼が参照したテクストには存在していたパラグアイの原住民の間に残る土着信仰の残滓に関する記述を全て捨象していることである。つまり、この本の中でムラトーリは、イエズス会が聖俗両権を握り、カトリックに改宗した現地住民を統治する様を「幸福なるキリスト教」の実例として、意図的に理想化しているのである。

聖俗両面を統べる少数者が、「牧者」として人々を導くという彼の理想の統治は、そのまま『公共の幸福について――君主の目的』の中でムラトーリが提起した牧者たる君主のイメージと重なる。死の前年1749年に刊行され、彼の政治・哲学・宗教研究の集大成ともいえるこの著作の「よき君主の職務」の項で、ムラトーリは君主の責務を述べた後、「よき君主は人々の牧者とも父とも呼ばれるのである」と続け、世俗の統治だけでなく、宗教面でもキリスト教的愛をもって人々を教え導くという、「牧者たる君主」を提示している。

ムラトーリの残響

ムラトーリの示した「牧者たる君主」という理念は、ローマ教皇の権威を認めないというものではなかった。むしろ『公共の幸福について』の「宗教」の項を読めば分かるように、聖職者が多くの特権を有し、世俗の政治に介入してきたからといって、それを口実に「神の真の教会から離れ去る」こと、「イエス・キリストの作り給うた聖なる位階を踏みにじること」、そして何よりも「教会の最初の数世紀（の活動）によってそこに認められた権利と特権を使徒座（＝ローマ教皇座）に認めない」ことは、ムラトーリからすれば、紛れもない異端だったのである。

こうしたムラトーリの態度は、教皇の権威そのものに疑義を呈したピエトロ・ジャンノーネやラディカーティ・ディ・パッセラーノに比べれば、穏健なものだった。しかし、君主が宗教面でも指導力を発揮し人々を導いていくべきであるというムラトーリの主張は、その穏健さゆえに、イタリア各国の君主たちに受容され、改革の思想的基礎のひとつをなしていく。彼らは、ローマ教皇庁の影響力を削ぐことで、聖職者と教会財産への課税を認めさせ、財政基盤を強化することを目指すと同時に、カトリックの信仰の枠内に留まりながらも国家主導の教会制度を導入することで、本来カトリックという超国家的結びつきを持つ聖職者を国家の枠の中に留め、政府の管理下に置こうと試みる。聖職者への課税強化や教皇庁との政教協約締結の動きはイタリア各国の啓蒙改革の中で見られるが、中でもムラトーリの思想を早くから受容するとともに、最も積極的にこれを実行に移そうと試みたのが、トスカーナの啓蒙改革である。

ムラトーリの著作集が１７６７年から１７７３年にかけて初めて出版されたのは、ピエトロ・レオポルドのもと啓蒙改革を進めつつあったトスカーナであったし、レオポルディーナと呼ばれる刑法典により、君主による法典の編纂というムラトーリが『法学の欠陥について』の中で展開した提案を最初に実現したのもまたこの国であった。

だが、ムラトーリの影響が最も顕著な政策は、トスカーナにおける教会政策である。元来聖職者への免税特権がほとんど認められていなかったトスカーナでは、改革はよりラディカルに進んでいく。1775年の改革で土地税に関する聖職者の特権がすべて消滅する一方で、並行して一部修道院の解散とその所在地の売却・永代小作が進められる。1782年には異端審問も廃止されている。

これら一連の政策以上に、トスカーナにおける教会政策を語る上で重要なのは、1786年から1788年にかけてプラートとピストイアで開催された教会会議である。ピエトロ・レオポルドのもと、プラートおよびピストイアの司教であったシピオーネ・デ・リッチが行った教会会議は、カトリックの信仰のうちに留まりながらも、ローマ教皇の影響力を排し、大公のもとにトスカーナの教会を再編する試みであった。

もっとも、こうした国家による教会統治の試みは、ローマからの強い反発を招くことになる。さらにレオポルドとシピオーネ・デ・リッチとの意見対立や宗教面での急進的な改革を望まないトスカーナ内部の根強い反対意見もあり、この教会改革の動きは結局は頓挫してしまう。しかし、ここで展開された試みは、近世イタリアにおける国家による教会支配の試みのひとつの到達点を示し、19世紀以後の教会と国家の関係にも少なからず影を落とすことになる。

刑法典編纂にせよ、プラート・ピストイア教会会議にせよ、18世紀後半の現実の政策の立案・実施過程の中で、ムラトーリの名が言及されることはほとんどない。だが、牧者たる君主が聖俗両面を導いていくというムラトーリの思想は、18世紀後半の啓蒙改革の中に残響のように響き続けるのである。

（大西克典）

22 啓蒙改革
――18世紀イタリアの改革

啓蒙改革とは、一般に18世紀にイタリア諸国で行われた行財政改革を指す。この改革に「啓蒙」という言葉がつけられてきたのは、主に18世紀後半にフランス啓蒙の影響を受けた知識人が改革に参加したからであるが、「啓蒙」という言葉に拘泥し過ぎるあまりこの改革の起点とその性質を見落としてはならない。

そもそも、啓蒙改革が、フランス等からの啓蒙の輸入とその実践を主たる特徴としているのであれば、なぜフランスではなくイタリア半島諸国で啓蒙改革が行われたのかと考えてみる必要があるだろう。特に、フランスでは革命に至るまで実現不可能だった統一的な土地台帳の編纂や聖職者への課税が、たとえいくつかの制限を伴っていたにせよ、イタリア半島諸国で先んじて実施されていたことを考慮に入れれば、この問いもあながち的外れではないだろう。

啓蒙改革の契機

イタリア諸国で啓蒙改革が行われた理由の一つは、18世紀前半に繰り返された支配者の頻繁な交代である。第19章でも触れたように、18世紀前半のイタリア半島では、教皇国家、ヴェネツィア、ピエモンテなどいくつかの例外を除けば、支配者が何度も変わっている。しばしば軍事的な征服を伴った支配の変更は、各国の内部で都市・コムーネなどの中間団体との関係や、在地で権力を握っていた貴族・封建領主などとの関係を大きく変える契機となり、彼らとの関係の上に成り立っていた徴税・統治のシステムに政府が切り込んでいく格好の機会ともなった。

スペイン継承戦争からオーストリア継承戦争に至るまでの動乱の中で、新たに支配者となったハプスブルク、ブルボンの両家が、改革へと踏み込んでいった第二の理由は巨額の軍事費とそれに伴う財政の逼迫である。イタリアの覇権をめぐって争ったハプスブルク、ブルボン両家ともに、イタリア半島内外で戦争を進めるために巨額の軍事費を必要とした。このため、支配の変更を機に画一化、中央集権化とそれに伴う財政の効率化と課税強化の傾向を一層強めていったのである。

だが、度重なる戦争を遂行していくために巨額の軍事費が必要であったのは、何もイタリア諸国に限らない。にもかかわらずイタリア諸国で啓蒙改革と呼ばれる行財政の改革が、他国に先駆けて進められた三つ目の要因は、1748年以後の平和である。オーストリア継承戦争の終わりを告げたアーヘンの和約以後に起こったいわゆる外交革命により、ブルボン家とハプスブルク家は同盟関係に入るが、この影響はイタリア半島で顕著にみられる。すなわち、北部を支配するハプスブルク家と、南部に勢力を広げたブルボン家とが、教皇国家を挟んで向かい合う構造が解消され、以後イタリア半島は政治的な安定を取り戻すのである。

こうしたイタリア半島の安定の中でも、ハプスブルク家はプロイセンに対抗する必要上、ブルボン家もイギリスに対抗する必要上、引き続き戦費の一部をイタリア諸国に転嫁し続けるのである。このため、政治的に安定しており、戦争の勃発する危険がないにもかかわらず、戦費の捻出を強いられるという特殊な状況が生まれることになる。

イタリア諸国における啓蒙改革

ヴェネツィア共和国、教皇国家といった独立を保っていた国々ではなく、ミラノ公国、ナポリ王国、トスカーナ大公国などハプスブルク、ブルボンの支配下に入っていた国々が啓蒙改革の舞台となったのも、上記のような事情を考慮に入れれば、自然な流れであろう。こうした国々では、18世紀前半の支配家系の交代直後から、貴族・聖職者層の司法や税制上の特権削減が行われる一方で、中央集権化と財政基盤の構築が進められていく。

例えば、スペイン継承戦争に際して、ブルボン家側に与したミラノ公国では、ハプスブルク家に征服されたわずか2年後の１７０９年には、それまでの税制の抜本的な改革案が提案されている。この提案が具体的に動き出すのは、統一土地台帳編纂のための委員会が１７１８年に組織されてからのことである。ロンバルディーア以外の出身者で構成されたこの委員会は、ミラノ貴族の強い反対を退け、１７２１年から土地の測量と土地評価作業を開始する。この土地台帳編纂事業は、ポーランド継承戦争に伴う中断とその後の再開を経て、約40年後の１７５９年にマリア・テレジアのもとで完了し、翌年この土地台帳にもとづいた徴税が開始される。

土地台帳編纂と並行して行われた改革が、地方行政制度の改革と聖職者への課税である。１７５５年には地方行政制度を抜本的に改革し、画一的で中央集権的な地方行政制度をミラノ公国全土に敷く一方、１７５７年のローマ教皇庁との政教条約により、ミラノ公国は聖職者の免税特権の削減にも成功し、いくつかの留保を付けつつではあるが、俗人と同様に聖職者にも統一土地台帳にもとづく課税が行われることになった。詳細な実地測量にもとづいた地図を付した土地台帳の編纂と、中央集権的な地方行政制度の導入、さらに聖職者への課税は、土地直接税にもとづいた強固な税制基盤の確立とミラノ公国の中央集権化に大きく寄与することになる。こうした中央集権路線は、続くヨーゼフ2世のもとでも継続され、１７８６年にはミラノ貴族の牙城であった元老院も廃止される。

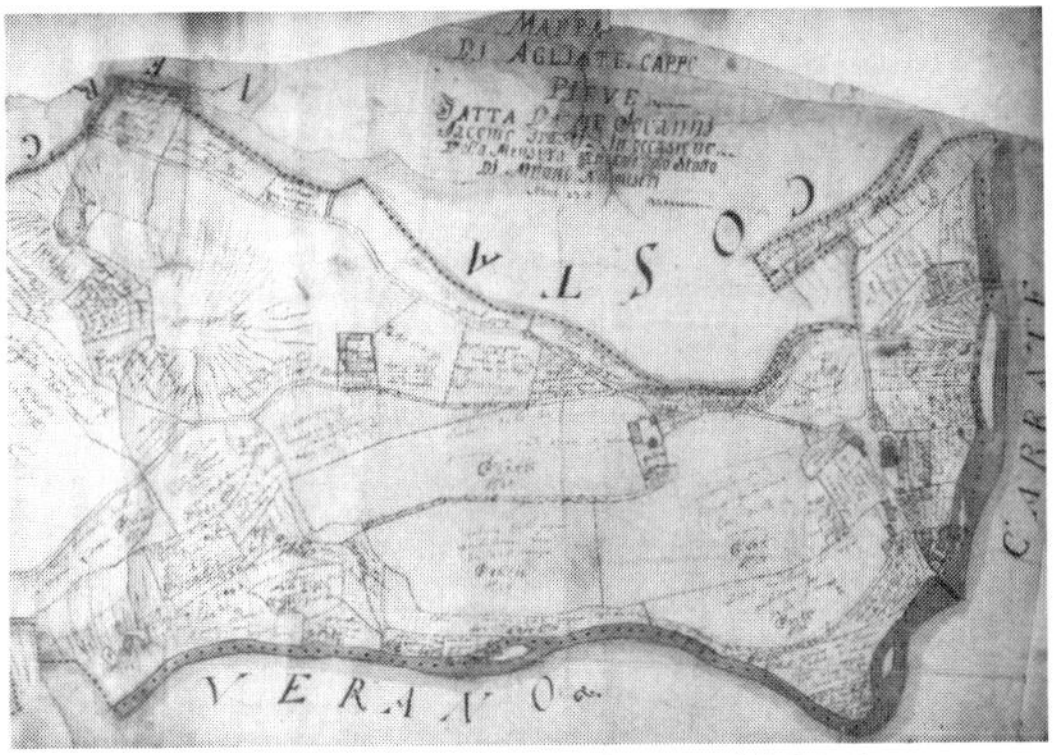

ミラノ公国の土地台帳に付された地図の一例［出所：Roger J. P. Kain and Elizabeth Baigent, *The Cadastral Map in the Service of the State*, Chicago- London; University of Chicago Press, 1992.］

　同様にナポリ王国でも、ブルボン家の支配に復した後の１７３９年からカルロ・ディ・ボルボーネのもと、土地台帳編纂が開始されており、１７７０年には大部分の地域で編纂が完了している。聖職者身分の免税特権が広く認められていたナポリ王国でも、１７４２年の政教条約により、ミラノ公国同様に聖職者・教会の財産への課税が拡大した。ただし、この土地台帳編纂事業では、ナポリ王国に広がる封土は土地台帳編纂事業の対象外とされた。また同じくブルボン家の支配下にあったシチリア王国では、１７８１年に派遣された副王アルベルト・カ

ピエトロ・レオポルド（左）とヨーゼフ２世（右）
［出所：Pietro Leopoldo d'Asburgo Lorena (a cura di O. Gori), *Relazioni dei dipartimenti e degli impiegati (1773)*, Firenze; Leo S. Olschki Editore, 2011.］

ラッチョロがミラノ公国に倣って土地台帳編纂を試みたものの結局挫折するなど、ブルボン家支配下の南イタリアでの中央集権化・財政基盤の整備は、ミラノ公国の土地台帳編纂や啓蒙改革に比べれば、不完全なものに留まった。

　ミラノ公国と同じく、ハプスブルク領となったものの、比較的穏健な改革に留まったのがトスカーナ大公国である。戦争によってではなく、メディチ家の断絶とその後の外交折衝の末にハプスブルク家の支配に入った同国は、1765年フランツ・シュテファンの子ピエトロ・レオポルドを大公に迎え、形式的ではあるものの独立を回復したこともあり、オーストリアからの軍事費の転嫁を避けることに成功した。このため、同職組合の廃止（1770年）、穀物管理制度の廃止（1775年）、国内関税の大幅な撤廃を含む関税改革（1781年）などの先駆的な改革が行われはしたものの、国内の行財政制度は比較的手つかずのまま残される。例えば、ミラノ公国同様に統一土地台帳の編纂が計画されたものの、この計画が実行に移されることはなく、ミラノ公国とは異なり、トスカーナでは消費税や関税に依存した国家財政が維持されたのである。

トスカーナ大公国の啓蒙改革において特筆しておかなくてはならないのは、刑法典の編纂である。1780年代初めから始まったとされる刑法典編纂事業は、1786年11月30日にレオポルディーナと呼ばれる刑法典の発布に結実することになる。前章でも述べたように、この刑法典の発布は、ムラトーリ以来提案されてきた国内における法の一元化、さらに君主による法典編纂の実例として重要であるが、もう一つ指摘しなくてはならないのは、拷問や死刑制度の廃止を唱えたチェーザレ・ベッカリーアの影響を受けて、ヨーロッパで初めて死刑制度の廃止が定められていることである。

他方、啓蒙改革から縁遠かったのは、ヴェネツィア共和国と教皇国家である。たしかに、両国では18世紀後半における行財政制度の改革の試みは乏しい。しかし、これを古き都市国家の退廃の証と考えたり、教皇に支配された地域の後進性・保守性の一例と断ずるのは早計だろう。むしろ、ヴェネツィアと教皇国家は、18世紀前半の戦争と支配者の交代を経験せず、独立を維持し続けたため、ヨーロッパ諸国の戦争やそれに伴う軍事費の増加とも無縁のまま18世紀後半を送ることができたのである。ヴェネツィアや教皇国家からすれば、18世紀後半の平和な時期に、大きな抵抗を伴ってまで、既存の行政制度を変革する必要などなかったのである。

だが、啓蒙改革とイタリア半島の平和も、フランス革命によって終止符が打たれる。かつてジェノヴァ共和国からフランスに売却されたコルシカ島出身の軍人ナポレオン・ボナパルトのイタリア侵入により、イタリア半島は新たな時代を迎えることになる。

（大西克典）

23 フランス革命とナポレオン支配
――イタリア史を学び、フランス史を学ぶ

イタリアとフランスの関係は深いが、本章が取り扱う、フランス革命からナポレオンの失墜までの期間（1789～1814年）は特に重要である。現在の研究者たちは、1796年以降のフランスによるイタリア支配の時期に、リソルジメントの起源、つまりイタリア統一運動の起源を見ている。両国は切っても切れない関係にあるといえる。

アルベールヴィルを知る人は多いだろう。1992年にここで冬季オリンピックが開催された。この街はフランス南東のサヴォワという地域にあるのだが、サヴォワ（イタリア語ではサヴォイア）は、イタリアのサルデーニャ王国の領地であったところを、1792年9月にフランスが獲得したものだ。有名な観光の街ニース（イタリア語ではニッツァ）も、同時期に同王国からフランスが奪っている。隣国との事情を抱えたフランスの有名地域は、アルザス＝ロレーヌ（ドイツ語ではエルザス＝ロートリンゲン。元ドイツ領）だけではないということだが、ともあれ、イタリアとフランスの縁を感じさせずにはいない。1796年以降、イタリアを侵攻するフランス軍を率いたのはナポレオン・ボナパルト（17

69〜1821）である。彼が生まれたコルシカ島も、元はイタリアのジェノヴァ共和国の領土であり、激しい独立闘争を経て1769年にフランスの手に渡ったのである。以下、かくも関係の深い両国の歴史の一コマを見てみたい。

イタリア戦役

1796年以降フランスはイタリアに侵攻し、衛星国を建てていく。いわゆる「姉妹共和国」である。革命期のフランスは周辺国と戦争状態にあり、イタリア侵攻の理由はオーストリアを背後から叩くことであった。オーストリア軍を破り、フランス軍がミラノに入城したのは5月15日のことである。ナポレオンは当初、ミラノに軍事行政府を設置したが、すぐにロンバルディーア行政府を作り、ここがミラノを管轄することとなった。その後、同年12月にチスパダーナ（ローマから見てポー川のこちら側の意味）、1797年6月6日にリグーリア、同6月29日にチザルピーナ（アルプスのローマ側の意味。ロンバルディーア地域）と、次々に新共和国が創設される。チスパダーナ共和国はボローニャ、フェッラーラ、レッジョ、モーデナを領域としていたが、1797年7月にチザルピーナ共和国に併合される。フランスの手はローマやナポリにまで及んだが、1799年4月にオーストリア・ロシア軍の攻撃でチザルピーナ共和国が崩壊し、同年6月にナポリ共和国が反革命派やイギリスの手に落ちるなどの反撃も受けた。フランスのイタリア侵攻はこの1799年で第一幕が下りる。1796年から1799年までの期間はイタリアが革命フランスに影響を受けた3年間であり、トリエンニーオと呼称される。この時期についてはまた触れるとして、1800年以降のフランスによるイタリア侵攻第二幕に移ろう。

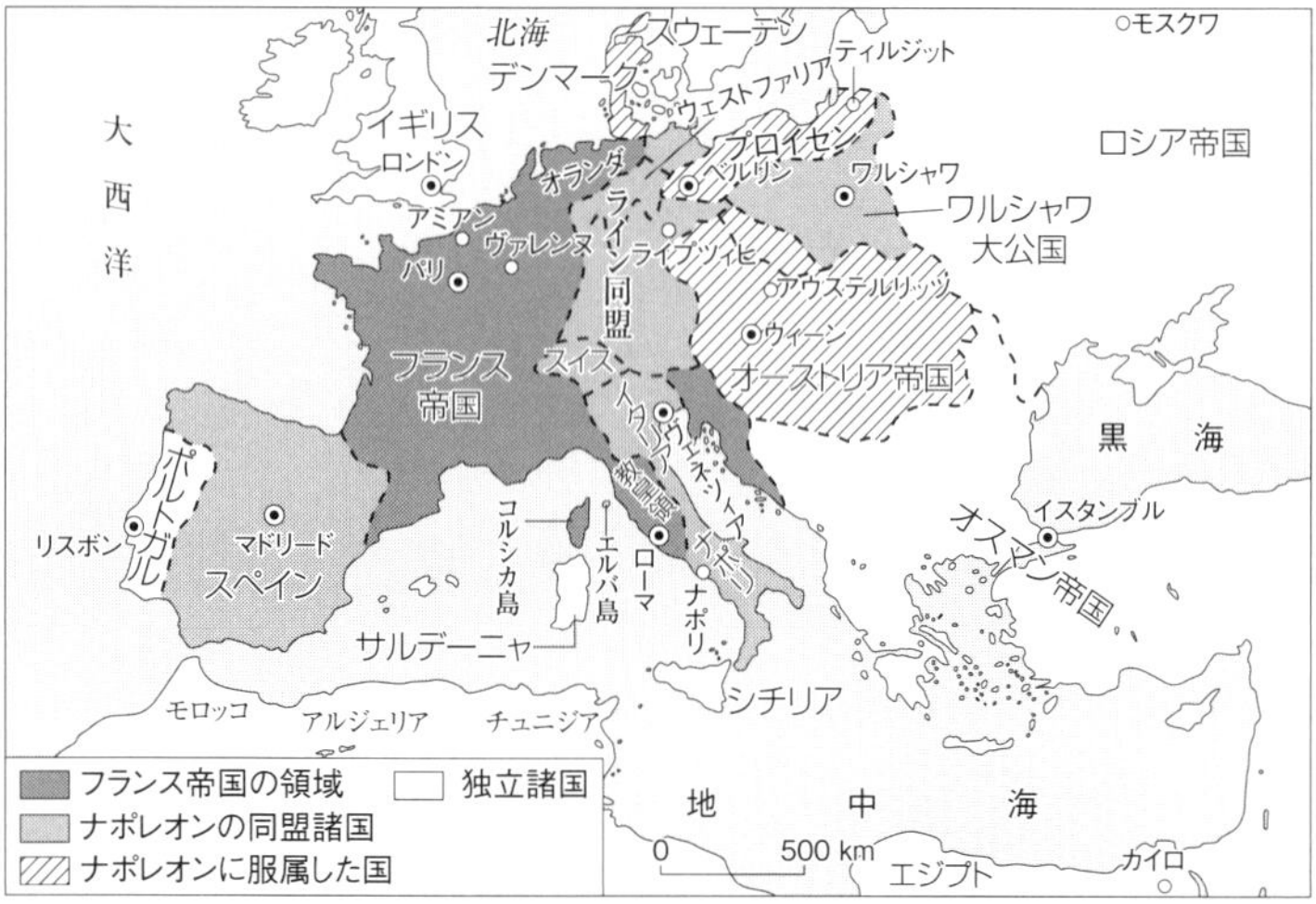

ナポレオン全盛時代のヨーロッパ（1810 ～ 12 年）［出所：福井憲彦編『フランス史（新版世界各国史）』山川出版社、2001 年より一部改変］

ナポレオン帝国

フランスでは、１７９９年11月9日、ブリュメール18日のクーデターでナポレオンが権力を握り、統領政府が開始され、ナポレオンは第一統領となった。さらに１８０４年5月、帝政が開始され、ナポレオンは世襲の皇帝となる。１８００年以降ナポレオンはイタリア侵攻を再開するが、その性質はこれまでのものとは異なっている。イタリアの諸国はすぐにフランスのものとされるからである。１８００年6月5日にチザルピーナ共和国が、同6月24日にリグーリア共和国が再建されるが、チザルピーナは１８０２年1月にイタリア共和国に再編され、ナポレオンが大統領を務めることとなった。さらに同共和国は１８０５年3月、ナポレオンを王に戴くイタリア王国となる。リグーリア共和国の方は１８０５年6月にフランスに併合される。１８００年以降の数年で、フランスはピエモンテ（１８０２年9月）、ヴェーネト（1

805年12月にイタリア王国領になる）、トスカーナ（1807年10月）、パルマ公国（1808年5月）、教皇国家（1809年5月）を併合。イタリアでの存在感を大きくしていく。1806年にはナポリが支配され、ナポレオンの兄であるジョセフ・ボナパルトがナポリ国王として即位する。ルッカはナポレオンの妹のエリザに与えられルッカ公国となった（1806年）。フランスはサルデーニャとシチリア以外のイタリアをその手にしたのであった。

だが情勢の変化は速い。ナポレオンのロシア遠征は失敗に終わり（1812年）、彼の軍はまたライプツィヒの会戦において、オーストリア、プロイセン、ロシアの同盟軍に敗れる（1813年10月）。1814年、イタリアにおけるフランスの支配地域は各方面から攻撃され、総崩れとなった。ナポレオンは同年4月に退位し、エルバ島に流された。かくしてフランスとナポレオンはイタリアから去った。

フランスおよびナポレオン支配をどう評価するか

フランスがイタリアに侵攻したのは軍事的な理由からである。そのため、フランス軍の存在はイタリアにとって負担であった。フランス軍は影響下にあったイタリアの諸国に過大な賦課金を課し、家畜や穀物を徴発し、略奪をし、美術品の没収なども行った。ナポレオンの時代にイタリア王国とナポリ王国では徴兵制が敷かれ、多くのイタリア人がフランス軍としてナポレオン戦争を戦い、戦死した。労働力であった青年たちが徴兵で奪われたため、これはイタリア経済への打撃となった。これらはフランスおよびナポレオン支配の負の側面といえるだろう。それでは、正の側面は存在したのか。

まず、1796年から1799年のトリエンニーオは、イタリアがフランスの革命思想と強い関わりを持ち、近代化した時期である。この時期に愛国的な活動家たちは「自由」や「平等」のような近代的な語彙を使用するようになり、民族再興という意味での「リソルジメント」の語も出てくる。フランスをモデルとした改革も強いられた。民主的な憲法の施行、貴族の特権の否定、政教分離、制限選挙の導入などが目指されたが、これらを民主化の開始と評価することもできる。トリエンニーオの諸改革は、ナポレオン時代に実行された。法律や制度が統一され、イタリア王国とナポリ王国では内閣が組織された。ナポレオンの功績として後世にも有名な近代的民法典（1804年にフランスで公布）もイタリアに導入された。他にも各種学校の設立、道路、トンネル、電信、郵便制度などのインフラ整備も行われている。これらを支配の正の側面と捉えることもできよう。

正負はどう評価すればよいであろうか。そもそも正負として評価するべきなのか。筆者には分からない。だが、トリエンニーオの愛国者たちが統一国家イタリアを望んでいたにも関わらず、フランスはそれを無視して自己都合で領土を再編したこと、『ナポリ革命史論』を書いた有名なヴィンチェンツォ・クオーコ（1770～1823）が、イタリアの革命をフランスに過度に影響された受動的革命だと評価していること、フランスによる苛烈な支配がイタリア民族意識の醸成に繋がったことなどは、押さえておいてもいいだろう。

イタリアから学ぶこと

この時代のイタリアから何を学べるだろうか。きっと数多い。だがここでは、筆者の個人的な関心から統一と連邦の問題、そして歴史研究の問題に触れるにとどめたい。

1796年9月、ロンバルディーア行政府はイタリアに適した政体を問う賞金付きの論文コンクールを行った。集まった論文は統一派と連邦派に分けられ、第1位は統一派のメルキオッレ・ジョイア（1767〜1829）の論文であった。だが連邦派の主張をよく見たい。例えば有名な連邦派のジョヴァンニ・ランツァ（1741〜1801）は、ピサを首都とする11の共和国の連邦を主張し、フランス的な単一不可分の国家を拒否したが、彼にとって連邦は地域の溝を乗り越えるための手段であり、彼は未来における単一のイタリアを否定しなかった。つまり統一派と連邦派の間には大きな共通点があったともいえるわけだ。この時期のイタリアで、統一的主張と連邦的主張の境界が曖昧な事例は多くある。連邦主義を地方分権ではなく統一としても理解するよう、問題提起してくれている時代なのだ。

歴史研究についても考えよう。革命フランスおよびナポレオンの時代は、フランスによるイタリア支配の時代でもある。そのため、イタリアの歴史家によるフランス革命研究は数多い。「そのため」と書いたが、このことは実は当たり前ではない。イタリアでは、フランス革命期がイタリア国家建設に繋がるか否かの歴史的な議論があったことが、研究の豊富な蓄積の理由だ。歴史研究がその国の歴史に大きく影響されることが強く感じられるのは、本章の時代の研究を通してなのだ。

イタリア史から教えられることは多い。気になった方はぜひ巻末の参考文献へと進まれたい。

（水野〔角田〕延之）

24 マッツィーニ、カヴールとガリバルディ
――イタリア統一の三傑

マッツィーニ

マッツィーニ、カヴール、ガリバルディの3人は、明治期の日本でしばしば「イタリア統一の三傑」と並び称されたが、統一に対する理念やスタンス、実際の行動は互いにきわめて異なる。

ジュゼッペ・マッツィーニは1805年にジェノヴァで医学者の子として生まれた。大学卒業後、秘密結社カルボネリーアに入会して政治活動を行うが、1830年革命の波及を恐れるサルデーニャ王国政府によって逮捕される。釈放後に亡命したマルセイユでカルボネリーアの思想と行動の不十分さを批判し、1831年に「進歩と義務を信奉するイタリア人の友愛団体」を標榜する結社「青年イタリア」を結成した。マッツィーニの手によるこの組織の綱領では、共和政に基づく統一国家を形成するという目標が明確に打ち出された。彼によれば、共和政こそが自由・平等・友愛を保証する唯一の政体であり、イタリアが諸国家の連合体である限り地域的な利害を超えることができないから国家の統一が不可欠なのであった。さらに、1834年には「青年ヨーロッパ」を形成して自由と独立のための運動が全ヨーロッパに拡大することを図るとともに、人類の進歩と調和のためにイタリアがその中心となる使命を担うと主張した。

こうした彼の政治的な指針は多くの同時代人、とりわけ青年層を引きつけていった。他方で、彼が目標達成のための具体的な手段として推奨していたゲリラ的な蜂起は実を結ばなかった。1834年のサヴォイア蜂起や1844年のバンディエーラ兄弟によるカラーブリア遠征は、いずれも無残な失敗に終わる。この間、マッツィーニも亡命先をフランスからスイスを経てロンドンに移し、著述に勤しんだ。

そのマッツィーニに捲土重来の機会を与えたのが、ヨーロッパを席巻した1848年の革命である。イタリア諸国に革命の波が到来すると、彼は久方ぶりにイタリアに戻った。同年11月にローマで革命騒擾が起きて教皇が亡命し、翌1849年2月に共和国の建設が宣言されると、マッツィーニはローマに招聘され、三頭政治の名のもとに事実上の指導者になった。かねてより「第三のローマ」として都市ローマに大きな政治的・象徴的な意味を与えてきた彼が、念願をかなえた瞬間であった。実行には移されなかったものの、国有化した教会・修道院領を農民に分配するという政策も発表されている。だが、教皇のローマ帰還を画すフランスの武力介入によって、7月に共和国は崩壊した。彼はその後も革命家としてさまざまな蜂起を画策するが、いずれも失敗に終わり、次第に若者を死に駆り立てているという批判を浴びるようになっていく。

マッツィーニ

このように、マッツィーニは現実政治において手腕を発揮する機会には恵まれなかったが、彼の本領は思想家であり教育者であった。共和政に基づくイタリア統一国家の形成という構想は独創的なものであり、イタリア統一の過程に大きな影響を与えた。

ガリバルディ

ジュゼッペ・ガリバルディは、１８０７年にニースで生まれた。船員として地中海や黒海を航海する中で出会った人々に影響されて政治に関心をもつようになり、１８３３年に青年イタリアに加入した。だが、翌年に起きたジェノヴァ蜂起に連座して逮捕され、南米に亡命する。当時、南米の各地にイタリア出身者のコミュニティが形成されていて、彼はその人脈に依拠したのである。そこでガリバルディはブラジル最南部のリオグランデ・ド・スル地方の独立運動やウルグアイ防衛戦争などに参加し、軍人としての特異な能力を発揮していった。数々の武勲を見込まれた彼は、１８４８年革命の勃発とともにイタリアへの帰国を促され、サルデーニャ王国軍の一員として志願兵を率いてオーストリア軍と戦った。ついで、革命騒擾が起きたローマに向かい、成立したローマ共和国の防衛のためにフランス軍と戦ったが敗北する。その後、自治政府が存続していたヴェネツィアを目指すが、旅の途中で最愛の妻アニータが亡くなるという悲劇を経験した。

ガリバルディはアメリカ合衆国での亡命生活を経て１８５４年にイタリアに戻り、翌年にはサルデーニャ島の北にある小島カプレーラを購入して、そこで雌伏の時を過ごした。再び彼が表舞台に登場するのは、サルデーニャ王国が再び対オーストリア戦争を起こした１８５９年のことである。１８５０年代を通じて彼はイタリア統一を担うのはサルデーニャ王国しかないと考えるようになっており、開戦前にはカヴールと会談して同王国への支援を表明した。開戦後は義勇兵部隊を率いて従軍するが、サルデーニャ王国がフランスの支援を得るために彼の生まれ故郷であるニースを割譲する約束になっていたことを知って激怒し、結局カヴールと決別することになる。

カプレーラ島に戻った彼を待っていたのは、シチリアのマッツィーニ派の人々によるブルボン支配打倒のための軍事行動の要請であった。これを受けたガリバルディは義勇部隊（千人隊）を組織し、1860年5月にジェノヴァからシチリアに向けて遠征を開始した。現地の義勇兵も合流したガリバルディ軍はブルボン軍に立て続けに勝利してたちまちシチリアを占領し、さらには半島南部に渡って同年9月にナポリの無血入城を果たした。彼はさらに北上してローマの占領を図るが、ローマを守るフランス軍との衝突を恐れるカヴールはこれを阻止しようとし、政治的な駆け引きの末にガリバルディが占領した両シチリア王国の領土はサルデーニャ王国に併合されることが決まった。失意のうちにガリバルディはカプレーラに戻る。その後もローマ併合を諦められない彼は、1862年と1867年の2回にわたり、義勇兵を率いて挙兵するが、いずれも敗北を喫した。晩年は下院議員に選出されるも目立った議会活動をすることなく、1882年にカプレーラで死去した。

ガリバルディ

ガリバルディは南米での数々の戦闘体験を通じて軍人としての秀でた能力を獲得し、1848年革命での悲劇的な経験を経て、シチリア遠征によってイタリア統一の英雄となった。彼は一貫して南イタリアを含むイタリアの統一を主張していたが、マッツィーニのように共和政に固執することはなく、サルデーニャ王国主導の統一という「現実主義」的な選択をとった。彼は決して政治的な感覚を欠いていたわけではなかったが、政治的な駆け引きには長けていなかった。彼の本領は戦乱の状況において最も発揮されたのである。

カヴール

カミッロ・カヴールは1810年にサルデーニャ王国の伯爵家に生まれた。青年期より自由主義的な思想に影響を受ける一方で、所領の農場に農業技術の改良をはじめとする近代的な経営手法を導入し、実務家としての能力を発揮した。1847年に『イル・リソルジメント』紙を創刊し、憲法制定や代議制の導入を主張して、サルデーニャ王国の穏健改革派の旗手となる。さらに、対オーストリア戦争の敗北後の1850年に農商相に就任し、自由貿易政策を推進した。1852年に首相に就任すると金融や造船などの強化を推進するとともに、プロテスタントなどに対する信仰の自由を擁護する姿勢を見せた。

さらに、1855年にはクリミア戦争に参戦することを決め、英仏への接近を図ることで反オーストリアの包囲網を築こうとした。カヴールはオーストリアによる北イタリア支配を排除することがサヴォイア家の領土拡張主義の伝統にかなうと同時に、当時大きなうねりとなっていたイタリア統一を望む潮流とも合致し得ると考えたのである。1858年にはフランスのナポレオン3世とフランスの保養地プロンビエールで密会し、対オーストリア戦争に対するフランスの支援の見返りに一部の領土

カヴール

を割譲する協定を結んだ。この協定による限り、サルデーニャ王国の拡大は北イタリア一帯に留まるはずであった。ところが、翌年に始まった対オーストリア戦争では中部イタリアも併合することになったのに加え、ガリバルディのシチリア遠征により、サルデーニャ王国はカヴールの当初の目論見よりもはるかに大きな領土を併合することとなった。彼は統一イタリア王国の初代首相となるが、就任からわずか3カ月で急逝した。

カヴールは農業実務に才を発揮したことにも窺えるように優秀なテクノクラートであり、同時に政治的な駆け引きに長けた政治家でもあった。彼はサルデーニャ王国の領土拡張による北イタリアの統一という責務を着実に達成したが、ガリバルディのシチリア遠征以後の展開は想定外であり、南イタリアの併合は彼にとって心痛の種となったのである。

（北村暁夫）

25 イタリア統一の過程
――「リソルジメント」の時代

1861年3月、トリノで開かれた議会でイタリア王国の成立が宣言された。リソルジメントと呼ばれる数十年来にわたる一連の動きの帰結として、イタリアに統一国家が誕生した。このため、「リソルジメント」という言葉は日本でこれまでもたびたび「イタリア統一運動」と訳されてきたが、その理解は適切ではない。イタリア語で「再興」を意味するこの言葉は、すでに19世紀前半のイタリア各地で特別な意味を込めて用いられていたが、それはオーストリアやスペインといった外国出身の君主に支配される状況から脱却することで、イタリアの諸国家に過去の栄光を取り戻すというものであった。もともと単一のイタリア国家を構想する人々がそれほど多くは存在しない状況であったにもかかわらず、19世紀前半に展開されたさまざまな状況の中から、イタリアは統一国家の形成へと向かうのである。その過程を具体的に見てみよう。

リソルジメントの始まり

イタリア諸国の人々を覚醒させる契機となり、リソルジメントの出発点とも目されるのがフランス革命とそれに続くナポレオン支配である。フランス革命に影響を受けた人々が「パトリオータ（愛国者)」と称し、専制政治からの自由とイタリアの政治的自立を求める運動を展開した。また、ナポレオン皇帝期にはイタリア半島全体がフランスの支配下に置かれ、封建的諸特権の廃止や中央集権的な行政制度、司法制度など共通の政策が各地に導入された。それはウィーン体制のもとでも旧に復することはなく、国家の枠を超えた制度的な一体性を備えることになった。

ウィーン体制のもとでは結社や言論の自由は厳しく制限されたが、専制からの自由を求める人々は秘密結社などを通じて政治活動を行い、時には蜂起や反乱という形をとることもあった。1820年にナポリ王国領内で起きた秘密結社カルボネリーアによる反乱や、1831年にモーデナ公国や教皇国家領のボローニャなど中部イタリアで相次いで起きた革命騒擾はその代表的な事例である。一連の蜂起が失敗に終わる中で、マッツィーニは「青年イタリア」を組織して、民衆の主体的な行動に依拠する形で共和政のイタリア統一国家を作ることを目指した。また、民主派と呼ばれた急進的な立場の人々とは別に、個々の政治改革を通してイタリアの緩やかな統一を求める穏健な自由主義者たちも現れた。たとえば、それまで保守的な武断国家であったサルデーニャ王国では経済発展が進み、政治・行政改革を求める自由主義貴族が台頭していた。さらに、1846年にはピウス9世が新教皇に即位し、それまで旧態依然たる状況であった教皇国家に改革の波をもたらした。検閲の緩和や内閣制度の創設といった改革が矢継ぎ早になされ、教皇を中心としたイタリア諸国家の連合体という構想が一定の現実味を帯びるようになった。

1848年革命

　こうしたなかで、1848年2月にパリで、3月にベルリンやウィーンで起きた革命的状況はイタリア諸国にも大きな影響を与えた。フランスの2月革命に先立ち、同年1月にパレルモで民衆蜂起があった両シチリア王国では2月に憲法が発布されており、この動きを受けて他のイタリア諸国でも相次いで憲法が制定されていった。また、ウィーンでの革命に影響されて、オーストリアの直接支配の下にあったミラノやヴェネツィアで民衆蜂起が生じ、自治政府が成立した。この混乱を前にして、伝統的に領土拡張に対する強い意欲を抱いていたサルデーニャ王国はロンバルディーアやヴェーネトの併合を狙い、オーストリアに対して戦争を起こす。トスカーナ大公国や両シチリア王国もサルデーニャ王国への支援を表明したが、戦争はオーストリアの勝利に終わった。その後もフィレンツェやローマで民主派が政権をとる一幕もあったが、結局オーストリアやフランスなどの干渉により革命の波は1849年秋までには終息した。

　この1848年革命の挫折を経て、民主派の内部には亀裂が生じた。より急進的な立場をとる人々は実力行使による革命を目指したが、蜂起の計画はいずれも失敗に終わった。また、教皇ピウス9世はこの革命を経て急速に反動化し、教皇を中心とするイタリア連合国家の実現の可能性は消滅していった。そのなかで、サルデーニャ王国はオーストリアとの戦争の敗北後も憲法を維持しつつ、議会を中心とした政治を行って同国の政治と経済の近代化を推進していった。1852年に首相に就任したカヴールは自由貿易を促進する一方で、クリミア戦争への参加を通じてヨーロッパにおけるサルデーニャ王国の地位向上を図るなど、巧みな外交手腕を発揮した。

イタリア統一へ

カヴールはオーストリアに対峙するためにフランスのナポレオン3世との関係を深めていき、1858年にはプロンビエール秘密協定を結んで、オーストリアとの戦争の準備を進めた。この協定では、オーストリアとの戦争をフランスが支援する見返りにサルデーニャ王国がサヴォワとニースを割譲し、戦争終結後にサルデーニャ王国がロンバルディーアとヴェーネトなどを併合して北イタリア王国を成立させることが取り決められた。イタリア諸国家による連合を形成するという条項も含まれていたものの、サルデーニャ王国の主たる関心はアペニン山脈以北での領土拡大にあることは明らかであった。1859年4月、サルデーニャ王国はフランスとともにオーストリアに対して宣戦し、ロンバルディーアを併合することに成功したものの、ナポレオン3世が戦局の拡大を忌避してオーストリアと休戦を結んだために、ヴェーネトを併合する計画は挫折した。その一方で、トスカーナ大公国をはじめとする中部イタリアでサルデーニャ王国との合併を促す動きが生まれ、1860年3月の住民投票を経て併合が認められた。

こうして、ヴェーネトを除く北イタリアがサルデーニャ王国の新たな領土となり、これで同国指導者層にとっての当初の目的は達せられたはずであった。ところが、ここで彼らにとって想定外の出来事が起きた。シチリアの民主派の呼びかけに応じたガリバルディが、千人隊を率いて両シチリア王国による支配を打倒すべくシチリアに遠征することを決断したのである。1860年5月11日にガリバルディ軍はシチリアのマルサーラに上陸した。彼らは兵力では圧倒的に不利であったが、スペイン・ブルボン家による支配が急速に弱体化しつつあり、両シチリア王国軍が志気を欠いていたために緒戦から勝利を飾り、わずか2カ月あまりでシチリア全島を占領下に置いた。さらに半島南部に進攻し、9月7日にはナポリへの無血入城を果たした。ガリバルディの次なる狙いはローマの占領であった。

テアーノの会談（セバスティアーノ・デ・アルベルティス作、1870年頃）

だが、ローマとその周辺には教皇国家を防衛するためにフランス軍が駐留していた。カヴールにとって、これまでサルデーニャ王国軍を支援してきたフランス軍と、イタリア統一のために「国王ヴィットーリオ・エマヌエーレ2世の名のもとに」を大義名分とするガリバルディ軍が衝突することは何としても避けねばならない事態であった。また、民主派の主導によって軍事征服されたシチリアや半島南部を穏健派の勢力下に取り戻すことも、カヴールたちにとって急務であった。そこで、カヴールはガリバルディの機先を制すべく、フランスの同意のもとに教皇国家領にサルデーニャ王国軍を進攻させ、マルケとウンブリアを占領した。また、シチリアや半島南部でサルデーニャ王国への併合の是非を問う住民投票を行うように圧力をかけ、これを実現させて民主派から主導権を奪った。10月26日、ガリバルディは南下してきたヴィットーリオ・エマヌエーレ2世とナポリ近郊のテアーノで会談したが、それはすでに儀礼的なものでしかなく、彼は統一の大義のために、自らが占領した土地をサルデーニャ王国に差し出すことに合意せざるを得なかった。

こうしてサルデーニャ王国の領土拡大を通じて、イタリアの統一は達成された。それは当事者であるサルデーニャ王国の当初の意図さえも超えたものであり、多くの人々にとって予期せぬ展開を経た末の出来事であった。その後、ヴェーネト地方は1866年の普墺戦争中に、ローマとその周辺地域は1870年の普仏戦争中にイタリア王国に併合され、これをもってリソルジメントは一応の完成を見ることとなった。統一後に「未回収のイタリア」として領土回復の運動が行われるようになったトレントやトリエステがイタリア領となるのは第一次世界大戦後のことである。

（北村暁夫）

コラム4

イッレデンティズモとトリエステ

イッレデンティズモ（失地回復主義）とは、イタリア王国の成立後も国境外に残された「未回収の」イタリア人居住地域の併合を目指す運動のことである。北東部のトリエステ、イストリア半島、トレンティーノのようなオーストリア・ハンガリー帝国支配地域だけでなく、広義にはフランス領内のニース、コルシカ島や、マルタ島なども対象となった。

イッレデンティズモという言葉は、1877年にマテオ・レナト・インブリアーニが父の葬儀で用いた「未回収の地（terre irredente）」という表現に由来する。インブリアーニが1866年の普墺戦争時にガリバルディのトレンティーノ遠征に参加した経歴を持つことからも窺えるように、当初この運動はイタリア王国内の共和派によって始まり、主にトレンティーノを対象とするものであった。アドリア海東岸のトリエステやイストリア半島は、少なからぬスラヴ系住民を抱えるために敬遠されていた。

トリエステの側でも、1382年からオーストリアに帰属し、18世紀以来同国の自由港として繁栄を享受してきた歴史的経緯から、イッレデンティズモはほとんど支持されなかった。だが、1880年代以降、市の人口の約25％を占めるスラヴ系住民の民族意識が高揚するにつれて、急速に拡大した。その中で、反教権的なイタリア王国に共感を寄せるユダヤ人が重要な役割を果たしていたことが興味深い。対してイタリア王国は、1882年の三国同盟締結を機に、オーストリアとの友好確立のためにイッレデンティズモの抑圧へと転じた。そこで北東部国境地域と王国内の活動家は、主にフリーメイソンを介して結びつくことになった。1900年代に入ってオーストリアで普通平等選挙が実現すると、トリエステ市政の中枢を占める自由民族派も、大衆への訴求力の高いスローガンとして「イタリア王国への併合」を声高に叫ぶようになった。

イタリア王国内外でイッレデンティズモが広まる中、1910年12月にトリエステ出身のシピオ・ズラタペルは、自身が編集に参加したフィレンツェの文化雑誌『ラ・ヴォーチェ』でイッレデンティズモの特集を組んだ。寄稿者のうち、トリエステの社会主義者アンジェロ・ヴィヴァンテは、当市の繁栄がオーストリアのアドリア海への唯一の出口であることに負うこと、イタリアに併合されてもヴェネツィアとの後背地の奪い合いが生じることを理由に、イッレデンティズモに強く反対した。ズラタペル自身は、国境は変更せず、諸民族の衝突よりも出会いの中でイタリア文化を深化させる「文化的イッレデンティズモ」を提唱した。対してルッジェロ・ティメウスは、トリエステの新たな道として、イタリア王国のアドリア海、バルカン半島支配の拠点となることを提唱した。ここでイッレデンティズモはイタリアの帝国主義と結合し、新たな局面を迎えた。

1914年に第一次世界大戦が勃発したとき、トリエステ市民の多数は反スラヴの観点からオーストリアの対セルビア開戦を支持した。一方イッレデンティストは、大戦にイタリアの「未回収地」併合へのまたとない好機を見出し、同国に亡命して積極的に参戦主義プロパガンダを展開した。大戦という極限の状況の下では、ズラタペルも旧来の理想を捨て、「民族」を選択した。そしてティメウスと共にイタリア軍の義勇兵となり、戦死していった。

第一次世界大戦の結果、北東部国境地域はイタリアに併合された。それはイタリアのイッレデンティズモの完成であったが、トリエステやイストリア半島の領有権を主張するスロヴェニア人、クロアチア人の側からの新たなイッレデンティズモの始まりでもあった。当地の領有権をめぐる問題は、第二次世界大戦の終結後まで尾を引くことになった。

（濱口忠大）

26 リソルジメント期の思想と芸術
――ロマン主義はどう根づいたか

リソルジメント期の概観

リソルジメント期というものをウィーン会議（1814～15年）後の体制からイタリアの国家統一（1861年）までと措定し、この間の思想と芸術について見ていく際に前提となる条件を、はじめにいくつか挙げておこう。

①インテリ層の市民階層化。フランス革命以前には、文学者は貴族や教会に経済的に依存していたが、ブルジョワ層が台頭するにつれて、ブルジョワ出身の文筆家が現れ、原稿料で生活を成り立たせる者がでた。フィレンツェの雑誌『アントロジア』（1821～33年）やミラノの雑誌『ポリテクニコ』（1839～45年）といった政治・文化雑誌を産出する側も享受する側も、かつての貴族中心から市民階層に広がってきたのである。

②①と関連して、出版文化の醸成が一定レベルに達したこと。イタリアの出版事情はイギリスのように早くから産業化した国と比べると遅れていた。18世紀末でも自由な立場でものを書くことができたのはアルフィエーリのような貴族の文人のみで、出版は予約出版に頼っていた。また、

著作権が認められてはいたのだが、国単位であったため、イタリア半島諸国間で共通しておらず、例えばサルデーニャ王国で出版された著作物はトスカーナ大公国では何の許可も得ずに再版でき、実質的に出版者や著者の権利が侵害されてしまう状態だった。

③出版によって愛国的な、あるいは、リソルジメントを支持する思想が広まっていったが、それを支える人材は大学が輩出しており、この時期大学に進学する人数が増えていた。また劇場（とくに歌劇場）や貴族のサロンも思想の広がりに寄与していた。

ロマン主義の勃興

リソルジメント期の文化現象として画期的であり人々の意識の変革をもたらすことになったのは、ロマン主義の勃興だった。イタリア半島の諸国にとってロマン主義は自らのうちから生じたというよりはアルプスの彼方のドイツ諸邦やフランスからやってきたもので、きっかけは1816年北イタリア支配を回復したオーストリアが、文化政策として発刊させた『イタリア文庫』誌の創刊号に掲載されたド・スタール夫人の「翻訳の精神」という論文であった。夫人は、美の普遍性・単一性を主張する古典派（古代ギリシアの作品を美の絶対的基準とする風潮は強かった）を退け、アルプスの北にも南にも、それぞれの地域や歴史の特殊性、個別性に基づく多様な美の基準があるのだと説いた。これに対してミラノの文学者たちは賛否入り混じった反応を示した。

ロマン主義とオペラ

一方、1815年からの王制復古後、旧体制側はそれに見合った新古典主義的美学を要求する面があり、イタリアでロマン主義が広まるには数々の制約がつきまとった。ここではオペラを例にとって説明する。というのも後述するように、文学の世界では、この人こそロマン主義を代表する作家というものが見当たらない。それどころか、イタリアにはロマン主義が存在したか否かという議論があるほど、古典主義を信奉する立場からロマン主義の価値を認めず、抵抗する芸術家、批評家は少なくなかったのである。音楽分野の場合ロッシーニは、18世紀のチマローザやパイジェッロの音楽語法を継承する面とはずむようなリズム、ロッシーニ・クレッシェンドという民衆の熱狂を想起させるような新たな語法が同居する二重性を有している。ロッシーニの後継者ドニゼッティ、ベッリーニも、ロッシーニの影響を色濃く持ちながらそれぞれにロマン主義的な感情表現を追求していく。しかしロマン主義的音楽表現、劇的表現にとって決定的だったのはヴェルディの存在である。ヴェルディはとりわけ台本の選択にこだわり、《エルナーニ》ではフランスのユゴーのロマン主義演劇を、《イル・トロヴァトーレ》ではスペインのロマン主義演劇を原作としており、そういった選択にふさわしい情熱的な表現を生み出した。さらに、リソルジメント期に呼応して、合唱の役割も単なるナレーションでは

ヴェルディ（1844 年）

なく、群衆、人民の意志が表出されるようになった。

そもそも19世紀のイタリアのロマン主義音楽は、オペラ中心というところが、器楽中心であったドイツと大きく異なる。また、イタリアの劇場においては通常の演劇が霞んでしまうほど観衆の関心がオペラという音楽劇中心に展開した。ヴェルディの作品がイタリア半島の各国で上演されることによって、イタリア全土の民衆の共通経験を作り上げた意義は小さくない。

一方、リソルジメント期のイタリアの演劇には、シルヴィオ・ペッリコやジョヴァン・バッティスタ・ニッコリーニがいる。ペッリコは『神曲』に基づいた『フランチェスカ・ダ・リミニ』（1815年）で好評を博したが、『コンチリアトーレ』紙の編集もし、政治活動で逮捕され獄中の経験を綴った『わが入獄の記』（1832年）が名高い。文化人には言論・政治活動のため逮捕されたり、投獄されたり、マッツィーニのように亡命を余儀なくされた者が数多くいる。愛国的知識人は文筆活動の他に、政治的活動を積極的に行ったが、王政復古期の各地の支配は外国勢力によるものが多いのも一因だった。

マッツィーニは1831年にマルセイユで青年イタリア党を結成し、イタリアの統一を呼びかけるが、「神と人民」が合言葉で、神の意志は、人民の具体的歴史のなかに具現化するという独特のロマン主義的なイデオロギーを持ち共和制を目指していた。彼の檄文はリソルジメントに関心を持つ人々（ガリバルディやヴェルディを含む）に大きな影響を与えた。

マンゾーニとレオパルディ

小説家ではマンゾーニが代表的であり、詩人ではレオパルディがもっとも優れた詩人で、いずれもロマン主義的要素はあるもののそれでくくりきれない要素があまりに大きい。マンゾーニの代表作『いいなづけ』は歴史小説ではあるのだが、重要な登場人物に神父や修道士がおり、ストーリー展開にキリスト教の神意という概念が入り込むなど、カトリック的要素が色濃い。ただしロマン主義の時代に歴史小説が支持されるのには理由があり、人々が民族という意識に目覚め、その歴史に関心を深めるからである。18世紀の啓蒙が普遍的な価値を追求したのに対し、ロマン主義は個別性、歴史性を求めたのである。イタリアでは国家統一が未だなされていないこともあって、歴史小説は国民のアイデンティティという問題を提起する面も持っていた。さらにマンゾーニの『いいなづけ』に関しては、この時期、共通イタリア語が確立していないこともあって、まず1827年の初版ではミラノ方言を多分に含んだ言語で書かれていたが、その後作者自らフィレンツェにおもむきトスカーナの言語を学び吸収して書き直した。その書き直した版は、イタリア語の散文の範とされた。

マンゾーニ（フランチェスコ・アイエツ作、1841 年）

レオパルディの詩やエッセイも、深いペシミズムを湛えた憂愁を歌うものでその点ではロマン主義的なのであるが、形式の面では古代ギリシアの美を理想とし

レオパルディ（S. フェラッツッィ作、1820 年頃）

ており、アルプスの北のロマン主義とは一味違うものとなっている。詩は伝統的には叙事詩が中心であったが、ロマン主義以降、自己と世界の関係を語る抒情詩が中心となり、その考え方は現代にまで至っている。

イタリアでは、ロマン主義から象徴主義へと進む詩学が拒絶され、どのような言語表現をとるかの問題が未解決だった。そのため上述のレオパルディのように古典の伝統に連なろうとするものもいたが、一方で、カルロ・ポルタやジュゼッペ・ジョアキーノ・ベッリのように方言を採用するものもあった。ポルタの場合はミラノ方言で、ベッリの場合はローマ方言を用い、民衆の生活を活写した。

１８４０年代、50年代には、ロマン主義の第二世代とも呼ぶべき詩人、ジョヴァンニ・プラーティとアレアルド・アレアルディが登場する。彼らの詩は、先鋭さを欠いていたが、まさにそれゆえに市民層に広く受け入れられることになった。プラーティは感傷的な詩を書き、アレアルディは古典主義とロマン主義を折衷させた。どちらもヴェーネト出身で、リソルジメントに参加し、統一後は上院議員となった。

（辻　昌宏）

27 統一後の議会と行政

――自由主義期議会の構成・活動と行政の変容

王国憲章下の議会

1861年3月14日、統一後の最初の議会は、イタリア王国の成立を正式に宣言した。その議会を構成した下院議員を選出する選挙は、1861年1月27日および2月3日にサルデーニャ王国選挙法の適用範囲を拡大して実施された。選挙法は、財産（一定額の所得税の納入）と読み書き能力を有権者となる資格とした厳しい制限選挙による小選挙区2回投票制を採用していた。この選挙の有権者は、総人口の1・9％（成年男子の8％弱）で、さらに投票率も56％で実質的に選挙に参加したのは、人口のわずか1％に過ぎなかった。このため、イタリア王国の創設には、民主的正当性が欠如しているのではないかという批判がなされた。

イタリア王国は、サルデーニャ王国による他の諸国の併合として誕生した結果、新憲法は制定されず、サルデーニャ王国憲章（下賜した国王の名にちなみアルベルト憲章と呼ばれる）がそのまま王国憲章となった。王国憲章はどのような統治構造を描いていたのであろうか。憲章は、代議制政府を確立することを規定しているが、全84箇条のうち、22箇条も国王に関する条項に割き、広範な立法・行政上の大権を国王に与えており、規範上は国王が統治の中心に座る統治構造となっていた。

議会については、国王と共同して立法権を行使する機関として位置づけ、下院（民選、任期5年）と上院（勅選、終身制、定数なし）から成る二院制を採用していた。しかし、議会の立法権は、議会の招集権・停会権・法案の裁可権が国王の手に握られていたため、大きな制約を受けていた。一方で、議長をはじめとした下院の役職は、下院内部で選出することの定めを置いている点は、下院の国王からの組織的独立性を保障したものと理解できる。また、財政負担を課す条約および領土の変更を伴う条約は、国王が締結しても両院の同意がない限り発効しないと規定し、議会に一定の外交特権に対する統制権を認めている。

最初の下院議会が置かれたトリノのカリニャーノ宮（上）と上院議会が置かれたマダーマ宮（下）

下院は、1861年から1939年にファッシ・コルポラツィオーネ議会に取って代わられるまで活動し、議事堂は王国の首都移転に応じて、カリニャーノ宮（トリノ、1861～65年）、ヴェッキオ宮（500人広間、フィレンツェ、1865～71年）、モンテチトーリオ宮（ローマ、1871年～）と変化した。ファシズム体制下でも存続した上院も下院と同様に議事堂をマダーマ宮（トリノ）、ウフィツィの内部にあったテアトロ・メディチ（フィレンツェ）、マダーマ

表 1　立法期ごとの代議員の職業別構成

立法期	弁護士		医師		技術者		公証人	
	実数	%	実数	%	実数	%	実数	%
8 (1861–1865)	189	28.13	28	4.17	26	3.87	1	0.15
9 (1865–1867)	163	32.53	18	3.59	17	3.39	1	0.20
10 (1867–1870)	187	30.56	20	3.27	23	3.76	3	0.49
11 (1870–1874)	199	32.57	19	3.11	29	4.75	1	0.16
12 (1874–1876)	179	32.37	26	4.70	20	3.62	2	0.36
13 (1876–1880)	195	33.45	21	3.60	29	4.97	3	0.51
14 (1880–1882)	190	34.11	21	3.77	25	4.49	1	0.18
15 (1882–1886)	190	32.93	21	3.64	26	4.51	1	0.17
16 (1886–1890)	190	32.20	22	3.73	29	4.92	3	0.51
17 (1890–1892)	196	35.90	20	3.66	26	4.76	1	0.18
18 (1892–1895)	191	35.05	23	4.22	27	4.95	1	0.18
19 (1895–1897)	183	34.40	21	3.95	30	5.64	2	0.38
20 (1897–1900)	208	37.14	24	4.29	24	4.29	4	0.71
21 (1900–1904)	219	37.82	29	5.01	21	3.63	2	0.35
22 (1904–1909)	228	39.51	36	6.24	25	4.33	2	0.35
23 (1909–1913)	229	39.69	33	5.72	30	5.20	1	0.17
24 (1913–1919)	215	41.11	33	6.31	20	3.82	1	0.19

出所：F. Cammarano, M.S. Piretti, I professionisti in Parlamento (1861-1958), in M. Malatesta (a cura di), *I professionisti*, Torino, Einaudi, 1996, p. 584.

表2　自由主義期の選挙制度の変遷

(1) 1860 ～ 1880　財産資格を中心とした厳格な制限選挙・小選挙区２回投票制
①定数：387（イタリア王国の誕生を宣言した議会の選出）→508（ローマ・ラツィオの併合）
②第１回投票での当選条件→選挙区の有権者総数の３分の１以上かつ有効投票数の過半数の得票。条件を満たす候補者がいない場合には、上位２名による決選投票
(2) 1882 ～ 1890　緩和された制限選挙・大選挙区連記制
①選挙年齢の引き下げ　25歳→21歳
②事実上の財産資格の廃止。「読み書き能力」について自己申告による選挙名簿への登載申請
③「名簿式」制限連記制　定数２から５の大選挙区。定数５の選挙区を除いて定数分の投票可。定数５の選挙区のみ制限連記制→少数派の保護
(3) 1892 ～ 1913　普通選挙・小選挙区２回投票制の確立
①小選挙区２回投票制へ復帰
②第１回投票での当選条件の緩和（当該選挙の有権者総数の６分の１以上かつ有効投票の過半数の得票）
③30歳以上男子普通選挙（1912年法律666号）
(4) 1919 ～ 1921　名簿式比例代表制
①21歳以上の男子普通選挙
②非拘束名簿式比例代表制（投票した政党の候補者名簿に登載された候補者、または、他の政党の候補者名簿に登載された候補者への４票までの選好投票が可能）

宮（ローマ）と変えた。

また、下院定数も王国成立時の443から第三次独立戦争によるヴェーネト併合（1866年）による493を経てローマ、ラツィオ（1871年）の編入により、最終的に508となった。国民形成にとって大きな意味を持つ有権者団の確定、具体的な選挙の仕組みについても、紆余曲折があったが、選挙権は拡大され第一次大戦後には、男子普通選挙制が確立し、比例代表制が導入された（表1、2）。また、選挙権の拡大を背景に、下院の政治的重みも増し、下院多数派の指導者が首相となり、内閣が下院に対して政治責任を負うという議院内閣制が憲法慣習として確立した。

実際の議会活動でまず目につくのは、下院議員の本会議への出席率の低さである。欠席率は、平均して全議員の5分の1程度であったが、5分の3を超える場合も少なくなかった。高い欠席率は、重要法案の審議・採決の場合でも同様であった（義務教育制度を導入するコッピーノ法案280／508［1877年］、選挙法改正190／508［1881年］）。

次は、停会制度の多用による実質的に短い議会の活動期間である。1860年2月18日（第8立法期、イタリア王国の事実上の第1立法期の招集日）から1923年12月10日、（第26立法期の終了日）の62年間に下院が活動した総期間は22年で、停会および休会は合計で40年に及んだ。下院を停会にする権限は、国王大権であったが、議会政の進展とともに実質的に内閣（事実上総理大臣）の手に移った。それとともに内閣は、停会や休会を議会外での野党の切り崩しや妥協工作の機会として積極的に利用するようになった。

統一後の行政

自由主義期の行政の流れを中央行政に限定して概観することにする。

サルデーニャ王国の中核的地域がピエモンテであったことから、イタリアにおける統一国家形成のあり方を通常「ピエモンテ化」と呼んでいる。すなわち、併合した国家にサルデーニャ王国の諸制度が適用されるという形で国家統一が実現したのである。行政制度もまさにそうであった。1853年のカヴール法によって整備された「近代的」な行政のあり方（①大臣がトップとして行政活動を指導し、活動に責任を負う大臣責任制、②行政組織階層的編成・活動の画一性）が、新しい統一国家の全領域に拡大されるべきモデルとして採用された。

実際、中央の省庁の内部組織は、事務次官、局長、部長、主査、係員、見習（無給で働く見習期間で、国家公務員採用試験の受験資格）というまったく同一の階層構造であった。一方、行政活動のあり方は、過度の断片化と細分化を特徴としていた。その後1861年から1880年にかけて定着したイタリア行政制度は四つの特徴をもっていた。まず、まだ行政需要が小さいこともあり、行政組織・官僚制の規模が比較的抑制されている「軽量国家」だったことである。すなわち、1861年段階では、人口約2500万人に対して、公務員全体で約5万人、そのうち、中央官庁勤務が約3000人（1876年、1万1000人）で、国内総生産に占める人件費率は10％前後であった。

次に、官庁相互間の人事異動が盛んで、その結果専門的経験の交流が際立っていたことである。第三は公務員の服務規律が明文化されておらず、しばしば部局の責任者の恣意的な解釈に委ねられていた点である。最後に政治と行政の相互浸透があげられる。政治家と高級官僚が社会的、文化的、地域的、政治的な出自が同一であり、政治と行政という二つの役割を代替することが可能であった。

以上の行政制度は、歴史的左派政権の誕生、1882年の選挙権の拡大によって政治と行政の相互浸透の基盤が崩れることによって、変化を見せることとなる。クリスピ首相（任期1887～91）は、国家行政組織の改革に着手し、省庁数とその権限を法律事項から勅令事項に移すとともに、事務次官を廃止し、各省のトップの役職に政務次官を据えた。この改革は、政治家指導の行政システムの確立をねらったものであった。

しかし、統一後に確立された行政制度のあり方が根本的に変容したのは、ジョリッティ時代（1900～14年）であった。すなわち、ジョリッティ時代にイタリア行政に以下のような六点の新たな現象が現れた。まず、行政の役割の質量ともの拡大（行政国家化）を受けて、国家公務員の数が1891年の12万6000人から1910年には37万7000人に増大したことである（さらに1923年には約50万人）。こうして公務員層という社会集団が成立した。

次は、かつて優勢であった北部出身者の国家公務員が減少し、南部出身者が多数を占めるようなった「行政の南部化」という現象である。実際、北部では、工業化の進展とともに商工業の分野での求職が拡大し、多くの若者は民間企業に職を見出すことが容易であったが、法学部を卒業した南部の中小ブルジョワジーにとっては、国家公務員になることが唯一の就職対象となった。この現象は、南部と北部との歴史的・構造的な相違を裏付けるものといえる。

第三は、行政の役割の変化である。国家行政の役割が、治安維持、教育、防衛、公共事業などに限定されていた19世紀的行政とは異なって、特別法に基づく南部開発事業に示されるように社会サービスを担うようになった現象である。この結果、今までの権威主義的な行政活動の様式の見直しが迫られた。なぜなら、既存の様式では社会の新しい需要に有効に応えることができないからであった。

第四は、社会の調停者としての行政の機能、すなわち、多様な社会的・経済的団体の相対する利害の調停の場所としての役割が際立つようになったことである。この現象は、産業行政の分野で顕著であり、官僚と行政の意思決定に利害のある多様な経済利害の代表者からなる多くの委員会・審議会が大臣に対する補佐機関として設置されるようになった。

第五は、官僚の政策立案力と実行力に依拠したジョリッティの統治手法に示される行政と政治の関係である。高級官僚は行政の運営に関する広範な委任を政治家から得ることで、政治的影響力の増大（代議士への転身の可能性も含む）と俸給の上昇という二つの恩恵を獲得した。

最後は、新たな行政形態の導入である。すなわち、公共事業省が所管する国家鉄道局という半ば自立的な行政機関が鉄道経営を行ったことや、全国保険機構が法人格をもった公共事業体として設置されたことにみることができる。とくに、全国保険機構は、公共事業体を通じて国家が経済に介入する最初の事例で、ファシズムがさかんに用いた公社、公団、事業団による経済運営の原型となり、いわゆる並行行政と呼ばれる行政形態の先駆けとなった。

（高橋利安）

28 クリスピとジョリッティ
――ある自由主義の相貌

19世紀末、統一国家の建設以来の危機に見舞われたイタリアを、剛腕をもって支えた首相クリスピと、20世紀初頭、工業化にともなう社会の変容に柔軟に対応しようとした首相ジョリッティ。対照的にも見える二人の政治家はどのような人物だったのか、彼らに率いられたイタリアはどのような時代だったのだろうか。

クリスピ――上からの国民化

フランチェスコ・クリスピは、1818年、シチリアのアグリジェントに生まれる。彼はイタリアに定着したアルバニア系の人々の家系であった。パレルモ大学で法学を修めたのち、ナポリに移って弁護士として活動するなかで、政治に目覚めてゆく。1848年にパレルモで革命に参加するが革命は失敗。亡命し、歴史家、ジャーナリストとしてピエモンテ、マルタ、ロンドン、パリを転々とする間にマッツィーニ派との関係を強め、イタリア統一への意志を強くした。

1859年には蜂起を組織するためにシチリアに戻り、ガリバルディの遠征隊（千人隊）を迎える。こうした活動は、サルデーニャ王国（ピエモンテ）のカヴールら、南イタリアの統合を当初は考えてい

クリスピ

なかった穏健派と厳しく対立することになる。リソルジメントと呼ばれるイタリアの国家統一プロセスとは、複数の国家が並立するイタリア半島と島嶼部を単一の国家へとつくりかえてゆく地理的な抗争であり、新体制をめぐって王制派＝カヴールらと共和派・民主派＝マッツィーニ、ガリバルディらが対立する政治的な抗争の過程でもあった。

　１８５９年から61年にかけて、半島諸国のなかで最も強力な軍事力をもつサルデーニャ王国が各国を軍事的・政治的に併合してゆくことで、イタリア半島は統一された。新国家はサルデーニャのサヴォイア王家をいただく王国となった。クリスピは左派の議員として当選したが、クリスピを含めた多くのマッツィーニ派が、王政への忠誠を誓った。王家の象徴的な国民統合機能に期待したのである。19世紀末に社会主義政党が誕生するまで、イタリア政治における左右とは、どちらも地方の名望家を支持基盤とする穏健な自由主義であった。こうした状況は、イタリア社会の産業化にともなう社会構造の変化のなかで変わってゆかざるをえなくなるのだが、それは後述しよう。ともかく、クリスピの、上からの近代国家形成という信念は、１８８７年に南部出身者として初めて首相となって以来、三次にわたって政権を率いたときも一貫していた。

　統一から20年を経た１８８０年代には、国家の根幹にかかわる亀裂があらわになっていた。諸地域には、異なる政治的・社会的制度の記憶が残っていた。選挙権はきわめて限定的で（１８８２年の選挙法改正による有権者数は、人口比7%であった）、少数のブルジョワジーに支持された政治家と官僚とが国民の大多数を統治するシステムは歪みを見せはじめていた。とりわけ、進展しつつある工業化によって生まれた新しい階級――労働者階級を基盤として、社会主義が力を伸ばしつつあった。ローマ教会は、相変わらず自由主義国家を認めていなかった。これらの亀裂を分断に至らせないためには、市民の政治意識を高めること（国民化）、同時に、政治を国民のものとすること（民主化）が必要であった。

クリスピがそのために採った手段は、中央集権的な国家モデルに基づく、上からの諸改革であった。そして、地方行政、司法・公安、公衆衛生など、市民生活に密接に関連する法制度を矢継ぎ早に制定してゆく。1889年に制定された、新国家にとってはじめての統一刑法典（それ以前は、トスカーナ地方を除いて、サルデーニャ王国の刑法典が用いられていた）は、自由主義の原理に基づいて、私有財産制をはじめとする個人の権利やストライキ、結社の自由を認めていたが、他方で階級間の衝突や社会主義プロパガンダを違法とし、強制指定居住など、犯罪を「予防」するためのきわめて強い権限を行政と警察に与えていた。それは主に、「危険な階級」、すなわち新たに登場した労働者階級に向けられた。

クリスピは、リソルジメント左派として、社会問題への十分な関心をもっていた。しかし彼にとってそれは、市民社会の自律性によってではなく、強力な国家によって改良されるべきものであった。労働運動など、改革を求める下からの運動は、むしろ社会を分裂させるものとして、排除されることになる。1893～94年のシチリアやルニジャーナ（トスカーナ北部、リグーリア地方との境界地域）の騒乱は、戒厳令をもって弾圧された。国王にも支持されていた、民主化よりも国民化を優先させるこうした手法は、政治工学的というよりはロマン主義的なもので、伝統的な親仏政策から権威主義的な国民統合に成功したドイツとの同盟への転換や、結果的には失敗したアフリカ侵略などの軍事主義にも通底していた。

国家財政を圧迫する軍事支出にもかかわらず、イタリアの東アフリカ侵略は、19世紀末の段階では失敗していた。これによってクリスピが政権を去った後、1890年代後半のイタリアは、「世紀末危機」と呼ばれる混乱の時代を迎える。工業部門が目覚ましい成長を遂げ、国家もそこに資本を投入してゆく一方、第一次産業に高い比重を置く地域とのあいだには分断が生じた。1897年、穀物の不作により主食であるパンの価格が急激に上昇した。これに抗議して、ロマーニャ地方から発した民衆蜂起が全国へ広がると、クリスピの後をついだ内閣は武力により鎮圧を図り、同時に社会主義者やアナーキストをも弾圧した。しかし議会はこうした強権的な手法をもはや認めなかった。名望家に支配された、本質的には均質的なエリートによって支配される世界は終わり、経済構造の変化とともに生じた、豊かな階層ともたざる民衆の関係の変容に応じた政治が求められる時代が到来しつつあった。1900年7月末、国王ウンベルト1世がアナーキストによって暗殺されて、世紀末危機は幕を閉じる。

ジョリッティ――民主化を管理する

ここに登場したのが、ジョヴァンニ・ジョリッティである。ジョリッティは、1842年にピエモンテ、モンドヴィで生まれた。財務官僚として働いたのち議員となって、統一以来議会の中心的な一角を成してきたピエモンテ出身の自由主義政治家たちのなかで活動した。1892～93年に一度首相を務めたのち、1903年にふたたび政権の座につき、第一次世界大戦までのイタリア政治を牽引する（大戦後も一時期首相を務めた）。

ジョリッティは、リソルジメント経験のない最初の首相であった。クリスピが、統一運動の闘士としての来歴から、アナーキズムや社会主義、労働運動など理念や実践のうえで大衆に基盤をおく下からの改革要求――民主化を、強力な権力と権威のもとで統合されるべき社会の分断要素とみなしたのと異なり、ジョリッティは、イタリアにとって工業化が避けられない以上、社会構造の変化も必然であると考えていた。このような態度は、第一次ジョリッティ内閣時に結成されたイタリア社会党のうち、北部工業地域の労働者を基盤に、生産力の向上を通じて穏健な改革を目指す改良派と呼ばれるグループを政権に取り込み、一定程度、新興の労働者階級の要求を組み入れることによって、社会の安定を目指そうとしたことにも表れている。とはいえ、改良派は社会党のなかでは少数派であったし、そもそも参政権がきわめて限定的であった状況では、本質的な民主化の条件は整っていなかった。

ジョリッティ

クリスピを苦しめた、自由主義の理念と現実の乖離、総体的な近代化のための改革と地域や個別の利益との対立、地域間の確執などさまざまな亀裂は、ジョリッティにとっても障壁として立ちはだかっていた。ジョリッティは経済成長を通じて社会の矛盾を解消するため、経済自由主義を放棄しても鉄道や海運、保険といった重要部門を国有化し、工業化を保護する一方、労働者の福利厚生に関する法制度を整備した。このプログラムは、しかし、一方で経済活動への国家の介入を批判する自由主義者たちの批判を受け、他方、経済発展が北部工業地域に偏在していたためにその恩恵を受ける人々も限られていたという問題をはらんでいた。こうした状況のなかでジョリッティが安定的に政権を運営できたのは、つねに多数派を形成したからであった。この集合はジョリッティを核とした個人的な関係によって概ね成り立っており、共通の政治プログラムやイデオロギーをもたず、議会内のみならず、官僚や県知事等も含むもので、これを通じてジョリッティは、政党や政治グループの力を無効化し、行政の裁量を巨大化させて、いわば行政国家ともいうべきシステムをつくりあげた。工業部門を成長させ、同時に社会的要求にも応えるという課題に対応するためのシステムであったが、国家への機能の集中という意味においては、クリスピ時代と共通する性格をもっている。その国民化－民主化の課題への応答の論理は、クリスピにおいてはロマン主義的、ジョリッティにおいては資本主義的ではあったが。

ジョリッティ的な政治運営は、１９１２年に可決された男子普通選挙制（当時にあっては民主化のひとつの到達点であるといえよう）の下で実施された選挙で、急進派が力をもつ社会党が躍進したことによって行き詰まりを見せる。本格的な大衆社会の到来――それは史上初の総力戦となった第一次世界大戦によってしるしづけられる――は、クリスピとジョリッティという二人の稀有な政治家に率いられた、過渡期のイタリアの終わりであった。

（小田原琳）

29 ローマ問題の発生とカトリック運動

――国家と教会

ローマが首都になるまで

1861年3月、イタリア王国が成立したが、その首都はローマではなく半島北西端のトリノに置かれた。首相カヴールは王国議会での最初の演説を、「ローマが首都とならない限り、イタリアは完成しない」と結んだ。この時点でローマはナポレオン3世のフランス第二帝政の保護下にあって教会国家の首都であった。フランスはイタリア王国が生まれる過程での同盟国であり、国内のカトリック勢力の支持を狙ってローマ教皇を守るために軍隊を送り込んだナポレオン3世と正面から対立することはイタリアとしては避けざるを得なかった。その結果、義勇軍を率いてローマの解放をめざしたガリバルディの行動は、アスプロモンテではイタリア王国軍によって（1862年）、メンターナではフランス軍によって（1867年）それぞれ阻止された。こうした首都としてのローマをめぐる軋轢は「ローマ問題」と呼ばれた。

なぜ、ローマがイタリア王国に含まれなかったのか。その理由はイタリア統一のプロセスにある。カトリック教会は8世紀以来イタリア半島中部に領土を維持し、教皇は信徒たちの宗教的指導者であると同時に世俗国家の君主という側面も保ちつづけた。フランス革命以後、民族の独立と統一国家の形成をめざす運動がイタリアで高まると、この二つの側面の矛盾が顕在化する。1846年に即位したピウス9世は政治犯の恩赦などそれ自体きわめて穏健な政策を打ち出したが、前任の教皇たちが非常に反動的であったために、「改革教皇」の期待が高まり、教皇を中心として緩やかなイタリア諸国家の連合を構想する「新教皇主義」という考え方まで広がっていった。

1848年にパリで二月革命が始まるとイタリア全土に革命の嵐が巻き起こり、教会国家もその例外ではなかった。ピウス9世は憲法を認可するとともに、対オーストリア義勇軍の北部国境までの派遣を認めたが、4月には同じカトリック国であるオーストリアとの戦争を教会の指導者として受け入れられないことを表明し、イタリア独立のための戦いから離脱した。これがイタリアでの革命の高まりを押しとどめる転換点となり、ピウス9世は民族の大義に対する「裏切り者」として激しい非難を浴びることになった。こうした国内での革命の圧力によって教皇は11月にローマから逃亡し、翌年には(短命に終わったものの)マッツィーニらのローマ共和国が誕生することになる。このような経緯から、リソルジメントを推進した勢力のあいだでは教会を否定する反教権主義的な傾向が広く見られるようになった。そして1859年から1860年にかけて戦われた独立戦争でも教会は統一イタリア国家の成立に敵対的な姿勢を崩さず、その結果教会国家はフランスの庇護の下にローマとその周辺のラツィオ地方のみを領有することになったのである。

1870年に勃発した普仏戦争はフランスの惨敗に終わり、9月1日ナポレオン3世がセダンで降伏すると、同月20日フランス軍が撤退したローマにイタリア王国軍は入城した。翌年2月、ローマはイタリア王国の首都と宣言された。領土の問題としてのローマはこうして決着がついたが、国家と教会の敵対的な関係は未解決のままにとどまった。

国家と教会の断絶

1866年から1867年にかけてイタリア王国政府は、独立戦争によって生じた巨額の負債を補うために、修道院などの宗教団体を廃止し、その資産を国有化した上で売却した。その結果、修道士など大勢の聖職者が路頭に迷うことになった。そして1871年5月イタリア王国は、カヴールが打ち出した「自由な国家のなかの自由な教会」という政教分離主義にもとづく世俗的国家の原則に立って、保障法と呼ばれる教会の権利を定めた法律を制定した。その内容は、教皇に対して不可侵性と君主としての名誉を認め、ヴァティカンを含むいくつかの領地の保有とそれを守るための独自の武力組織の保持を認めるとともに、教皇庁組織の維持のために年額約300万リラの歳入を保証するものであった。そして国家と教会は互いの独立性を承認し、司教たちは国王に対する忠誠の宣誓を免除される、としていた。しかし、ピウス9世は教会の権能を破壊する一方的な措置としてこの法律を拒絶し、これ以

1870年9月、教会国家の首都ローマを攻撃するイタリア王国軍
［出所：*Storia fotografica della societa italiana, Il Rosorgimento 1848-1870*, Roma, Riuniti, 1998.］

後1878年に死去するまでヴァティカンの外に出ることが一度もなかった（後継の教皇たちも、1929年にイタリア王国とのあいだでラテラーノ協定が結ばれるまで「ヴァティカンの囚われ人」の状態が続いた）。

ピウス9世は、1874年に司教たちに向けて発した通知のなかで、カトリック信徒がイタリア王国内で行われる選挙に参加することを「適切でない」として否定し、後継教皇であるレオ13世もこれを踏襲する教書を出した。こうして教会は国家と国民を遠ざけることで、イタリア王国を「法の上での国」として、教会が影響力を行使する「現実の国」を切り離す路線をとったのである。国家と教会のこうした断絶状態は——国民の9割以上がカトリック信徒の国であり、教会が幅広い影響力を持っていただけに——深刻な影響をもたらすことになった。

カトリック運動の推移

カトリック陣営でも時代の変化に対応して、教会の利害を擁護するとともに、カトリック信徒の社会的政治的権利を守ろうとする動きが1870年代半ばから現れてくる。それは「大会・諸委員会活動団」と呼ばれるイタリア全土の連合組織として発展していく。しかしその内実はきわめて多様で、社会改革を求めて社会主義者との連携を求める潮流もあれば、非妥協的なカトリック信仰の徹底を求めるグループも存在した。そして、ときの教皇の姿勢が運動の方向性を左右した。たとえば、レオ13世は1891年に「新しい規範」という教書を発して、工業化が進展しつつある近代社会において、革命をめざす社会主義でもなく、自由放任の資本主義でもない、社会問題の解決を呼びかけたが、その時期には進歩的なカトリック勢力が主流を占めた。これとは逆に、その後継教皇となったピウス10

世は伝統主義的な姿勢を強く打ち出し、大会・諸委員会活動団を解散させた。

　しかしそのピウス10世にしても、自治体の活動や地方議会の選挙にカトリック信徒の参加を勧める姿勢を示していたのは、時代と状況が大きく変化しつつあったからである。イタリアでは19世紀末に主として北部で工業化と都市化が進み、工業労働者の数が急速に増加するとともに労働運動と社会主義運動の発展をもたらした。こうした運動は都市だけでなく、カトリック陣営の牙城であった農村にも影響を与えるようになり、教会の反応はそうした危機感を反映していたのである。そして社会問題に積極的に関わろうとする聖職者たちも現れてきていた。

　また、1880年代以降の選挙権の拡大にしたがって、イタリア王国の政権を担っていた自由主義派も支配の安定のためにカトリック勢力を何らかの形で体制のなかに組み込む必要性を強く認識するようになっていた。こうして1909年にはカトリック信徒たちを政治的に組織するためにカトリック選挙連合が（社会主義の伸張を抑えるためとして）ピウス10世自身の後押しで作られ、同年の選挙で自由主義派との協力の下に21名のカトリック議員が当選した。そして男子普通選挙制度にほぼ近い選挙法が1912年に成立すると、政権を握るジョリッティはカトリック勢力の支援を取りつけるために働きかけた。カトリック側は離婚法への反対などを候補推薦の条件として、非公式な形で協定を自由主義派とのあいだで結んだ。その結果200以上の選挙区でカトリックの支援を受けて自由主義派の候補者が当選し、カトリック議員も29名を数えた。リソルジメント以来対立を続けていた二つの潮流が協力し合うことで多数を形成したのである。だが教会と国家の関係の問題はこれで解決したわけではなかった。

ラテラーノ協定

よりラディカルな社会改革をめざしてキリスト教民主主義の考え方を強く打ち出していた聖職者ストゥルツォらは、自由主義派との同盟ではなく、カトリック政党の結成を求めた。その動きは第一次世界大戦後の人民党の成立につながっていく。広汎なカトリック大衆の合意を集めることに成功した人民党は１９１９年の結党直後から選挙で成果を上げたが、それはファシズムの勃興期とも重なっていた。そのため人民党に結集するカトリック勢力は、社会主義者たちとともに、ファシストからの猛烈な攻撃を受けることになる。そして１９２２年に政権についたムッソリーニは、その直後から教会に対して水面下で和解を働きかけつづけた。人民党が代表するカトリックの大衆運動を押しつぶすと同時に教会の中枢を懐柔するために、ファシズム体制は政教分離の原則を否定し、教育や聖職者の特権などの面で妥協を重ねることによって、１９２９年に政教条約であるラテラーノ協定を結んで教会との和解を成立させた。ラテラーノ協定はイタリア国内におけるムッソリーニとファシズム体制の威信をさらに高め、国民の合意を広く獲得したのである。とはいえ、この協定はイタリア人の市民生活にその後も深い影響を残すことになった。

（柴野　均）

30 社会主義運動の台頭
――アナーキズムから改良主義へ

労働者の組織化とアナーキズム

イタリアにおける社会主義の思想や運動の源流はリソルジメントにある。フィリッポ・ブオナローティは、フランス革命に共鳴し、平等社会の実現をめざして様々な秘密結社を指導した。民主派のジュゼッペ・フェッラーリやカルロ・ピサカーネは、1848年革命の失敗をへて、連邦制と社会革命による統一を主張した。一方、リソルジメントのシンボル的存在であるジュゼッペ・マッツィーニは、国民の一体性を強調して階級対立を否定し、社会主義を個人の自由を否定するものとして批判した。しかし、イタリア社会主義の思想と運動は、マッツィーニの友愛的共和主義をある面では引き継ぎ、これを克服しながら発展していく。

イタリアにおける労働者の組織化は、会員の会費を積みたて、冠婚葬祭費用や失業・疾病時、ときには老齢・障害時も含めて援助をおこなう相互扶助組合にはじまる。貴族、地方名望家、神父、議員などの主導で慈善的な意図からつくられる場合も多く、統一以降は全土に広がった。また統一とともに、マッツィーニの思想的影響のもとに設立・運営されるものが増加し、普通選挙の実現という共和主義的要求も掲げるようになる。

しかし、イタリアで最初に「プロレタリアートの解放」を掲げて労働者を組織したのは、アナーキストたちであった。相互扶助組合の発展はトスカーナ以北に集中し、統一直後の南部では、統一国家への不信と反感が、組織的運動よりも、山賊行為《ブリガンタッジョ》の横行として表出された。こうしたなかで、南部や中部の民主派のなかには、政治的統一を優先するマッツィーニの主張に疑問を抱き、イタリアの民主化を分権的な連邦制と労働者の解放のうちに構想する主張が見られるようになる。

その契機となったのは、１８６４年の国際労働者協会（「第一インターナショナル」、以下「インター」）の設立と、ロシアの無政府主義者《アナーキスト》、バクーニンのイタリア滞在である。当時、インターを主導するマルクスやエンゲルスの名はイタリアでは知られておらず、彼らと対立するバクーニンは、インターの代表者として遇された。一部の民主派は、彼との出会いによってマッツィーニから離反し、コムーネの自治や資本主義廃絶のための階級的運動を掲げてインター支部を名乗る組織を設立した。インター支部は中部・南部を中心に設立され、１８７２年には、リミニで全国連合の結成に至る。同連合は、各国に階級政党を設立してロンドンからその運動を統制しようとするインターのマルクス派を「権威主義的」と断じ、インター各支部の自律性を主張するバクーニン派（アナーキズム）に与していた。

こうしたアナーキストの運動は多数の不熟練労働者、伝統的手工業者や職人を組織したが、エッリーコ・マラテスタ、カルロ・カフィエーロ、アンドレア・コスタらその指導者は、南部の解放を求めてサプリ遠征（１８５７年）を企てたピサカーネの思想を引き継ぎ、組織的活動よりも、蜂起による人民の意識と自発的行動の喚起を重視した。彼らは、１８７４年にはボローニャ、１８７７年にはベネヴェント近郊のマテーゼ山地で蜂起を試みるがいずれも失敗に終わり、運動は大きく後退する。

マテーゼ蜂起後、コスタは革命的蜂起とならんで合法的政治活動も容認し、1881年には地元ロマーニャでロマーニャ革命的社会党（のちにイタリア革命的社会党となる）を設立する。翌1882年には同党から国政選挙に出馬して、イタリア初の社会主義議員となるが、その影響力はロマーニャ周辺にとどまった。

抵抗組合の組織化と社会主義の広がり

1882年には、左派政権下での選挙法改正により、初等教育を終えるか公証人が読み書き能力を証明した21歳以上の成年男子は国政選挙の参政権を認められ、北部では多くの熟練労働者がこれを獲得した。

イタリア経済の中心ミラノでは、アナーキストは大きな勢力ではなく、労働者の組織化は他都市よりも進んでいたが、その大勢は議会最左派で民主派の流れをひく急進主義者の影響下にあった。1882年の国政選挙では、新たに参政権を得た熟練労働者のなかに、急進主義者の指導を拒否して「労働者自身による労働者の解放」を掲げ、「イタリア労働者党」として選挙運動を行う動きが見られた。その得票はわずかであったが、彼らが選挙綱領で主張した「ストライキを目的とする抵抗組合の設立」は、ロンバルディーアを中心に北部一帯で急速に進展する。当時のイタリアで、ストライキは刑法で禁じられ、相互扶助組合の組織者や急進主義者も、労働者の生活の向上は相互扶助や使用者の善意により実現すべきだと考えていた（しかし実際にはストライキは少なくなかった）。労働者党の運動は、北部の労働者に、使用者に対抗して自らの手で改善をかちとろうとする階級的意識が芽生えていたこ

19 世紀末の労働者の職種別組合の新聞。上がれんが工組合、下が鉄道員組合のもの［出所：F. Della Peruta, *Società e classi popolari nell'Italia dell'ottocento*, ediprint, 1986.］

とを示している。

　1885年、労働者党は、各地の抵抗組合の連合体として正式に結成大会を開催し、急進主義者の指導する労働者組織も傘下に組み入れ、農業闘争の渦中にあったポー平野の日雇い農業労働者《ブラッチャンティ》と連帯して北部一帯で勢力を拡大する。1886年、これを危惧したデプレーティスは労働者党に解散を命じるが、このとき、フィリッポ・トゥラーティら一部の急進主義者は労働者党を全面的に擁護し、これを機に、労働者を基盤とする社会主義政党の結成を模索するようになった。またこの弾圧は、これまで労働者自身による経済闘争を重視してきた労働者党にとっても、知識人との協力や政治活動の必要性を実感させる出来事だった。1880年代後半は、『資本論』の初の全訳（1886年）が出版されるなど、イタリアにマルクスの著作の紹介がすすんだ時期でもあった。

こうしてリソルジメントの民主主義やアナーキズムと未分化であったイタリアの「社会主義」は、徐々にマルクス主義に接近し、ドイツ社会民主党をモデルに、階級意識の芽生えた労働者とともに全国政党の結成をめざすこととなった。1892年8月には、全国から300をこえる労働者や知識人の団体の代表がジェノヴァに集い、イタリア社会党（設立当初は「イタリア勤労者党」を名乗る）を設立した。社会党は、トゥラーティの提案によって「賃労働の廃止」と「生産手段の社会化」による労働者の解放を綱領に掲げ、イタリア初の全国的社会主義政党となった。

社会党の改良主義とその問題点

1890年代のイタリアでは、農業不況や保護関税の影響を背景に民衆の抗議が頻発し、政府はこれに厳しい弾圧で臨んだ。とくにシチリアでは、1891年ごろからファッショ（複数形はファッシで束、団を意味する）という団体がつくられ、労働問題や協同組合活動、教育、文化など様々な取り組みを行っていた。時の首相クリスピは、これに対してシチリアに戒厳令を布告し、1894年1月にはシチリアの全労働者組織を解散して指導者を逮捕する。やがて弾圧は、中部イタリアでのアナーキストの蜂起や社会党、地域単位の労働組合組織である各地の労働会議所にも及び、社会党は、社会主義に先だって民主主義的権利を獲得する必要性を痛感する。こうして1895年の社会党パルマ大会では、クリスピに対抗すべく、急進主義者や共和主義者ら民主的諸勢力との選挙協力が決定され、そのための基本方針として、普通選挙、男女の平等、コムーネの自治、小作契約の改善と未耕作地の分配、鉄道・鉱山の国有化、累進課税、8時間労働と児童・女性労働の保護、公教育の年限延長と無償化、出版に関する制限の撤廃などが掲げられた。これらの民主主義的諸要求は、のちに「最小限綱領」として採択され、党の主流である「改良派」の政策的表現となる。この改良主義は、少なくとも初期においては、ベルンシュタインの修正主義のように既存の秩序を承認するものではなく、反動的政府による弾圧を克服するための戦術として選択されたものであった。

この後、社会党は着実に票をのばし、20世紀初頭には、社会立法をはじめとして一定の進歩的政策を実現するジョリッティ政府を支持するようになる。トゥラーティを中心とする社会党改良派には、工業化と労働者や農民の組織化が進展する北部の出身者が多く、民主的改革は自由主義政府を支持して組織的活動を継続することで達成可能であり、それが社会主義に通じるとの信念を抱いていた。一方、南部の農民は組織化から取り残され、識字率が低いために参政権も得られず、封建的支配構造に対して自然発生的な直接行動に訴えることもまれではなかった。ジョリッティの政策は、南部の伝統的支配層との妥協のもとに、改良主義的社会主義運動を体制に統合しようとするもので、北部の運動には寛容であっても、南部農民の運動に徹底的な弾圧を加えた。これに対して、社会党内でも南部出身の議員を中心に、自発的な直接行動を重視し、より戦闘的な社会主義路線を主張する革命派が台頭し、党内抗争が激化していく。

（勝田由美）

コラム 5

南部主義の系譜

南イタリアと北イタリアの関係は、差異なのか、格差なのか。あるいはどのような差異でありどのような格差なのか。19世紀半ば以降、イタリア半島の諸国家の近代化過程（憲法制定や議会制民主主義の確立、集権制など。その一環として、一定規模の国家的統一の構想もあった）のなかで、南イタリアを「問題を抱えた地域」とみなす思想、そして、その問題をどのように解決し、その地域をどのように解放してゆくかという思想が生まれた。これを「南部主義」と呼ぶ。多くの思想家や政治家がこれに取り組み、さまざまな議論が交わされたので、「主義」ということばがもつ、特定の理念という意味合いよりは、「南部」というトポスをめぐって展開された思考の集積といったほうがよいだろう。

「南部問題」という用語がイタリアの公論上に登場したのは、イタリア半島北西部に位置したサルデーニャ王国主導で半島が統一され、イタリア王国が誕生して15年ほどを経た、１８７０年代半ばである。「イタリアはできた。これからイタリア人をつくらなければならない」とまで言われたほど、新しい国家には、その政治と社会を支えることを要請される「国民」が存在しなかった。南イタリアは、統一以前、数世紀に及ぶ歴史をもつ安定した、かつ半島内の諸国家のうちでは最大規模の領域国家（両シチリア王国）であったので、異なった政治的・社会的秩序の記憶がとりわけ色濃く残っていた。それは統合プロセスにおける新国家への反乱等となって現れた。北イタリアのエリートたちはこれを「山賊」と呼び、近代化に抵抗する蒙昧な民として弾圧したのであった。

19世紀末から20世紀初頭の南部主義者たちは、南イタリアが貧しく、文化的に後進的であると考えたが、それは南部地域に内在的なものではなく、すぐれた統治によって解消されるはずだと考えた。たとえば経済学者で首相も務めたニッティ（在任1919～20）は、南北の発展は不均衡であり、北部は南部の犠牲の上に発展したと考え、国家による南部の工業化・農業の近代化を主張した。政策という観点から見れば、この見方は第二次世界大戦後まで続いている。

他方、国家＝北部による、いわば上からの格差／差異の解消ではなく、南部住民による自律的な南部の解放を唱える思想家たちもいた。その代表的な論者は、イタリア共産党の創設者の一人であるアントニオ・グラムシや、カトリック政党人民党を設立した神父、ルイージ・ストゥルツォらである。1920年代前後に登場したこの潮流は、イタリア社会全体の大衆社会化に呼応したものであるといえるだろう。

改革の主体は正反対であるものの、これらの思想は、南部イタリアの歴史と状況を基本的に否定的なものと位置づけている点では共通している。こうした性格は、ときに、ためにする議論に陥って、南部イタリアの歴史的な事実をそれ自体のダイナミクスのもとで見ることを阻害する可能性があると批判も受けている。近年の研究では、南部の「後進性」の象徴とみなされてきた土地所有制度が地域的には限定的であったこと、19世紀初頭から成長しつつあった新興ブルジョワジーが地域の農業の革新に果たした役割などの具体的な見直しも進んでいる。また、統一プロセスのなかで結果的に抑圧されることになった、南部諸地域の歴史や文化の再発見・再評価が、市民レベルで行われてもいる。そうした取り組みを行うある市民グループは、みずから誇り高く、「山賊」と名乗っている。

（小田原琳）

31 自由主義期の外交と植民地政策

――「列強」の座を求めて

三国同盟

イタリアは統一国家形成の過程でフランスのナポレオン3世の支援を受けたことにより、統一後も外交面ではフランスの大きな影響下に置かれていた。1870年に開戦した普仏戦争でナポレオン3世が失脚したことで、イタリアはようやく外交的な自立を遂げることができた。同年9月20日に起きたローマ占領は、そうした外交的自立の最初の表れであったといえる。これによりリソルジメントが一応の完成を見たことで、国内政治の安定と財政均衡を優先すべく、しばらくは現状維持的な外交政策が採られた。

イタリア外交の次なる転機になったのは、1878年に開催されたベルリン会議である。ドイツのビスマルクの主導のもとに行われたこの会議において、イタリアはトレントやトリエステといったいわゆる「未回収の地」や植民地化を狙っていたチュニジアなどに対する領土要求を行ったが、列強からは黙殺された。この出来事はイタリアの世論から外交的敗北と受け取られた。さらなる打撃となったのが、1881年に起きたフランスによるチュニジアの軍事占領と保護国化である。統一以前からイタリア諸国はチュニジアと密接な経済関係を有しており、イタリア出身者も多数居住していた。それゆえイタリアはこの地を植民地の有力な候補とみなしていたが、フランスに先んじられた格好となったため、国内の反仏感情が一気に高まることとなった。

外交的な孤立をかこっていたイタリアに手を差し伸べたのがビスマルクであった。彼は対仏封じ込め策の一環として、オーストリア、イタリアとの三国同盟の成立を図っていた。イタリアにとって、オーストリアは独立の際に戦火を交えた相手であり、その後も「未回収の地」をめぐる係争を抱えていたため、オーストリアとの同盟は国内に反発を生む懸念が多分にあった。だが、外交的な孤立から脱することに加え、国内における急進的な左派勢力の台頭を抑えるうえで保守的な政治体制をとる二国との同盟が有益であるという判断もあり、1882年5月に三国同盟を締結するにいたった。

東アフリカでの植民地活動

この時期のイタリア外交にとってもう一つ特筆すべきなのが、東アフリカでの植民地の形成である。紅海沿岸のアッサブは、1870年に海運会社ルバッティーノが入手した土地であったが、1882年にイタリア政府が同社の後身会社イタリア総合海運から買収して植民地とした。前年にチュニジアがフランスによって植民地化されたことを受けて、イタリアは東アフリカに植民地獲得の狙いを定めたのである。次いで、1885年には同じく紅海沿岸のマッサワを武力制圧して、新たな植民地とした。余勢を駆ったイタリアはこの二つの都市を拠点として内陸部への侵出を図るが、内陸部を長年にわたって支配する地方領主層はそれに反発した。1887年1月には、ドガリ近郊に侵出したイタリア軍部隊が地方領主軍によって急襲され、イタリア側は壊滅的な敗北を喫した。このドガリの敗北によって、東アフリカでの植民地獲得の活動は停滞を余儀なくされた。

１８８７年８月にクリスピが首相となると、彼は外相を兼任して積極的な外交を行った。ビスマルクを敬愛する彼のもとでは、親独・反仏の傾向がいっそう顕著になった。とりわけ同時期に施行された保護関税によりフランスとの間に貿易をめぐる軋轢が生じたこともあり、伊仏間で軍事衝突の危機が囁かれるほどであった。１８９３年に南仏でイタリア人移民労働者がフランス人労働者に襲われて多数の死傷者を出したエグモルト事件は、こうした伊仏間の外交的緊張を背景に起きた出来事であった。

クリスピはまた、アフリカでの植民地政策を積極的に推進していった。彼はもともと東アフリカでの植民地拡張に対して熱心ではなかったが、イタリアがヨーロッパ列強の一員として認知されるために一定規模の植民地を保持することが不可欠であると次第に考えるようになった。１８８９年にイタリアはソマリアの一部を保護領として獲得し、翌年にはアッサブやマッサワなどの紅海沿岸地域を統合してエリトリア植民地を形成した。エリトリアとは古代ローマ時代に紅海を指したが、それを紅海沿岸の一地域を指す名称として復活させたのである。

さらに、１８８９年５月にはエチオピアとの間でウッチャリ協定を結んだ。この条約では条文のイタリア語版とアムハラ語版との間に齟齬があり、のちの争いの火種となった。イタリア語版ではエチオピアが事実上イタリアの保護国であることを主張した内容になっていたのに対し、アムハラ語版ではエチオピアが独立国家であることを主張した内容だったのである。協定締結からしばらくの間はクリスピが政権から退いたこともあり、目立った植民地拡張政策は採られなかったが、１８９３年に彼が政権に復帰するとエチオピアとの緊張が高まっていく。エリトリア総督バラディエーリは１８９４

年7月にスーダン領の一部を占領すると、さらなる占領地の拡大を目指して隣接するエチオピアのティグレ地方に侵攻した。イタリア議会は軍事費の増大を懸念して軍事行動に反対したが、クリスピはこれを押し切って人員の増強を図った。ついに１８９６年3月1日、ティグレ地方のアドワでイタリア軍とエチオピア軍が衝突し、双方あわせて1万人を超す死者を出した激戦の末、イタリア軍はエチオピア軍に敗北を喫した。クリスピは失脚し、東アフリカでの植民地拡張政策は断念されることとなった。

外交政策の転換とリビア戦争

クリスピ失脚後、イタリアの外交方針は大きく転換した。通商関係の改善もあってフランスとの関係が好転する一方で、イタリア国内で「未回収の地」に対する関心が再び高まっていったために、オーストリアとの関係は次第に悪化していった。とりわけ、１９０８年10月にオーストリアがボスニア・ヘルツェゴビナを併合した際には、オーストリアがイタリアに対して事前通告を行わずに事態を進めたために、両国の関係は一挙に緊張した。20世紀初頭のイタリア政治の中心に位置したジョリッティは、三国同盟を堅持しつつ、英仏露などとも友好関係を維持するという外交方針のもとに、軍事費の支出を抑制する政策を採ってきたが、オーストリアの行動を契機として軍事費の増強に踏み切った。また、オーストリアのバルカン半島での行動を牽制するためにロシアとの接近を深め、１９０９年10月にラッコニージ秘密協定を締結した。

東アフリカでの軍事行動の失敗後、イタリアの植民地政策の関心は次第に北アフリカのトリポリタニアとキレナイカに向けられていった。カトリック系のローマ銀行が１９０７年にトリポリに支店を設けてイタリア企業の進出を支援したことは、そうした関心の現れであった。だが、１９１１年7月に第二次モロッコ事件が起きてドイツの地中海地域への野心が顕著になると、北アフリカをめぐる列強間の緊張が高まっていった。これをきっかけとして、イタリア政府はトリポリタニアとキレナイカを勢力下に置くために、この地域を軍事的に制圧することを検討し始めた。多くのジャーナリストが現地に赴いてイタリアの軍事行動の必要を促すなど、世論も植民地拡張を支持する声が大勢を占めた。政府は同年9月に、この地域の宗主権を主張していたオスマン帝国に対して宣戦布告した。だが、現地住民はオスマン支配からの解放者としてイタリアを歓迎するであろうという期待とは裏腹に、イタリア軍は現地住民の強い抵抗にあい、早期に決着をつけるという目論見が外れて戦争は長期化した。１９１２年に入ると、打開を図るためにイタリア軍はアナトリア半島に隣接するエーゲ海地域に軍を派遣し、ロードス島とドデカネス諸島を占領した。結局、戦争は同年10月のローザンヌ条約で終結し、イタリアはトリポリタニアとキレナイカを主権下に置くことを主張してこの地をリビアと名付けたほか、ロードス島とドデカネス諸島も事実上の占領下に置いた。

のちにリビア戦争と呼ばれるようになったこの戦争により、イタリアはまがりなりにも植民地の拡大に成功した。だが、現状維持的な外交政策をとってきたジョリッティ政権のもとで行われた例外的とも言える植民地戦争は、2回にわたるバルカン戦争を誘発することになり、ひいては第一次世界大戦への道を開いた。イタリアは大戦の開戦当初、中立の立場をとるが、「未回収の地」などの獲得を目指して、１９１５年5月に協商国側に立って参戦することになる。

（北村暁夫）

32 イタリア王国の産業
――農業と工業の近代化

アルプス山中に水源を持ち、イタリア半島のつけ根を652キロメートル東進、アドリア海へと注ぐ川がある。名をポー川という。この川の流域に広がるポー平野は、イタリアの穀倉地帯である。小麦、トウモロコシ、稲などが栽培されるほか、畜産も盛んでパルマの生ハムやチーズは世界的に有名である。いっぽう、ポー川の上流域には工業都市トリノが控えている。イタリアの北西部に位置するトリノ、ミラノ、ジェノヴァを結ぶ一帯は、「工業三角地帯」と呼ばれている。イタリアの主要産業は、北部に集中し、南北格差をつくりだしてきた。

農業の特徴

1880年前後に全国的な農業調査を取りまとめたある国会議員は、イタリア農業を形容して、そこには「無数のイタリア」があると述べた。この表現は、イタリア農業が地理的条件や気候に大きく左右され、隣接する村でさえ、異なる農業が営まれている状況をみごとに言い当てている。

それでもイタリア農業の特徴は、地域的には北部、中部、南部の三つに大別できる。それぞれの特徴は、古来からあったわけではなく、19世紀になり顕著になった。そのきっかけをつくりだしたのが、ナポレオン支配期に実施された封建的土地所有の廃止である。富裕層は、この時期に没収・売却された領主や教会の所有地を買い集め、大土地所有者になった。以下では19世紀後半の三つの地域における代表的な農業を見ていく。

まず北部では、農業経営者が、資本と労働を土地に集約的に投下する資本主義的大農場経営が特徴であった。平らな土地と豊富な水に恵まれ大規模農業に適したポー平野では、土地所有者または彼らから土地を借り受けた借地人が、土地を改良し、灌漑設備を整え、市場向けの大規模な農業を営んだ。経営者は、収益を増大させるため、生産性の向上に積極的に取り組み、近代的な農業技術や合理的な輪作体系を導入した。交通網の発達や平らで広大な土地という地理的好条件に恵まれ、化学肥料や農業機械をいち早く導入できた地域でもあった。イタリア王国初代首相カヴールも広大な土地をもつ稲作経営者であった。

農業経営者は、ときに100ヘクタールを超える大農場を維持するため、大量の農業労働者を雇った。労働者の雇用条件は作業内容に応じて異なり、牛や馬の世話役など年中仕事のある者もいれば、草取りや収穫の時期にだけ雇われる労働者もいた。日雇い労働者は、とくに冬には恒常的な失業状態にあり、凶作の年には夏でも仕事がなかった。こうした農業労働者の世界は、エルマンノ・オルミ監督の映画『木靴の樹』(1978年)に描かれている。

つぎにトスカーナ地方など半島中部に目を向けると、この地域では平らな土地がほとんどないため、丘陵地のわずかな土地で小麦など穀物とブドウやオリーブなど果樹を一緒に栽培する混合耕作が一般的であった。地主は、広大な所有地を20ヘクタール程度に区分けして、それぞれに住居のついた農地

オリーブを収穫する農業労働者（アスコリ・ピチェーノ県、1896年）［出所：*Storia dell'agricoltura italiana*, II, Marsilio Editori, 1990.］

を小作一家に貸し出した。

小作は、収穫の半分を地代として納める折半小作契約を地主と結んだ。小作は一家全体で農作業にあたったので、この小作契約は一家全体を縛った。契約条項には、作物ごとの取り分のほか、地主のための雑用や、子どもの結婚に地主の承諾が必要であることも書かれていた。このように小作は地主に従属する立場に置かれたが、地主の利益も小作一家の作業効率に左右されたので、収益増大には両者の協力関係が不可欠であった。

開明的な地主のなかには、ブドウの品種改良に取り組み、市場価値の高い良質なワインを製造する者もいた。また、収益の大半を土地改良や小作の住居改善にあてる地主もいた。こうしたことから、19世紀後半には知識人のあいだで折半小作制が高く評価され、ほかの地域にも普及が推奨された。しかし、実際には多くの小作が地主からの借金に依存し、20世紀になると小作争議が頻発するなど、問題点も多かった。

さいごに半島南部やシチリア島について見ていくと、この地域では「ラティフォンド」と呼ばれる大土地所有が農業を特徴づけた。ナポリやパレルモといった大都市に暮らす不在地主は、海岸から山間地までの広大な領域を所有したが、土地改良にほとんど関心を示さず、交通の便がきわめて悪い内陸部では粗放的な穀物栽培が中心であった。土地を借り受けた借地農は、北部と同じく、安価な労働力に頼ることができたが、水資源が乏しいため、生産性の向上は見込めなかった。

いっぽう、海岸付近のわずかな平野部は、小作農家に貸し出された。農家は、与えられた何もない土地に植樹し、それが数年すると市場価値の高いオレンジやレモンになった。これら柑橘類は、ワインやオリーブ油と並び、世界に誇るイタリアの名産品となった。ブラッドオレンジや、レモンを用いたリキュール「リモンチェッロ」が有名である。

工業の発展

蒸気船航路や鉄道網の発達にくわえて1869年にスエズ運河が開通すると、南北アメリカやアジアから安価な穀物がヨーロッパへ流入するようになった。穀物価格の下落は、ヨーロッパ全体に農業不況をもたらし、イタリアではとくに1880年代に深刻な影響がでる。それまで農産物の輸出と工業製品の輸入を通じて発展してきた統一イタリアは、1887年に保護関税を導入し、自由貿易から保護貿易に政策を転換した。

これはブドウや柑橘類の輸出で潤ってきた南部経済に打撃を与えたが、ポー平野の農業家層を保護し、さらには工業化を進展させるきっかけにもなった。たしかに、国内総生産で工業部門が農業部門を上回るのは1930年代以降のことであったし、農業従事者の割合は20世紀半ばにいたるも就業人口の4割以上を占めた。それでも、大不況から抜け出した1896年からジョリッティ時代にかけての工業化の進展には目ざましいものがあった。

この本格的な工業化に先駆けて発展したのが、繊維工業である。大型機械の導入は限定的であったが、貧しい農家の家計を補うために山間地から出稼ぎに来る豊富な女性労働力に依存でき、また政府の保護もあって生産量は増加した。綿業は、家族経営が中心であったものの、20世紀初頭には国内需要を満たすまでに成長した。毛織物業でも北部のビエッラを中心に発展が見られた。国際競争力という点では、コモを中心に発展した絹業が、世界シェアの3分の1を占めるまでに成長し、重要な輸出産業となった。また農業との関わりが深い食品加工業では、ポー平野で土地改良がすすみ、甜菜の生産量が増加したことで、製糖業が盛んになった。

鉱物資源の乏しいイタリアでは、エネルギー源となる石炭をドイツなどからの輸入に頼り、それが生産コストを押し上げた。この問題を解決するなかで他国に先駆け発展したのが電力産業である。1883年に技師ジュゼッペ・コロンボがミラノにヨーロッパ初の発電所を建設すると、まもなくアーケード街〈ガッレリーア〉やスカラ座に明かりが灯った。彼は翌年、エディソン電力を設立する。

電力産業の発展は、鉄道の需要に応えるものでもあった。1839年以来、発展を続けてきた鉄道網は、英国やフランス、ドイツには大きく水をあけられたが、20世紀初め以降、電化がすすんだ。また当初、英国からの輸入に頼っていた機関車の国産化がすすむなかで機械工業も発展した。この分野では1853年にジェノヴァで設立されたアンサルド社や1886年にミラノで設立されたブレーダ社などが牽引役となった。

政府は、サルデーニャ王国から引き継いだ国有鉄道を財政難から1865年に民間に払い下げたが、補助金を出して鉄道建設を下支えした。1885年にはインフラ整備と運行とを分ける上下分離方式

ブレーダ社の機関車製造工場（ミラノ、1898年）［出所：Giovanna Ginex, *L'Italia liberale 1870-1900*, Editori Riuniti, 1998.］

を採用し、さらに１９０５年には完全に国有化した。これにより古くなった車両の更新がすすみ、さらなる機械工業の発展を促した。

鉄鋼や造船も政府の振興策のおかげで成長した分野である。政府はこの分野で国産化をはかって海軍力を強化しようと考えた。１８８４年には政府の働きかけで中部イタリアのテルニに製鋼所が設立された。ジェノヴァのイルヴァ社は、１９０４年のナポリ経済振興法を受けて、ナポリ近郊に製鉄所を建設した。

ジョリッティ時代には自動車産業の発展も見られた。まず１８９９年にトリノにフィアット社が設立されたのを皮切りに、ランチャ、アルファロメオ、ビアンキなどがつづいた。１９０７年の経済危機で多くの自動車メーカーが倒産したものの、危機を乗り越えたフィアットの社長ジョヴァンニ・アニェッリは、米国のフォード社を視察後、パーツを規格化して組み立てる生産様式を採り入れ、自動車関連産業が発展した。

（山手昌樹）

33 世紀転換期の思想と芸術
――ヴェリズモ、頽廃主義、未来派

19世紀後半から第一次大戦にかけて、イタリアでも市民社会が形成されていった。ヨーロッパ諸国は帝国主義的傾向を強め、アジア・アフリカに植民地を形成し、政治・経済支配を強化していった。思想面では空想的社会主義、さらには本格的社会主義思想が生じてくる。文学の世界では、自然主義と象徴主義が現れる。両者ともにロマン主義の一面が発展して出現したとも言えるが、他方、自然主義は、対象を突き放して客観的に見つめ描写するし、象徴主義においては、純粋言語の追求が見られる。自然主義も象徴主義もフランスで誕生したが、自然主義は明らかに実証主義やダーウィニズムの影響を受けている。一方、象徴主義はむしろ実証主義の拒絶から出発している。１８９０年前後から象徴主義はデカデンティズモ（頽廃主義）へと合流するが、イタリアでそれを決定付けたのはダンヌンツィオの小説『快楽』（１８８９年）とパスコリの詩集『ミリーチェ』（１８９１年）だった。

ダンヌンツィオ

ガブリエーレ・ダンヌンツィオは小説を書くだけでなく詩人でもあり劇作家でもあったし、若い頃から社交界の寵児となり、多くの女性と浮名を流した。ダンヌンツィオは、カルドゥッチの『擬古詩

ダンヌンツィオ

集』に感銘を受け自分も擬古体の詩を書くことから出発したが、それは従来の韻律を打破する点に意義があり、やがて『アルチョーネ』（1904年）において自由詩でありながら音韻の美しさを併せ持つ現代的抒情詩を達成する。一方、小説では『快楽』や『罪なき者』で官能的耽美主義を表し、『死の勝利』（1894年）ではニーチェの「超人」思想への共鳴を示している。女優エレオノーラ・ドゥーゼと恋愛関係を持ちそこから詩劇『フランチェスカ・ダ・リミニ』（1902年）や『ヨーリオの娘』（1904年）を生み出し、フランスに逃亡してからはロシア・バレエ団のために『聖セバスティアンの殉教』（1911年）を書き、ドビュッシーの作曲で上演された。彼は文人であるにとどまらず、代議士に立候補して選出され、第一次大戦がはじまると参戦の世論を喚起するために帰国し各地で演説し、自ら飛行隊を率いて行動、負傷した。イタリアにはリソルジメントによっても未だに回復されざる領土があるという考え（イッレデンティズモ）に基づき、私兵を率いてフィウーメを占領するなど軍事行動をとった。

　ダンヌンツィオと同様に世紀の変わり目を代表する詩人だが、その他の点ではすべて対照的だったのがジョヴァンニ・パスコリである。青年期に社会主義運動に参加し、逮捕され短期間獄中にあった他は、高校や大学の教員をし、ロマーニャ地方およびトスカーナ地方の小さな集落に住み、庶民の使う卑俗な言語や方言を用いて、身近な人々の生活の習俗や動植物を描き、日常の言葉づかいとは懸け離れたこれまでの大仰な詩的言語と決別し独自の象

パスコリ

徴的詩法を作り上げた。また、詩人の心の中にはずっと子供が住んでいるという独自の詩論を展開した。晩年にはイタリアの北アフリカへの帝国主義的進出を支持した。

19世紀後半は、進歩という概念がダーウィンやハーバート・スペンサーの思想とともに一般に普及し、電話や電信、鉄道、そして自動車といった科学技術の成果が目に見える形で出現し、人々の時間や空間への感覚・認識を変えていった。

ヴェリズモの出現

そういった社会では、芸術家の存在は次第に周辺的なものになっていき、特権的な地位を失った。そのことを小説家ジョヴァンニ・ヴェルガは小説『エヴァ』の序の中で「世の中心は銀行や企業になってしまった」と述べている。そうした「呪われた詩人・芸術家」という概念を体現したグループが、ミラノに出現したスカピリアトゥーラ（蓬髪派）で、フランス語のボエーム（ボヘミアン）と同義で、気ままに自由な服装で暮らし、怠惰な生活を送ることを含意していた。イタリアではロマン主義・リソルジメントの時期にはインテリは社会の中心的な役割を果たし世論を牽引していたのに対し、統一後状況は一変した。インテリの役割は危機に瀕し、スカピリアトゥーラのような市民道徳に反抗的なグループが出現した。ただし、彼らは前衛と呼ぶほどの組織的・系統的な詩学を持っていなかった。むしろ芸術運動として大きな影響力を持ち豊かな成果を上げたのはヴェリズモであった。ヴェリズモはフランスで発生した自然主義の影響を濃密に受けたものだが、自然主義は、自然科学の発展に対する人文主義の反応とも言える実証主義の出現を経て、文学者がいわば科学者のように社会を冷徹に観察することを是としている。フランスの自然主義をイタリアで最初に取り入れたのはスカピリアトゥーラのメンバーだったが、やがて彼らと交流したルイージ・カプアーナやジョヴァンニ・ヴェルガがフランス自然主義の方法を意識的に取り入れ現代的な小説を書く試みを開始する。1870年代末に生まれたこの運動をヴェリズモと言い、代表的な作家ヴェルガ、カプアーナ、フェデリーコ・デ・ロベルトはいずれもシチリア人である。最重要な小説家ヴェルガは80年代に『マラヴォリア一家』や『ドン・ジェズアルド旦那』などを書いたが、小説技法を革新して、マンゾーニ的な全知の視点からではなく、登場人物（シチリア民衆）の限定された視点から叙述した。ヴェルガは自身の小説を自ら戯曲化したが、その中の「カヴァレリア・ルスティカーナ（田舎騎士道）」は、のちにマスカーニによってオペラ化され大好評を博した。

90年代になると前述のダンヌンツィオやパスコリが登場し、デカデンティズモの時代となる。

前衛の時代へ

世紀が変わると、ヨーロッパは前衛の時代に突入し、表現主義、未来派、キュビスム、ダダイスム、シュールレアリスムといった芸術運動が続々と出現する。こうした前衛芸術運動の共通点は、自然主

《弾性（Elasticità）》（ボッチョーニ作、1912年、20世紀美術館蔵）

義やデカデンティズモへの反発であり、グループでの活動であり、また複数のジャンル（文学、美術、映画、演劇など）にまたがった活動であることだった。

イタリアの前衛運動で最も影響力を持ったのは未来派で、フランスの詩人アポリネールやイギリスで活動していたエズラ・パウンドのイマジズム、ウィンダム・ルイスのヴォーティシズム（渦巻派）に影響を与えた。マリネッティが未来派宣言をパリの新聞『フィガロ』で発表したのは１９０９年2月20日のことだった。未来派は、機械や技術、工業、速度、自動車などを賞賛し、過去の伝統的価値を破壊することを唱え、「未来派の夕べ」と称する催し、ハプニングなどを挙行し、反ブルジョワジーを掲げたが実際はブルジョワ的前衛とでも言うべき性格を持っていた。絵画においてはウンベルト・ボッチョーニやカルロ・カッラが未来派画家宣言を発表した。カッラはその後、デ・キリコとともに形而上絵画を創出した。形而上絵画は表面的には日常の事物・風景を描きながら、消失点を複数化したり、異様に長い影、均一に塗りつぶされた背景を用いることにより、日常の奥にある無意識や夢、非現実を表現し、ダダイスムやシュールレアリスムに影響を与えた。

文学に目を向けると、20世紀の初頭には「黄昏派」と呼ばれる詩人たちが各地に出現していた。彼らはグループを形成していたわけではなく、たまたま似た傾向の詩人たちが出てきたのを批評家ボルジェーゼが黄昏派と名付けたのである。彼らの共通点は、語るべきこと、なすべきことを持たぬことで、その悲哀・倦怠を、ダンヌンツィオ的な華やかなレトリックを拒絶しつつ語った。彼らはすでに詩人が社会の中でマイナーな存在であると認識し、カルドゥッチやダンヌンツィオのように国民詩人である（ありたい）という意識は抱けなくなっていた。詩人たちの出身地・活動地域はばらばらで、ローマのセルジョ・コラッツィーニ、チェゼナティコとローマを行き来したマリーノ・モレッティ、トリノのグイド・ゴッツァーノらがいた。

一方、フィレンツェは新たな文化の中心となり、1880年代生まれの若者たちが中心となって多くの政治・文化雑誌が生まれた。プレッツォリーニは雑誌『レオナルド』（1903～07年）をパピーニとともに創刊し、ついで『ラ・ヴォーチェ』（1908～16年）を創刊したが、この雑誌はこの時期を代表する雑誌と言ってよい。ヴォーチェ（声の意味）の名の通り、新世代の若者の声を発する場で、前世代の実証主義に対抗し、新時代の潮流を主張した。文学・哲学のみならず政治を含む幅広い問題を論じ、教育改革、南部問題、未回収領土について論じた。パピーニはソッフィチとともに雑誌『ラチェルバ』を創刊した。当初は前衛芸術に焦点を当て、やがて未来派の機関誌同然となったが、1914年にはマリネッティとパピーニの間に論争が起こり決裂した。この時期の雑誌は、インテリ層の役割が不安定になった時代に、その役割を取り戻そうとする試みでもあった。

（辻　昌宏）

コラム
6

移民大国イタリア

イタリアは国家統一から20世紀後半までの100年あまりにわたって、ヨーロッパ有数の移民送り出し大国であった。とりわけ大量の移民が生まれたのは、1870年代から第一次世界大戦までと、第二次世界大戦後から1970年頃までの二つの時期であり、それぞれの時期においてその性格はかなり異なる。

第一の時期については、イタリア政府の公式の移民統計によると、1876年から1925年までの50年間でおおよそ1663万人もの人々が国外に出て行った。その8割が男性であり、移民とはいってももともと出稼ぎ的な性格が強いものであったことがわかる。彼らの多くは帰郷することを前提として移民したが、次第に移民先への定住を決断する人々も増大し、イタリア系のコミュニティが形成されていくことになる。移民の出身地を見ると、初期には北イタリアの出身者が多数を占めたが、次第に南イタリア出身者が増加していく。移民はイタリア全体の現象であった。行き先はアメリカ合衆国（全体の29％、以下同じ）、フランス（16％）、アルゼンチン（13％）が上位3カ国で、スイス、オーストリア、ドイツ、ブラジルといった国々がそれに続く。この時期のイタリア移民の一つの特徴はこうした移民先の多様性にある。ヨーロッパ諸国への移民は北イタリア出身者が圧倒的多数を占めるが、それに対してアメリカ合衆国への移民は南イタリア出身者が多数を占めている。スパゲッティやピザといった「イタリア料理」のイメージは、合衆国の南伊出身者が作ったといっても過言ではないだろう。他方で、アルゼンチンやブラジルへはイタリアの様々な地域の出身者が移民しており、こうした国々では今日でもなおイタリアの様々な地域文化の痕跡を見るこ

図1 イタリアからの移民（目的地別）

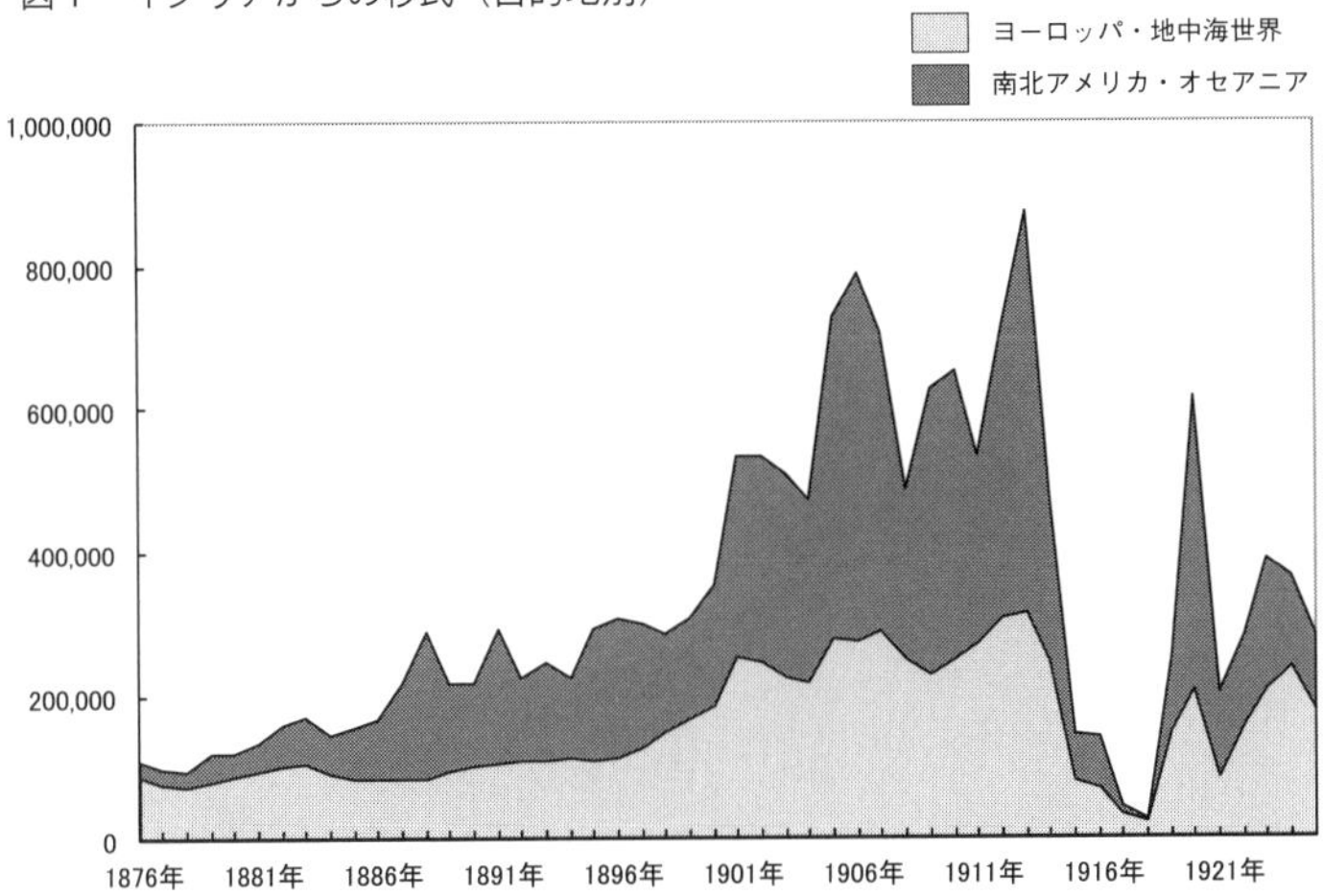

図2 第二次世界大戦後のイタリア移民（目的地別）

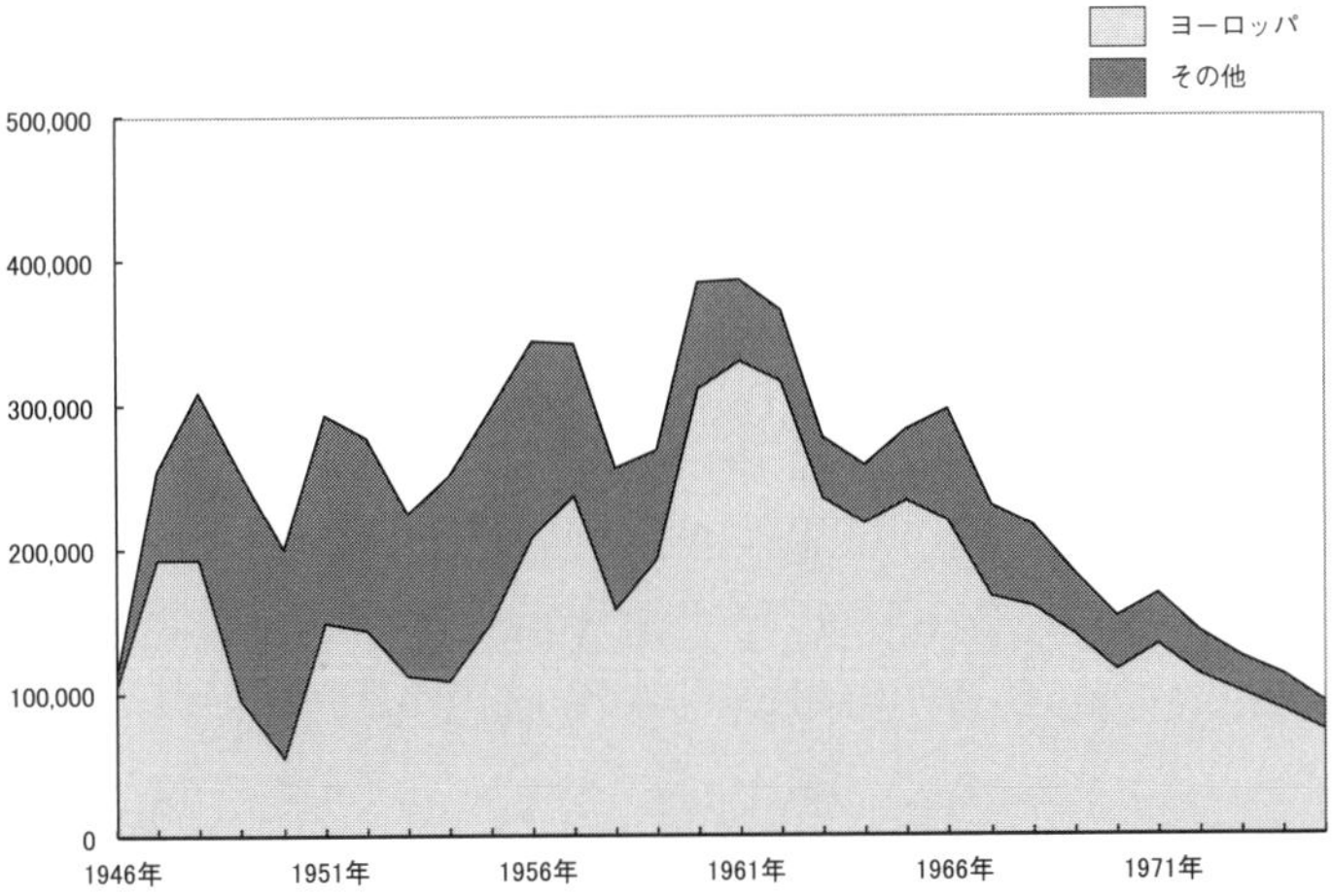

とができる。

　第二の時期については、統計によると1946年から1975年までの30年間に、735万人が移民をしている。その大半が南イタリアの出身者であり、また7割がフランス、西ドイツ、スイス、ベルギーといったヨーロッパ諸国に向かった。ファシズム期に移民が事実上禁止されていたこともあり、特に南イタリアの農村部では人口過剰と失業が広がっていた。そこで、イタリア政府はフランスを手始めとしてヨーロッパ諸国と政府間協定を次々に結び、南イタリアから人々を送り出したのである。第一次世界大戦以前は、南イタリアからヨーロッパ諸国に移民する人々はきわめて少なかったが、この時期には南イタリアからヨーロッパ諸国への移動が移民のメインストリームとなった。また、協定に基づく移民は永住を前提とするものではなかったとはいえ、移民先での在住期間が第一次世界大戦以前の移民に比べて長期化する傾向にあった。そのため、家族を同伴する場合が多かった。イタリア国内で南部から北部へ移住するというもう一つの移動の流れとあいまって、イタリア南部では過疎化が進行することとなった。

　20世紀末には、イタリアは他のヨーロッパ諸国と同様に、アジア、アフリカ、中南米、さらには東欧などから移民を受け入れる国へと変容していった。とりわけ2000年以降の外国人人口の急増ぶりは目を見張るものがある。だが、過去の移民送り出しの歴史は今なお人々の記憶の中に深く刻まれている。

（北村暁夫）

第Ⅳ部 現代

34 20世紀の幕開け
——ジョリッティ時代から第一次世界大戦へ

ジョリッティ時代

イタリアの本格的な工業化の離陸《テイクオフ》は20世紀初頭のジョリッティ時代（1901〜14年）とともに始まる。それは自由主義左派政治家のジョヴァンニ・ジョリッティがおもに首相として第一次世界大戦直前まで国政を担う、国家統一より続いてきたイタリア自由主義政治の絶頂期であった。イタリアの主要産業の中心は、毛織物を中心とする繊維や衣服・食品などの軽工業から、製鉄・化学・電機・機械の重化学工業に移行し、大産業時代に突入した。前世紀末に誕生した電力会社のエジソンや鉱山・化学のモンテカティーニ、車両のフィアットが急成長し、アルファロメオやランチャ、オリベッティが誕生するのもこの時代である。トリノ・ミラノ・ジェノヴァの大都市はいわゆる工業の三角地帯と呼ばれるようになる。

ジョリッティ政府は、鋼材の国家発注にみられるような製鉄業への国家介入や保護主義によって工業化を全面的に支援した。保護主義により工業化の進む北部イタリアが顕著な進展をみせる一方、農業に頼る南部経済は大きな打撃を受けた。この工業発展は、まだ自力で資金をまかなえない新興の工業ブルジョワジーへ大銀行が積極的に融資したことで容易になった。ジョリッティはさらに経済介入し、鉄道の国有化と生命保険の国家独占を実現させた。急速な工業化でイタリアの生活にも変化が起こった。都市部の住宅では電灯が灯り、水道とガスが普及した。医療と衛生の革新は保健衛生状況を改善した。だが、生活水準は向上したものの、農村から主要工業都市への大量の人口移動で急増する労働者たちは、健康上好ましくない過密な居住区での生活を強いられ、また過酷な労働が原因となってアルコール依存が蔓延した。

欧州先進諸国に追いつくため、ジョリッティは工業成長第一の経済政策を推進し、多様な税制改革や土地改革で国家財政の安定を図る一方、強力な政府の確立による政治の安定をめざした。ジョリッティ政府は、工業の拡大と並行して数的にも社会勢力としても強大化する労働者勢力と対決せず、むしろその組織化や労働運動を容認して体制内化しようとした。1913年にイタリア憲政初の男子普通選挙を導入・実施したのは、その自信の表れとも考えられた。労資紛争にあっては、中立的な立場にとどまった。また、多数の社会立法を打ち出して労働者保護に努めた。ジョリッティは、国力の増進が労働者階級の双肩にかかることを正確に認識していたのである。しかし、その開明的で改良主義的・社会民主主義的な政策は保守層から嫌悪され、保護主義と国家介入経済政策はよりリベラルな自由主義者からも批判を浴びた。工業への投資は北部を潤わせ、「南部問題」の解決から遠ざかった。さらに、いよいよ高まる労働運動の潮は、自由主義体制の枠を逸脱し、より革命的性格を帯びてきた。

内政を重視するジョリッティ政府の外交は、基本的には独墺との三国同盟がその中心に置かれていたが、一時はチュニジアをめぐり危惧されたフランスとの緊張も緩和し、イギリスとは伝統的に良好な関係を保っていた。内政とも関わったが、対外政策面での最大の懸念材料の一つに、内陸部およびアドリア海沿岸地域における伊墺国境地域の墺側イタリア系住民と伊側住民および彼らに共感・共鳴する人びとによる未回収地併合主義《イッレデンティズモ》運動があった。ジョリッティの積極的なドイツ系銀行資本の導入と伊墺国境問題に起因して、国内の一部には根強い反三国同盟の世論が形成された。

リビア戦争

　青年トルコ人革命の混乱を利用した１９０８年10月のオーストリアによるオスマントルコ領ボスニア・ヘルツェゴヴィナの併合は早晩、バルカン地域での地政学的勢力関係に多大な影響を及ぼして第一次世界大戦への導火となるが、ウィーンではイタリア系大学の設置を要求するイタリア人学生とオーストリア人学生との大規模な衝突が発生し、伊墺両国政府に緊張が走った。バルカン地域に利害をもつカトリック系のローマ銀行などは露土墺の三大国とセルビアを加えて緊迫の度を増すバルカンの国際情勢を怖れ、議会でも大問題となった。ジョリッティは「平和がわが国の政治のめざすところでなければならないが、現在、本質的な利益も国家の名誉も（墺のボスニア・ヘルツェゴヴィナ併合で）危機的状況にはない」と火消しを図った。

　他方、フランスが優越性を確保していた北アフリカのモロッコに対し、新興帝国主義国ドイツが二次にわたって挑発的な軍事行動を仕掛けると（モロッコ事件）、前世紀末のエチオピア侵略の挫折以降、帝国主義的な対外進出には関心を示さなかったイタリアだったが、独仏の動向に呼応するかのように１９１１～12年、リビアのトリポリ・キレナイカを植民地化すべくオスマントルコと交戦し、リビア領有に成功する。ジョリッティが「歴史の宿命」と称したこの戦争では、ナショナリストや利権を有する財界のみならず、国を挙げてリビアの楽土幻想に酔った。非戦・反戦の立場を一貫して守ってきた社会党からも参戦論者が現れたが、党急進派ムッソリーニの動議により彼らは党を追放されて、新たに改良主義社会党を結成する。この頃、社会党では左派の革命派が指導権を握り、社会党の全党的な抱きこみを狙っていたジョリッティ構想は、この一件で大きく後退した。

第一次世界大戦

青年トルコ人革命・ボスニア危機・リビア戦争という一連の事態に続く二次のバルカン戦争により、オスマントルコの命運はいよいよ尽き、ヨーロッパ側の領土をすべて喪失した。バルカン戦争で領土を倍増させたスラヴ民族国家セルビアと、帝国内スラヴ人の民族主義の肥大化を懸念するオーストリアとの緊張が高まるなか、1914年6月下旬にサラエヴォ事件が発生し、第一次世界大戦の火ぶたが切って落とされた。

開戦早々、独墺はイタリアが三国同盟条約に則《のっと》り自陣営に立って参戦することを要求したが、イタリアは自国への事前告知なきボスニア・ヘルツェゴヴィナ併合が同盟条約に違反していること、また同盟の防衛的性格を根拠に、参戦義務はないと公式に中立を宣言した。ジョリッティの後継首相サランドラは、いずれが勝利しても中立のままでは戦後の国際的地位が危ぶまれるとの懸念から、10月には「聖なるエゴイズム」と宣言して参戦へ政策転換し、未回収地の割譲を得るためにオーストリアおよび協商国と二股の秘密交渉を始めた。ちょうどこの頃、リビア戦争では反戦を鼓吹して参戦論者を党外追放したムッソリーニも主戦論に転じ、ほどなく社会党を除名される。サランドラ政府支持の自

第一次世界大戦中、アンサルド（ジェノヴァ）の銃砲弾製造工場で働く女性たち

由主義議員やナショナリスト、未来派、革命的サンディカリスト、急進党や共和党や一部の民主主義者が各々の思惑を抱いて参戦主義を、社会党やカトリック、ジョリッティ派議員は中立主義を唱えたが、多くの国民の間には厭戦気分が漂っていた。

未回収地の割譲を渋るオーストリアとの交渉は進捗せず中断したままだったが、1915年に入ると参戦をめぐる主戦・反戦両派の示威行動が全土で展開される。政府も協商国との交渉に本格的に乗り出し、ついに4月、ロンドン条約に極秘調印する。この条約によれば、戦勝時にはイタリアはトレンティーノ、ブレンナー峠までの南チロル、ヴェネツィア・ジューリアそれにイストリア半島およびダルマツィアの一部も得ることなどが約束された。議会の外では、派手な演説で参戦主義の象徴となったダンヌンツィオをはじめ多数の参戦主義者が、「5月の輝ける日々」と呼ばれる広場や街頭での壮大な示威行動を展開し、サランドラ政府を後押しした。ジョリッティも同派議員も最終的に政府支持を表明した。1915年5月24日、伊軍がオーストリアとの東部国境線を越えて侵攻し、イタリアの第一次世界大戦が10カ月遅れで始まる。

しかし、イゾンツォ川をめぐる東部国境での攻防は緒戦から膠着状態となり、イゾンツォの戦いは1917年9月まで、計11次に及んだ。1916年5月には裏切り者イタリアへの懲罰遠征として墺

第一次世界大戦、戦場（ヴィットーリオ・ヴェーネト）

軍のトレンティーノ大規模攻撃が行われたが、一進一退の末に辛うじて撃退した。8月には愛国戦争のシンボルとなった都市ゴリツィアを奪取したが、この戦いで戦死者2万人超、負傷者5万人を出す。1917年10月24日、墺独合同軍がイゾンツォ戦線北部区域のカポレット戦線を突破し、フリウーリに進撃した。伊軍兵士は陣地を放棄し、40万人の兵士が市民60万人と一緒に後方のヴェーネトへ敗走した。カポレット大敗後、指揮官のカドルナ将軍は自身の責を負わず、兵士に罪を着せたとして解任された。なお、赤十字の派遣による傷病兵輸送にかかわり、伊墺戦線に従軍したヘミングウェイの小説『武器よさらば』に当時の状況が克明に描かれている。

　戦線はイゾンツォ川からピアーヴェ川に後退したが、墺独の攻撃に耐え、陣地戦によって防戦する。1918年に入っても戦況は膠着状態だったが、6月に8000人の犠牲を出しながらもオーストリアの大規模な攻撃を斥けて10月には反撃し、ヴィットーリオ・ヴェーネトで勝利して墺軍を壊滅した。11月3日、オーストリアとの停戦協定に調印した。イタリアはこの戦争で70万人の犠牲者を出し、1570億リラの戦費を投入した。財政赤字は戦前の30億リラから230億リラに、公債は160億リラから7000億リラに膨らんだ。インフレは400％に達した。

（藤岡寛己）

35 ヴェルサイユ体制と戦後危機
――両極化するイタリア社会

ヴェルサイユ体制

英仏伊米を中心とする連合国は第一次世界大戦後にドイツとヴェルサイユ条約、オーストリアとサンジェルマン条約、ブルガリアとヌイイー条約、ハンガリーとトリアノン条約、トルコとのセーブル条約を調印する。この一連の講和条約をもって大戦後の国際関係が規定されたが、これは総称的にヴェルサイユ体制と呼ばれた。この体制の基本理念となったのがウィルソン米大統領の「新外交」であり、これを具体的に提示したのが、秘密外交の廃止、公海航行の自由、軍縮などを宣言した「14カ条」である。その第9条すなわち「イタリア国境の再調整は明白に認識しうる民族ラインに沿って定められる」との条文がイタリアの領土拡大の期待を挫いた。

他方、イタリアが連合国陣営に与して参戦した約束手形がロンドン条約だったが、その第4条で内陸のトレンティーノやゴリツィア、南チロルなどの伊墺国境未回収地とトリエステおよび全イストリアとアドリア海西北の諸島を、第5条でダルマツィア地方のかなりの部分を、第6条・第8条でそれぞれヴァローナ（現アルバニア）とドデカネス諸島（オスマントルコ、現ギリシャ）の完全な統治権を、第9条で小アジア半島の港湾都市アダリアを、イタリアに保証していた。首相オルランドは加えて、第

5条注記では明らかにクロアチアに帰属すると判断できるフィウーメまで欲した。しかし、中心部こそイタリア系住民が過半数を占めたが、後背地を含めるとフィウーメ全体の住民構成ではスラヴ系が数的に勝っており、「フィウーメはイタリア人のもの」という主張には無理があった。

このように、ウィルソンの「14カ条」第9条と、ロンドン条約で年来の欲求である未回収地《イタリア・イッレデンタ》の奪還およびアドリア海・小アジア方面への野望を抱くイタリアの要求とは明らかに食い違っていた。それはイタリアにとって最大の障碍であった。しかし、「新外交」政策を楯にヴェルサイユ体制の主導権を握る米国に英仏も従う。まさにロンドン条約は風前の灯火であった。ましてや、フィウーメの取得など望むべくもなかった。そもそも、ロンドン条約は戦後もオーストリア（オーストリア・ハンガリー二重帝国）が存続することが前提であり、イタリアが戦勝国としてオーストリアを相手に目的地域の割譲を構想したものだった。だが、オーストリアの崩壊により、その基盤が根底から覆されたのである。

1919年1月1日から6日まで、ウィルソンがイタリア各地（ローマ・ジェノヴァ・ミラノ・トリノ）を訪問すると、市民たちは戦争を終結に導いた米大統領を熱狂的に歓迎した。しかし、ウィルソンの離伊後まもない同11日にミラノのスカラ座で開かれた左派参戦主義の要人ビッソラーティ（改良主義社会党、前閣僚）の国際連盟支持およびダルマツィア放棄に関する演説会が、アルディーティ（突撃隊員）や未来派、ムッソリーニらによって妨害される事件が発生する。4月の四巨頭会議でオルランドは、フィウーメを国際連盟下の中立な自由都市にするという提案を拒否し、ローマに引き揚げた。この挙は国民と議会からは賞賛された。しかし、講和会議からの退場で米国からの借款凍結やロンドン

フィウーメのダンヌンツィオ（1919年10月）
［出所：Mimmo Franzinelli e Paolo Cavassini（2009）*Fiume. L'ultima impresa di d'Annunzio*, Mondadori.］

条約の消滅を怖れた伊代表団は会議に直ちに復帰したものの、6月19日にオルランド政権は倒壊する。イタリア国民は「骨抜きにされた勝利」（ダンヌンツィオ）をもたらしたウィルソンに幻滅し、パリ講和会議での自由主義政府の無能と自国の窮境に怒る。14カ条を認めない右派参戦主義者にも新たな動きが出てくる。

一つはムッソリーニによるイタリア戦闘ファッシの結成であり、いま一つはダンヌンツィオによるフィウーメ占領である。大戦末期すでにフィウーメでは伊系住民による民族評議会がイタリアへの併合を宣言し、戦後になると連合国統治下の駐留する仏軍と伊軍との衝突がたびたび発生して駐留伊軍の大幅削減が命じられたが、現地の混乱は収まらなかった。１９１９年9月、フィウーメを撤退する伊軍兵の一部に担ぎ上げられたダンヌンツィオは約２５００人の随伴者とともにフィウーメに入場した。フィウーメのイタリア併合が宣言され、武装せる詩人ダンヌンツィオは司令官《コマンダンテ》として全権を掌握する。革命的サンディカリストのデ・アンブリスが補佐し、カルナーロ執政府という独立国家的性格を打ち出しつつ、現代憲法に比肩しうるきわめて先進的な内容のカルナーロ憲章を作成した。だが、ニッティ政権は陸海上を経済封鎖してフィウーメを兵糧攻めにし、次のジョリッティ政権は１９２０年11月に伊ユーゴ間でフィウーメの自由都市化を確定するラパッロ条約を調印すると、翌月24日からの伊海軍による一斉砲撃（血のクリスマス）によって占領を解いた。この事件により国民のナショナリステックな部分が極大化され、また占領に関わった旧軍人らの少なくない数がファシズム運動に参加してゆく。ムッソリーニは、ダンヌンツィオの派手なパフォーマンスや演説手法を学んだ。

ファシズム運動

大戦末の1918年8月に「社会主義日刊紙」から「戦士と生産者の日刊紙」へと自紙『イタリア人民《ポポロディタリア》』の副題を変え、同紙の財政を確保するために企業との関係を強めるムッソリーニだったが、微弱な自派政治勢力の拡大には労働者大衆と穏健な労働組合を社会党から引き剥がして取り込むことが必要だった。だが、まず自らの実践的な政治集団の構築に傾注する。そしてその行動の中核に置いたのが、大戦中、奇襲・急襲や肉弾戦に向けて専門的に訓練され、兵士中でもっとも暴力的で攻撃的、血の気の多いアルディーティ（突撃隊員）であった。イデオロギー的推進力としてはマリネッティを領袖とする未来派と手を結んだ。

1919年3月、ムッソリーニは、ナショナリストや帰還兵、革命的サンディカリスト、元社会主義者、未来派など多く見積もっても200名程度の人数をミラノに集め、ファシズムの原基となる運動体「イタリア戦闘ファッシ」を結成する。彼らの共有事項は、大戦の称揚、戦勝の活用、自由主義政権および社会党など既成勢力との闘争だった。未来派の創始者で詩人のマリネッティは未来主義こそファッショ運動の指導的思想と自負していた。結成大会で告知した三つの宣言が「参戦主義と兵士への敬意、生活基盤として必要な帝国主義、次回選挙での中立主義者（大戦時の反戦・非戦論者）の立候

戦闘ファッシ

補妨害」といった思想性に乏しい内容だったことからも確認できるように、ムッソリーニ自身には新たな政治集団の原理となるような理念はなかったといえる。

　結成大会から1カ月も経ない4月15日、社会党指導によるミラノゼネスト時の野外集会後、リヴォルヴァーを携帯したファシスト数十名と左翼デモ隊が衝突した。ファシストは3人を射殺後、社会党機関紙『アヴァンティ！』編集部を襲って放火した。それでもこの時点で、ファシズムは煩わしく危険だが微小な勢力だったため、まだ自由主義国家や社会主義陣営にとって脅威となる存在ではなかった。しかし、市街地に銃器・手榴弾を持ち込み、戦場での軍事行動然と市民を殺傷し暴力的に威圧する方法（武装行動主義《スクワドリズモ》）がファシストによって初めて導入された。当初、ムッソリーニはファシズムを都市の反体制・反ボリシェヴィズムの運動、議会内勢力の樹立をめざす運動として始め、１９２１年には35名のファシスト議員を誕生させ、政党ＰＮＦ（国民ファシスト党）も結党した。だが、黒シャツのファシスト集団は、各都市で労働組合や社会主義勢力をリンチ・襲撃し（懲罰遠征）、農業家の雇ったラス（地元ボス）は農村部の社会主義勢力を殲滅していった。

赤い二年

他方、イタリアの戦後の1919～20年は「赤い二年《ビエンニオロッソ》」とも呼ばれた時代である。ロシア革命の成功は、産業動員体制に苦しめられた労働者にプロレタリア革命への期待を抱かせ、労働者の攻勢が農・工業の各所で強まった。建国以来覇権を握ってきた自由主義政府は、喉元に社会主義革命の刃を突きつけられた。議会においても、戦後最初の総選挙（1919年11月）で社会党は前回1913年選挙から3倍増の156議席を獲得してカトリック政党の人民党100議席と合わせれば過半数を超え、自由主義政府を脅かすまでの存在になった。労働領域では、1918年に310件程度であった農・工業スト件数は、1919年1870件、1920年には2000件を超えた。労働争議を主導した最大組織CGdL（労働総同盟）や全国土地勤労者連盟《フェデルテッラ》は社会主義系であったが、革命的サンディカリズム系のUIL（労働連合）、アナーキズム系のUSI（労働組合連合）、カトリック系のCIL（勤労者同盟）など陣営各派をまとめるナショナルセンター労組や、独立系の鉄道員労組（SFI）、海員組合が労働運動を先導した。さらに、イタリア的特色として、各地の労働会議所が重要な役割を有し、イデオロギーや派閥を超え、地元の争議を支援・仲裁した。

軽工業から重工業への転換による大産業時代に入り、自動車・電力・製鉄・ゴム・化学・機械分野の大規模工場での激しい労働闘争が頻発した。闘争内容は、賃上げや労働時間・交代制など従来の経済的な条件闘争から、工場内部委員会の自主的運営や工場評議会（職場代表委員）制度の確立といった政治闘争へと高進する。革命的傾向を強める一部の労働者は、大労組の改良主義的な指導方針に満足せず、より先鋭的な闘争を選んだ。その頂点を示すのが「赤い二年」を象徴する1920年9月の工

フィアット社主G・アニェッリの執務室を占拠した工場評議会の労働者（1920年9月、トリノ）
［出所：(a cura di) Nicolo Tranfaglia (1998) *Storia di Torino*, vol. III, Einaudi.］

場占拠であった。すなわち、主としてCGdL傘下の労働組合FIOM（金属労働者連盟）に率いられる労働者たちは、経営側が労働側の一般的な経済的要求を拒否した場合、対抗措置として妨害戦術（作業能率ダウンの遵法闘争）を行い、さらに、経営側がロックアウトに出るならば工場占拠で応じると牽制していたが、はたして、これが現実のものとなったのである。しかも既成労組の統制枠を超えて工場占拠は主要工業都市に一挙に拡大した。なかでも突出した展開をみたのが、自動車製造企業フィアットの労働者らが産業現場での権力獲得をめざして展開したトリノの工場評議会闘争であった。労働者が社長室までも占拠するという10日間の激しい労資攻防の末、社会党・CGLと資本家との和解により、ファシズム前最大の労働争議が労働者の敗北で終わる。これ以後、資本家は工場評議会と急進的労働者を排除し、労働者にとり冬の時代が到来する。

（藤岡寛己）

36 人民党と社会党・共産党

――カトリック政党の誕生と社会党の分裂

人民党

第一次世界大戦終結後の1919年1月、人民党が誕生する。カトリック活動団の中央委員会書記長でシチリア出身の司祭ストゥルツォが中心となり、政教分離原則に基づく非宗教的・世俗的国民政党として結党した。「非宗教的」であることは、党からみれば教会からの自立を、教会にすれば政治的責任が教皇に及ばないということを意味する点で、両者に都合がよかった。党結成時のマニフェスト「国民への訴え」でウィルソン主義を賛辞し、地方分権や比例代表制の主張、帝国主義・社会主義的民主主義の批判、教育の自由などを主張したが、それはイタリアを文明化したと自負するキリスト教思想が前提であり、党紋章は盾十字に「リベルタス」（ローマ神話での自由の女神）の文字を入れたものであった。

大戦後最初の下院選挙（1919年11月）は、21歳以上の男子普通選挙かつ名簿式比例代表制投票を導入した。史上初の大衆選挙となったこの選挙で、戦前までの政治勢力図が一変する。すなわち、政権派自由主義グループの大幅減と社会党勢力の急成長、人民党の100議席獲得である（表1参照）。人民党はヴェーネト・ロンバルディーア・マルケなど北部・中部のカトリックの影響が強い地域、

表１　下院選挙結果一覧

政党名	1913年 10～11月	1919年 11月	1921年 5月	1924年 4月
自由主義・民主主義諸派	310	197	102	29
カトリック（1919年～人民党）	29	100	108	39
急進党（1921年～社民党）	73	12	65	10
共和党	17	4	6	7
社会党	52	156	124	22
共産党			15	19
社会党（独立系他）	8	1	1	
改良主義社会党	19	11	25	
統一社会党				24
経済党・農民党		7	27	4
在郷軍人党・サルデーニャ行動党		20	6	2
ファシスト（党）			36	375
ナショナリスト			11	
諸派			9	4
総議席数	508	508	535	535

出所：Pier Luigi Ballini, *Le elezioni nella storia d'Italia dall'Unità al fascismo*, Bologna, Il Mulino, 1988, pp. 165-220.

中・小農および折半小作農が大半を占める農民層に支持基盤を有した。自由主義政府とは一線を画し、ファシズムがより危険な一大政治勢力として現前するまでの2年間、人民党はイタリアを社会主義勢力から守る防波堤の役を演じた。だが、もっぱら宗教票（信徒票）に頼るため、数的には大政党でありながらイタリア国家にとっては非嫡出子であり、国政未経験のため政権担当能力もなく、ニッティ、ジョリッティとつづく衰退途中の自由主義政府の補佐的存在でしかなかった。また党の有意的特徴でも一体性を阻む障害でもあったのは、その階級協調主義《インテルクラッシズモ》だった。すなわち、80%を農民が占めるナショナルセンターの勤労者同盟（CIL、1920年に120万人組合員）は党の大きな支持基盤だったが、農・工業分野での労資の同居は党内の分極化をつねにはらんでいた。

ファシズムの体制内化を目した社会党・労働総同盟（CGdL）・戦闘ファッシ間の平和協定（1921年8月）がファシストのラス（地域ボス）によって蹂躙されたのと同じく、人民党左派の有力者ミリオーリの主導によるクレモーナ農業労働者の経営・利潤参加のための「ビアンキ裁定」もファシスト暴力の前に潰えた。しかし、ファシズムの猛威が国家を動揺させる中、二大野党の社会党と人民党が反ファシズム政府成立へ向けて共闘することはなかった。反社会主義とファシズムへの恐怖、何よりつねに現状維持による平穏を望むローマ教皇庁の存在も大きかった。人民党は、与党としてジョリッティ・ボノーミ・ファクタとつづく各自由主義政府の安定化に貢献するよりも、自らの地位を党利党略に利用した印象は拭えない。

ストゥルツォ

第一次ムッソリーニ内閣に信任投票した人民党議員団に対し、教権－親ファシズムの右派を危険視するストゥルツォは、1923年4月の第4回党大会でキリスト教民主主義の立場から党の存在意義を唱え、大会は反ファシズムを選択した。だが、ヴァティカン（ローマ教会）はもはやファシズム政府と争う気はなく、1924年6月のマッテオッティ事件後に政治書記デ・ガスペリら人民党幹部も野党連合アヴェンティーノ反対派を結成したものの、教皇ピウス11世は人民党を見棄て、右派は離党する。ストゥルツォは亡命を余儀なくされた。翌年6月の第5回党大会で改めて反ファシズムを確認したが、時すでに遅かった。1926年11

月5日、閣議は全ての反体制政党・結社・組織の解散を決定し、9日、ローマ県知事は人民党の解散命令を出した。

社会党

1901～14年の「ジョリッティ時代」、社会党の有力派閥はトゥラーティが指導する改良派であった。革命派・非妥協派が一時優勢となるが、史上初のゼネストに失敗し（1904年）、直後の総選挙で議席減となると、改良派が再び党を制した。ジョリッティは政治を安定化するため、社会党を取り込む総与党主義的な一種の議会制独裁を図る。トゥラーティは党からの入閣は拒絶するが、ケースバイケースで閣外協力を行った。これは党内反対派から対政府協力主義《ミニステリアリズモ》と批判された。改良派の優位が決定的に揺らぐのは、リビア戦争支持の改良派右派（ボノーミ、ビッソラーティなど）に対するムッソリーニによる追放動議が勝利して以降である。追放された右派は改良主義社会党を結成した。1914年4月の党14回大会は革命派が圧倒し、反軍国主義示威運動を起点とする民衆蜂起（赤色週間）、ゼネスト、ミラノとボローニャ市議選での勝利など、左派の躍進が続いた。第一次世界大戦が始まると、社会党は「与せず、妨害せず」の消極的反戦主義の立場をとり、今度は参戦を主張した党機関紙『アヴァンティ！』編集長ムッソリーニが追放された。新編集長には最大限綱領派《マッシマリスティ》のセッラーティが就任した。参戦主義の改良主義社会党はボノーミとビッソラーティを戦時内閣に入閣させた。1918年9月の社会党15回大会では社会主義革命を第一義とする最大限綱領派が勝利し、党指導部は12月に社会主義共和国とプロレタリア独裁に立脚する綱領を承認した。

1919年3月、モスクワでコミンテルン（第三インターナショナル）が誕生すると、党指導部は10対3でコミンテルンへの加入を決定する。党16回大会でも最大限綱領派が勝利した。社会党は11月の総選挙で156議席を獲得して野党第一党となり、労働運動の高揚とあいまって自由主義政府を議会内外で脅かすようになった。1920年夏のコミンテルン第2回大会は、各国の社会主義政党に21カ条の加入条件を課した。ボリシェヴィズムが主導するこの加入条件は欧州諸国の社会党・労働運動から改良派と中央派を排除することを主要目的とし、加入政党にコミンテルン支部（共産党）への党名変更とコミンテルン本部の中央集権的体系を要求しており、これを認めることは各加入組織の自主性を失うことを意味していた。このため、ドイツ社民党とフランス社会党は分裂するが、イタリア社会党も例外ではなかった。1921年1月の社会党第17回大会（リヴォルノ、ゴルドーニ劇場）はコミンテルン加盟をめぐって紛糾し、次の三動議の決議を行った。すなわち、セッラーティら統一共産主義者は、各国の歴史的条件にしたがって加盟条件は解釈すべきであり、共産党への党名変更も急がないとして9万8000票を得た（フィレンツェ動議）。他方、ボルディーガら純粋共産主義派は改良派排除と党名即時変更を主張して5万8800票（イモラ動議）、トゥラーティらの改良派は、コミンテルン加盟は是認するが、ロシア型革命とプロレタリア独裁を批判して1万4700票を獲得した（レッジョエミリア動議）。投票結果を受け、純粋共産主義者は党大会会場を

セッラーティ

退出してサン・マルコ劇場に移動し、コミンテルン支部イタリア共産党の新党結成を宣言した。共産主義派分離後の社会党大会でも最大限綱領派が優勢となり、1922年の19回大会で少数となったトゥラーティやトレヴェス、マッテオッティら改良派が離党して統一社会党（のち、勤労者社会党）を結成する。党首セッラーティは統一戦線戦術に路線転換したコミンテルンの第4回大会（1922年11～12月）に出席して社会党・共産党合同委員会設置にこぎ着けるが、翌年3月、未解決のまま帰国したミラノ駅で逮捕され、勢力が拮抗していた反合同主義・社会主義防衛委員会のネンニら新指導部にセッラーティの統一共産派が除名されて合同問題は頓挫する。1924年8月、統一共産派は共産党に入党する。マッテオッティ事件（1924年6月）後、1925年の年頭にムッソリーニは事件の全責任を負うと宣して強圧姿勢に転じ、体制に反対する諸政党を弾圧し始めた。マッテオッティ事件を機に形成された野党による反ファシズムのアヴェンティーノ連合が失敗すると、社会党指導部もパリに移動し、国外での反ファシズム抵抗運動を模索する。

共産党

共産党は国会に15議席をもつ合法政党であったにもかかわらず、1922年秋のファシズム政権樹立からまもなく半非合法下に置かれ、翌年2月から4月の間だけで党員約2000名が逮捕された。コミンテルン第4回大会の決議による結成時からの路線転換（社共合同）は共産党内の指導性に変化を与え、純粋共産主義・棄権主義（議会拒否）を信条に絶対的な指導力を保持していたボルディーガ派の影響力は弱まった。統一戦線派のグラムシはコミンテルン第4回大会出席のためローマ進軍直後

グラムシ

にモスクワへ赴き、その後ウィーンに6カ月間滞在した。1924年5月、総選挙で19議席を得た共産党議員の一人となり、不逮捕特権を確認して帰国する。6月のコミンテルン第5回大会でグラムシはイタリア共産党指導部入りを指名された。8月に党書記長に就任し、以後、党活動を積極的に展開する。10月、共産党は国会に復帰して、議会での反対活動の再開をアヴェンティーノ連合に呼びかけるが、賛同を得られず、ムッソリーニは危機を脱する。翌年10月、党機関紙『ウニタ』は発行停止を命じられた。他方、グラムシは1926年1月の第3回党大会で労働者・農業プロレタリアート・南部農民の統一戦線の構築と、ファシズム打倒からプロレタリア独裁の間での中間段階（共和制議会）の必要性を提起し（リヨンテーゼ）、新指導部は90％超の賛成票を得た。だが10月末のムッソリーニ傷害未遂を機に反ファシズム団体への解散命令が出された直後、グラムシは逮捕される。トリアッティが指導を引き継いだものの、国外から指示せざるを得ず、党員レベルでは1930年代に入っても活発な組織活動・地下活動を展開したが、多数の党活動家が逮捕され、特別法廷で有罪判決を受けた。さらに、スターリン＝コミンテルンの戦略転換（左転換・社会ファシズム論）やリヨンテーゼ批判による幹部粛正指示によって、党内の亀裂も経験しなければならなかった。（藤岡寛己）

37　20世紀前半のイタリア思想
——自由主義、ナショナリズム、カトリック、社会主義

20世紀前半のイタリア思想を考えるうえで、まず雑誌文化の隆盛に触れないわけにはいかない。これから紹介する思想家たちは雑誌を活動拠点にして同時代社会に働きかけていったからである。自由主義者のクローチェとナショナリストのコッラディーニの2人は少数の教養層を、カトリックの思想家ムッリとブオナイユーティ、社会主義者グラムシの3人はより広い読者層を想定して執筆する。いずれも、世俗国家の成立とともにカトリックの力が徐々に衰えていくなか、いかに新しい信仰を確立するかとの問題に取り組んだ。

新観念論、国民的サンディカリズム

筆頭にあげるべきはベネデット・クローチェである。同時代の文化指導層に圧倒的な影響力を与えただけでなく、質・量ともに重要な学問的業績を後世に残した。1866年にアブルッツォ地方に生まれるが83年の地震で両親を失い、親戚の家を頼ってローマ大学に通う。しかし、当時のアカデミズムになじめず結局卒業することもなく、ナポリへ居を移し郷土史研究に没頭した。1893年以降、美学や歴史の学問性についての議論を展開し、95年になるとアントニオ・ラブリオーラ、ジョヴァン

ニ・ジェンティーレ、ジョルジュ・ソレルらとともに、いわゆるマルクス主義の危機論争に参加する。20世紀に入ってからは、『クリティカ（「批評」もしくは「批判」の意）——文学・歴史・哲学の雑誌』を創刊し、歴史論や文芸批評を展開する。同時期、『表現の学および一般言語学としての美学』を皮切りに精神哲学諸著作を発表していき、観念論という哲学上の立場を明らかにする。20、30年代には『ナポリ王国史』などからなる歴史四部作を世に出す。これらのなかでイタリアがバロック時代の頽廃から徐々に脱しつつあるなか、ナポリの知識人たちがいち早くイタリア統一という理想を掲げ、これをサルデーニャ王国が牽引し、リソルジメント（「再興」の意）が推進され、その結果、イタリアは自由の原理的な精緻化という点でヨーロッパ文明に大いに貢献したと論ずる。またこの間、「ファシスト知識人宣言に対する作家、大学教授、言論人の回答」を執筆し、ファシズムに反対の意を表明し、後には、ファシズムは世俗化した現代社会における道徳意識の病であると規定する。他方、自由主義を独創的な形で理論化し、これをいわゆる同時代の経済上の自由で

GIORNALE D'ITALIA - MERCO

Le affinità elettive del Goethe

BENEDETTO CROCE.

Un morto, un moribondo e una giovane rapita

クローチェは自分の論考をはじめに新聞（写真）、その後『クリティカ』に載せ、最後に書籍化するといった段階を踏むこともあった［出所：*Benedetto Croce in Senato. Mostra documentaria*, Rubbettino, 2002］

クローチェの著作を多く世に出したラテルツァ出版社の事務所の様子（1918年）［出所：*Croce e Gentile : la cultura italiana e l'Europa*, Istituto della Enciclopedia italiana fondata da Giovanni Treccani, 2016］

もなければ、ジョリッティの運営する政治制度としての議会制とも異なるものだと主張する。かれの自由主義は先の歴史論で示されたような、近代ヨーロッパが培い、イタリアが19世紀に構築した道徳意識としての自由であり、個々の政治諸勢力と直接的な関係をもたない超政治的なものであった。40年代以降も52年の死の直前までクローチェは思索と執筆を続け精神哲学体系を深め、政治的混迷期にさまざまな勢力が合従連衡するなかにあって己の自由主義を決然として守り通した。

　クローチェと同じく大衆的ではなかったが、政治的指導層に重要な原理を提供した人物にイタリア・ナショナリズムの祖エンリコ・コッラディーニがいる。かれは１８６５年フィレンツェ近郊に生まれた。89年から91年までフィレンツェ高等研究所に通う。１９０３年には『レーニョ（「王国」の意）』誌を立ち上げ、ジョヴァンニ・パピーニやジュゼッペ・プレッツォリーニといった若い知識人たちと交流して思想を練り上げていった。10年にフィレンツェでイタリア・ナショナリスト協会を設立し、翌年からは機関誌『イデア・ナツィオナーレ』も創刊する。かれの思想もこの時期に洗練され、11年から12年にかけて出版された『遥かなる祖国』と『遠き戦争』という2冊の小説において表現された。かれはジョリッティ体制に代わる新国家を模索し、サンディカリズムの訴える労働者の結束の範囲を国家領域内に限定し、労働者による組合国家を構想する。コッラディーニはこの新国家への結束を促すべく戦争の必要を説く。かれにとって戦争行為は兵士のみならず、銃後の国民をも巻き込み、愛情の絆で結ぶという道徳的な価値を有していた。イタリアがイギリスやフランスといった国家に対して行う戦争は、プロレタリアート国家による金権国家に対する戦争として正当化される。そして、コッラディーニは国民の結束を重視することで自由の抑圧をも辞さないとするまでに至り、自由派との協力関係にも終止符を打つ。ただ14年以降ナショナリストたちの間でのかれの指導的立場は低落し、アルフレード・ロッコらに取って代わられる。イタリア・ナショナリズムは23年のファシスト党とナショナリスト協会の合同を契機に、ファシズムのイデオロギーに影響をもたらす。

近代主義、「実践の哲学」

これまで紹介した2人と対照的に、大衆へと近づこうとした思想潮流もある。その一つが社会の進歩や文化の変容に対応し、ひいてはカトリックそのものを自分たちの側から改革をしようとする近代主義という潮流である。この流れの中心人物がサルヴァトーレ・ミノッキであった。1869年、アレッツォ近郊に生まれたかれは古典を学びながら聖職者のキャリアを進み、司祭となって後はフィレンツェ高等研究所で教鞭をとった。1901年に『宗教研究――イタリアにおける宗教文化を促進する批評・歴史雑誌』を立ち上げ、近代主義を訴えていく。ただこの雑誌は教皇庁をはじめとしたカトリック界からの批判にさらされ、07年に廃刊に追い込まれた。翌年、ミノッキ自身は聖職者そのものを辞す決断をし、世俗の立場からジュゼッペ・プレッツォリーニの『ヴォーチェ（「声」の意）』誌に寄稿し、同時に、ピサ大学での講義も担当した。この間、キリスト教の起源についての研究に邁進し、旺盛に執筆活動を行い、43年にこの世を去る。ミノッキと並んで近代主義を発展させたのがエルネスト・ブオナイユーティである。1881年ローマに生まれ、教会に学び1897年より本格的に聖職者としての道を歩み始めた。ミノッキの『宗教研究』をはじめさまざまな雑誌に寄稿したばかりでなく、1905年から『神学歴史批判』誌の編集にも携わった。03年から神学校で教えるが07年にこの職を罷免になると、翌年に雑誌『新しきものと古きもの』を立ち上げ、近代主義のなかで最も急進的立場をとり、1年間継続する。15年にはローマ大学のポストを獲得し、アウグスティヌスやトマス・アクィナスの研究に打ち込む。以後も、『カトリシズムの弁明』、『カトリック近代主義』を刊行し近代主義の正当性を訴え、研究の集大成として『キリスト教史』全3巻を発表し、46年に死去している。

大衆と関わりをもちつつも、カトリックの対極に位置したのが社会主義である。この思想潮流のなかにあって20世紀を代表する存在がアントニオ・グラムシである。1891年にサルデーニャに生まれたかれは、トリノ大学在学中の1913年に社会党に加入しジャーナリストとして活動した。17年にロシア革命がおこると「『資本論』に反する革命」と題する論文を書き、経済決定論に反駁する。19年には雑誌『オルディネ・ヌオーヴォ（「新秩序」の意）』を発刊し、工場評議会運動にも関わった。1921年、イタリア共産党創立に参加し、22年から23年にはコミンテルン派遣代表としてソ連に渡り、24年4月には下院議員となった。26年1月にリヨンで行われたイタリア共産党大会ののち、グラムシは自らの政治活動の反省と今後の方針を検討し、論考「南部問題に関する若干の主題」で南部イタリアの農村において知識人が果たす政治体制への同意形成機能について論じる。思索の方向性を摑みつつあったグラムシだが、同年、ファシズム政権により逮捕される。以後、かれは37年の死まで自らの思想をノートに綴り、33冊の草稿を残す。このいわゆる『獄中ノート』で、かれはマルクス主義諸文献のなかで議論されている「ヘゲモニー」（「覇権」の意）という言葉を取り上げ、これを民への暴力的な支配ではなく、統治に対する民の同意を獲得する指導と考えるようになる。クローチェの思想を参考に「ヘゲモニー」に含まれる文化的契機を強調し、ヘゲモニーを握る階級の学問自体を刷新するために「実践の哲学」を着想する。獄中後期になると、グラムシは思想を体系化していき、表題の付いた「特別ノート」群を執筆することでそれらの間に階層秩序を与える。クローチェから文化批判の方法を学び、政治指導層に上流階級だけではなく、従属階級をも含ませることを目指す政党を構想する。そのために、グラムシは最期まで、カトリック、自由主義、ファシズム、経済決定論的な社会主義といった思想潮流を批判しつつ、農民を含めた従属階級がいかにすれば思想・文化上の表現をすることができるかについて模索し続けた。

（倉科岳志）

コラム
7

イタリアのマルクス主義
――グラムシを中心に

イタリアのマルクス主義思想は、実証主義思潮に対立する新ヘーゲル思潮の中で、19世紀末にアルトゥーロ・ラブリオーラによってもたらされた。当初はベネデット・クローチェとジョヴァンニ・ジェンティーレも彼の薫陶を受けていたが、やがてこの二人はマルクス主義批判に転じた。後年、ラブリオーラ復興の必要性を力説したのは、『獄中ノート』（1929～35年執筆、29冊、他に翻訳ノート4冊）におけるアントニオ・グラムシであった。

グラムシは、1891年サルデーニャ島の寒村に下級官吏の第四子として生まれ、4歳の頃重病がもとで身体障害を負う身となり、8歳の時、父が汚職の嫌疑で投獄された。だが病弱と貧困に耐え奨学生としてトリノ大学文学部（言語学専攻）に進学、在学中からトリノ労働運動に身を投じ、工場評議会運動を指導、1921年イタリア共産党の結成に参加し、コミンテルン執行委員としてモスクワ、ウィーンに滞在、24年国会議員に当選、帰国して党書記長となったが、26年、ファシズム政権により投獄され、37年、およそ10年に及ぶ獄中生活に倒れた。『獄中ノート』は、この獄舎で書かれた。

第二次大戦後、この『ノート』が部分的に公刊され、1975年、29冊の全編が公刊されると、グラムシは「比類のない教養の広さと深さをそなえたマルクス主義思想家」（H・S・ヒューズ）、「20世紀西欧に生まれた最も独創的な共産主義的思想家」（E・J・ホブスボーム）等として、次第に世界的に注目される思想家となった。

『ノート』の内容は、イタリアの歴史と文化に深く根ざすと同時に、論理の強靱な一貫性を示す。①イタリア近代史を、フランス革命の国際的余波に対抗して伝統的指導集団が民衆の参加を排除した「受動的革命」による近代化として分析し、②論題「アメリカニズムとフォード主義」では、工業化の世界的新段階の開始期にある、合衆国との比較を軸にファシズム政権と社会・文化的現実の諸矛盾を鋭く暴く。理論問題では、③マルクス主義を「実践の哲学」と呼び、クローチェ（およびジェンティーレ）とブハーリン（暗にスターリン）とを共に批判し、歴史における人間の意思の能動性を理論的に回復すべく、絶対的歴史主義＝絶対的人間主義の立場を強調し、政治・歴史と哲学との同一性を論じて哲学観自体の刷新を探求、④政治科学構想では、国家概念を拡大し「国家イコール政治社会プラス市民社会、すなわち強制の鎧を着たヘゲモニー」と定式化、支配的社会集団の政治と文化の両領域に及ぶ社会的諸指導に対して、民衆が与える同意を組織化する機能としての「ヘゲモニー」は、多様な自発的社会諸組織の総体としての「市民社会」を通じて行使されると立論、そこで果たす各種知識人層の役割を位置づける。⑤知識人概念は、社会組織化の機能に携わる人々の総体として著しく拡大され、階級的である「ヘゲモニー」形成を媒介し、相対的自律性を有するこの人々を「有機的知識人」と呼んだ。労働者階級による社会変革は、この階級の有能な「有機的知識人」の大量形成なしにはありえないことになる。

以上の内容の他、ルネサンス、宗教改革、カトリック、学校教育、科学、常識、民間伝承、文学、ジャーナリズム、サバルタン、言語等々と、論題は多方面にわたっており、今日、人文・社会諸領域における参照点としてますます広く国際的に研究されつつある、といえよう。仏訳版と独語版は既刊であり、英訳版が刊行中である。イタリアでは『ナショナル版』が刊行中であり、原ノートを写真で再現した『復刻版』が２００９年に刊行されている。

（鈴木富久）

38 ファシズム運動の誕生とムッソリーニ政権の成立
――苦境から生まれた「ローマ進軍」

ファシスト運動の台頭

1919年3月23日、ミラノのサン・セポルクロ広場に面したホールで戦士のファッショ（戦闘ファッシ）が結成された。ファッショ（ラテン語でファスケス）は木の棒を斧の周りに巻きつけたものであり、そこから「～団」を表す言葉に転化した。

当時のファッショの主力は革命指向の参戦運動の出身者と第一次大戦の帰還兵であり、社会党機関紙の編集長を務めたムッソリーニも例外ではなかった。それゆえ、この運動には左翼的な色彩が色濃く見られ、初期の綱領では上院廃止、労働者の経営参加、資本への累進課税、戦時利得の没収などが謳われていた。とはいえ、彼らの「革命」はマルクス主義の革命とは異なっていた。ファシストが目指したのは愛国主義に立脚した社会変革であり、そこでは諸階級の対立よりも協調・団結が重視されていたのである。

こうして登場した戦士のファッショはさまざまな愛国派・帰還兵の団体と競合していた。9月にはダンヌンツィオがフィウーメの占領を成功させ、愛国派の注目を集めることになった。結局、ファッショの組織網の整備・拡大は進まず、11月の総選挙では議席を獲得することもできなかった。

事態が変わり始めるのは20年夏以降のことである。この頃、トリエステで実力組織「行動隊」による敵対勢力への攻撃と、ファシスト労働組合による労働者の組織化が初めて軌道に乗ったのである。この手法はその後、ポー川流域、とりわけフェッラーラとボローニャで本格的に成功を収めた。この地では社会党が強固な支配を築いていたが、反社会主義勢力は戦士のファッショを核として超党派的に結集し、その支配を崩壊させた。ファシストの行動隊は社会党が支配する自治体に「懲罰遠征」を仕掛け、指導部を力ずくで辞任に追い込んでいった。その一方で彼らは社会主義勢力の手法を取り入れ、その組合組織を崩壊させる。そもそもこの地域では、社会主義系の組合に加入した農業労働者だけが仕事の斡旋を受けられることになっていた。これに対してファシストは農業家（農場経営者）と提携し、ファシスト労組の組合員のみを雇用の対象とすることを打ち出した。その結果、仕事目当てで社会主義系の労組に入っていた労働者は大挙してファシスト労組に移籍した。こうしてファシストはポー川流域における政治・経済の主導権を社会主義勢力から奪ったのである。秋には北西部の工場占拠も終結し、社会主義運動・労働運動は転機を迎えた。

ファッシヨ（ファスケス）
［出所：G. A. Chiurco, *Storia della Rivoluzione Fascista 1919-1922*. Vol. V, Anno 1922, Parte II, Firenze, 1929, p. 228.］

　これを機にファシスト運動は大衆運動に成長し、

その性格は大きく変わった。従来のファシズムはミラノのような都市部の小規模な運動にすぎなかった。これに対して、20年秋以降のファシスト運動は中・北部のほぼ全域に広がり、農業地帯に基盤を置く農業ファシズム（農村ファシズム）の比重が高まった。それにつれて、運動の内部では農業家をはじめとする秩序指向の人々の影響力が強まり、左翼的な色彩が薄れていったのである。

以上のような右旋回自体は20年5月に開かれた戦士のファッショの大会で既に承認されていた。だが、現実に起きた右旋回はムッソリーニを中心とするミラノの中央委員会が主導したものではなかった。ポー川流域では社会主義勢力の攻勢（あるいはその幻影）に脅えた人々が「勝手連」的に団結したのであり、ミラノの中央委員会は各地で自生的に勃興したファッショをほとんど統制できていなかったのである。その上、この地域では農業家の影響力が非常に大きく、ムッソリーニたちの想定を上回る過度の右旋回が生じていた。こうしてムッソリーニと地方ファシズムとの対立が表面化することになる。

その一方で各地のファッショでは激しい内紛が生じていた。多様な人々が流入した結果、利害や意見の違いが表面化しやすくなったのである。とくに重要なのが中間層——典型例は商店主などの自営業者と自作農——の存在である。彼らの多くは秩序指向であり、労働運動に敵意を抱いてはいたが、他方で大企業・資本家との間にも軋轢を抱えていた。このことが紛争の火種となったのである。

以上のような内紛から勝者、あるいは諸勢力の調停者として台頭してきたのがラスである。これはエチオピアのアムハラ語で豪族を指す語であり、転じて自律的な領域的基盤を持つファシスト運動の地方ボスという意味で用いられるようになった。既に述べたように、各地のファシスト運動は中央に頼らずに自生的に成長してきたため、その指導者であるラスはムッソリーニに従順ではなかった。とくにクレモナのファリナッチやフェッラーラのバルボのように強大な影響力を誇る大物ラスは、ムッソリーニにとって重大な脅威だった。

「ローマ進軍」

1921年5月に総選挙が実施された。首相ジョリッティをはじめとする自由派はファシストを議会に引き込んで穏健化させるべく、彼らを自分たちの「国民ブロック」に参加させる。その結果、ファシストは合わせて37議席を獲得し、議会内に一定の地歩を築いた。だが、ジョリッティたちの思惑に反して、彼らの暴力行為に歯止めはかからなかった。他方、ムッソリーニにとってもこの結果は必ずしも満足のいくものではなかった。当選したファシスト議員の多くは各地のラスであり、彼に反抗的だったのである。

では、ラスは我が世の春を謳歌していたのだろうか。実は彼らも次第に苦境に陥りつつあった。そもそもラスの支配が可能だったのは、県知事と警察が彼らの暴力を黙認していたからである。だが、知事と警察は内務省に属しており、中央政府の方針に従わざるをえない立場だった。折しも7月に成立したボノーミ政権は治安の回復を掲げ、社会党とファシストの和解（平和協定）を推進していた。同月下旬には、ラ・スペーツィア近郊のサルザーナでファシスト行動隊が国家治安警察の攻撃を受けて死者を出す事態が生じた。

議会での孤立を恐れるムッソリーニは、この機会に乗じてファシスト運動の規律強化と平和協定の

ムッソリーニと「ローマ進軍四天王」。右からビアンキ、デ・ヴェッキ、ムッソリーニ、バルボ、デ・ボーノ
［出所：B. Mussolini, *Audacia*. (a cura del Ministero della guerra, Roma, 1936)］

締結に踏み切った。当然ラスたちは激しく反発し、バルボやボローニャのグランディはダンヌンツィオの擁立をも画策する。だが、ムッソリーニが失脚すれば運動の分裂と弱体化は避けられない。結局、彼らはムッソリーニと妥協せざるをえなかった。11月の全国大会ではラスの要求通りに平和協定が棚上げされる一方で、ムッソリーニが求めた運動の政党化（全国政党「国民ファシスト党」の結成）も承認されたのである。

平和協定の頓挫もあってボノーミ政権は22年2月に辞任に追い込まれる。だが、後継政権の形成は難航した。前年の総選挙では反体制的なファシストが議席を獲得した上に中道勢力が分裂・弱体化し、議会内で多数派の形成が困難になっていた。その上、中道でかなめの位置を占める人民党がジョリッティ、社会党のいずれとの協力をも拒否したのである。結局、右翼も引き込んでファクタ政権が成立することになり、ファシストもこの政権に信任票を投じた。それにもかかわらず、事態はファシストの思い通りには進んでいなかった。北部・中部の各地で支配者となったラスは経済情勢の悪化に対応できず、苦慮していたのである。彼らは政府に批判の矛先を向け、実力行使をエスカレートさせていった。

このようななかで、ファシストの間からは実力によって権力を奪取すべきだとの声が上がるようになった。もちろん、ファシストが軍に勝利して権力を奪い取ることは不可能だった。だが、ムッソリーニにとって実力行使の企てはきわめて有用だった。彼は議会での活動に軸足を移して合法的な政権参加を目指していたが、武装蜂起の可能性を示唆することで交渉を有利に進めることができたのである。その一方で彼は経済的自由主義や君主政容認を打ち出し、経済界や国王、そして国王寄りの軍への接近を図っていった。

10月16日、軍人のデ・ボーノ、王党派のデ・ヴェッキ、大物ラスのバルボと党書記長ビアンキの4人（「ローマ進軍四天王」）がローマへの「進軍」を指揮することが決まった。そして27日夜、ファシストは地方都市から「進軍」を開始した。実はこの「進軍」は散発的な衝突を伴う大規模なデモと言うべきものであり、軍が鎮圧に乗り出せばファシストに勝ち目はなかった。だが、国王はファシストの敗北が左翼の革命の引き金になることを恐れ、戒厳令の布告を拒否した。こうした情勢を受けてムッソリーニは政権参加の交渉に強硬姿勢で臨み、自らを首班とする連立政権の樹立に漕ぎ着けた。結局、「進軍」とは大規模な示威行為を背景にした連立政権形成の交渉であり、武力による権力奪取とは程遠いものだったのである。

（小山吉亮）

39 ファシズム体制

――社会と文化のファシスト化

一党独裁への道

1922年に政権についたムッソリーニは、まず国家機構の外に「ファシズム大評議会」を設置して、議会内で弱小勢力に過ぎなかったファシスト党の意見を政策に反映する仕組みをつくった。そのいっぽうで、ファシスト運動を担った若者たちを「国防義勇軍（MVSN）」に再組織し、彼らの無規律で暴力的な行動を統制しようとした。ファシスト党は、イタリア・ナショナリスト協会と合併し、のちに独裁体制を築くうえで重要な役割を果たすことになる人材を得た。

ファシスト党は1924年の総選挙で圧勝するが、選挙運動中のファシストの暴力行為を批判した統一社会党のマッテオッティ議員がファシストに殺害されると、反ファシズム運動が盛り上がった。これに対してムッソリーニは、いっさいの責任が自分にあることを認めたうえで、力による事態の収拾を宣言する。1925～1926年には、反体制的な組織や言論活動が厳しく取り締まられ、ファシスト党以外の政党や労働組合は解散を余儀なくされた。地方政治では、県知事の権限が強化され、市町村長の選挙は廃止された。

一党独裁体制を築いたムッソリーニは、ファシスト党内の規律強化にも乗り出す。彼は、ファシスト革命の貫徹をのぞむ強硬派の代表格ファリナッチをファシスト党書記長に起用し、地方ファシストの統制をはかった。その期待に応えたファリナッチは、中央の指示に従わない地方支部を解散に追い込んだうえ、大量の党員を除名し、新規党員募集を停止した。ムッソリーニは1928年には、ロッソーニなど組合活動家の権力基盤を弱めるため、280万人の組合員を持つファシスト労働組合を産業部門別に分割した。

ムッソリーニ政権は、発足当初から、宗教教育の復活やラテン語の重視といった教育改革に取り組み、カトリック教会と良好な関係を築いてきた。1929年にはローマ教皇庁とラテラーノ協定を結び、ヴァティカン市国を承認した。ここに1870年以来つづいてきた、いわゆる「ローマ問題」が解決する。国民の圧倒的多数がカトリック教徒であり、とりわけ農村部の女性を中心に敬虔な信者を多く持つイタリアにおいて、教会との「和解」は政権を安定させるうえできわめて重要なできごとであった。

イタリア・ファシズム体制下では、ローマ進軍とともに独裁体制が急に現れ、国民生活が一変したというわけではない。権力を手にしたムッソリーニが、その権力をさらに盤石にするため、1920年代を通じて自己に都合のいいよう法律を制定し、警察力や暴力を用いて反体制勢力を弾圧した。その結果、左翼に対抗するためファシズムに頼った自由主義者も含め、国民全体が自由を奪われることになったのである。

全体主義国家への道

反体制勢力の活動の余地を奪ったムッソリーニは、1930年代になると「人民のなかへ」というスローガンを掲げて、社会のファシスト化、全体主義化を積極的におしすすめていく。その実行部隊となったファシスト党は、スタラーチェ書記長のもとで、幅広く国民を取り込んだ大衆政党へと変容していった。

もっとも、国民の組織化は30年代に急にはじまったわけではなく、20年代半ばから対象を限定してすすめられていた。たとえば、1925年に設立された「全国ドーポラヴォーロ事業団」は、会員に安価な旅行やスポーツ施設を提供し、娯楽を通じて労働者の組織化をはかった。いっぽう、1926年に設立された「全国バリッラ事業団」は、青少年を対象に遠足や臨海学校などを企画したほか、準軍事訓練をおこない、次世代のファシスト育成に取り組んだ。

1929年のニューヨークに端を発した世界恐慌は、イタリアにも波及し、これが国民の組織化を本格化させるきっかけになった。深刻な不況で賃下げや失業の憂き目にあった労働者は、各地でストライキや抗議デモに打って出た。体制は、こうした社会不安が反体制運動へと発展することを懸念し、彼らに対する救済事業をおこなった。ファシスト党や党附属組織は、寄付金を募り、職業紹介や炊き出しをおこなった。国民は、支援を受けるため、ファシズムに忠誠を誓い、党組織に加入することを余儀なくされた。

1932年にはローマ進軍10周年を記念する「ファシスト革命展」がローマで開催された。ドーポラヴォーロが格安の鉄道ツアーを企画し、全国各地から見物客がつめかけた。ファシスト党は、これ

ファシスト革命展のポスター
［出所：G. Santomassimo, *La marcia su Roma*, Giunti, 2000.］

を機会にそれまで青少年組織出身者に限定していた党員募集を一般にも広げた。党員証が公務員や教師の採用条件になったことで、生活のために入党する者が急増した。

　そこでこの時期には、ファシズムへの忠誠を促すため、ムッソリーニの神格化がすすめられた。彼は、ファシズムの統領「ドゥーチェ」として、さまざまな場面に顔を出した。彼のイニシャルMは、ファッショとともにファシズムのシンボルとなった。ムッソリーニは「映画は最強の武器である」と述べ、映画本編がはじまる前にプロパガンダ映像を差し込んだ。スクリーンには、しばしばムッソリーニが各地を訪問して民衆から大歓迎される様子が映し出された。

ファシスト文化

　全体主義国家の建設に向けてあらゆる国民がファシスト組織と無関係ではいられなくなり、その影響が私生活にもおよんで自由が制限されたとはいっても、日常生活のすべてが窒息するような暗黒に包まれたわけではなかった。昔ながらの収穫祭や自転車レースなど、民衆の娯楽はファシズム体制下でもつづけられた。むしろファシズム体制は、人気の行事を大々的に後援することで国民の支持を集めようとした。

たとえば、1927年には自動車レース〈ミッレミーリャ〉がはじまった。このレースは、北部のブレーシャを出発してローマで折り返し、ふたたびブレーシャに戻る1600キロメートルの一般道をルートとした。大勢の住民が沿道につめかけ、珍しいスポーツカーに歓喜した。レーサーだけでなく、自動車を用意できる一般人も参加でき、人気に拍車をかけた。ファシズム体制は、この機会に道路整備の実績を宣伝した。

体制が意識的にファシスト文化を創り出す試みもあった。そのひとつが1930年の国定教科書の導入である。バリッラへの加入は1938年まで任意であったため、体制は必ずしもすべての少年少女にファシストの偉業を伝えられるわけではなかった。そこで教科書は、義務教育期間の小学生に直接、ファシズム思想を教化する役目を担うことになった。教科書には、ローマ進軍やラテラーノ協定といったファシズムの重要なできごとが記述されたほか、ムッソリーニの伝説的な生い立ちも紹介され、彼の神格化を後押しした。

1933年にはファシスト大学生団の〈リットリアーリ・スポーツ競技会〉がはじまり、毎年2000人を超えるアスリートが全国各地から会場に集まった。この〈リットリアーリ祭〉には翌年から文化・芸術コンクールも加わった。これらの部門では、音楽や絵画や映画などの批評のほか、外交政策についての批判やファシストとは何かといった議論もなされた。各部門で優秀賞に輝いた大学生にはファシスト・エリートとしての未来が期待されたが、なかには戦後に首相を務めることになるアルド・モーロもいた。

ファシストの文化政策には多くの知識人が関与した。哲学者ジェンティーレが監修した全36巻の『イタリア百科事典』（1929～1937年）には実に3272人もの知識人が寄稿している。大部分の項目に政治性はなかったとはいえ、なかにはムッソリーニとジェンティーレが執筆した「ファシズム」の項もあった。百科事典を編纂するために設立されたトレッカーニ出版は、現在でもさまざまな種類の事典編纂を手がけている。

旧ファシスト党支部（コモ、1936年完成）

各地に建てられた党の関連施設もファシズムを視覚的に印象づける効果をもった。設計を任された建築家たちは、体制が賛美する古代ローマ性と自分たちの求める近代性とを調和させ、独特の様式を生みだした。こんにち官公庁や国際会議場など巨大な建物がならぶローマ郊外のエウル地区は、1942年に開催予定だったローマ万国博覧会のために建設された計画都市である。

さまざまな運動を吸収しながら成長したファシズムは、文化面でも既存の文化を完全に否定するのではなく、それらをうまく利用しながら民衆を満足させようとした。それだけに戦後の非ファシズム化の流れのなかでもファシスト文化はすべて完全に否定されるのではなく、実用的なものは脱ファシスト化されて生き続けている。

（山手昌樹）

40 エチオピア戦争、スペイン内戦介入から第二次世界大戦へ

――ファシスト・イタリアの黄昏

体制崩壊の出発点としてのエチオピア戦争

1935年10月3日、イタリアの宣戦布告なき侵攻に始まるエチオピア戦争は、戦間期国際政治史の中で、植民地獲得をめぐる紛争、国際連盟加盟国への侵略、ファシストの武闘という大別して三つの位置づけがなされてきた。第一に、エチオピア戦争は、アフリカ分割の中で独立を維持したエチオピアに対する先発・後発帝国主義国間の露骨な勢力圏交渉の最後の舞台となった。第二に、普遍的集団安全保障という新しい枠組みを担う国際連盟が、結果として被侵略国の犠牲の下、侵略に対する経済制裁を行った最初のテスト・ケースであった。第三に、社会的ダーウィニズムに基づく戦争賛美を10年来続けてきたファシスト・イタリアが、ようやく手にした武闘の機会となった反面、エチオピアから見れば無差別爆撃、毒ガス使用を駆使した一方的殺戮戦争を意味した。

ファシズムをイデオロギーとして見れば、膨張と戦争は国家の存続に不可欠なものと賞揚されたが、その体制は直線的に軍事国家形成へと突き進んだ訳ではなかった。多くのファシストにとって戦争は、自らの思い描く様々なファシズム像を投影する手段であると同時に、政治的地位向上のための道具となり、必ずしも植民地獲得の実質を目的としなかった。このため、戦争はムッソリーニの意図通りに

遂行されず、その意味でもエチオピア戦争は、ムッソリーニの戦争というよりファシストの戦争であった。ここで重要なのは、ファシストたちが「生命線」や「生存圏」といった目標そのものにこだわるより、イデオロギー的自己実現を図るイベントとして戦争を位置づけていた点である。ムッソリーニは、こうしたファシストの多様な志向性と行動をローマから調整、利用、操作することで、戦争の円滑な進展を図らなければならなかった。しかも彼自身が各サブリーダーを分断し、権限も分散対立させてきた経緯から、その対応方法は政府、党、軍による組織間制御というより、権力構造内調整を中心とする個人への恣意的な働きかけに特化していった。

図1　イタリアのエチオピア占領地域（1936年5月）

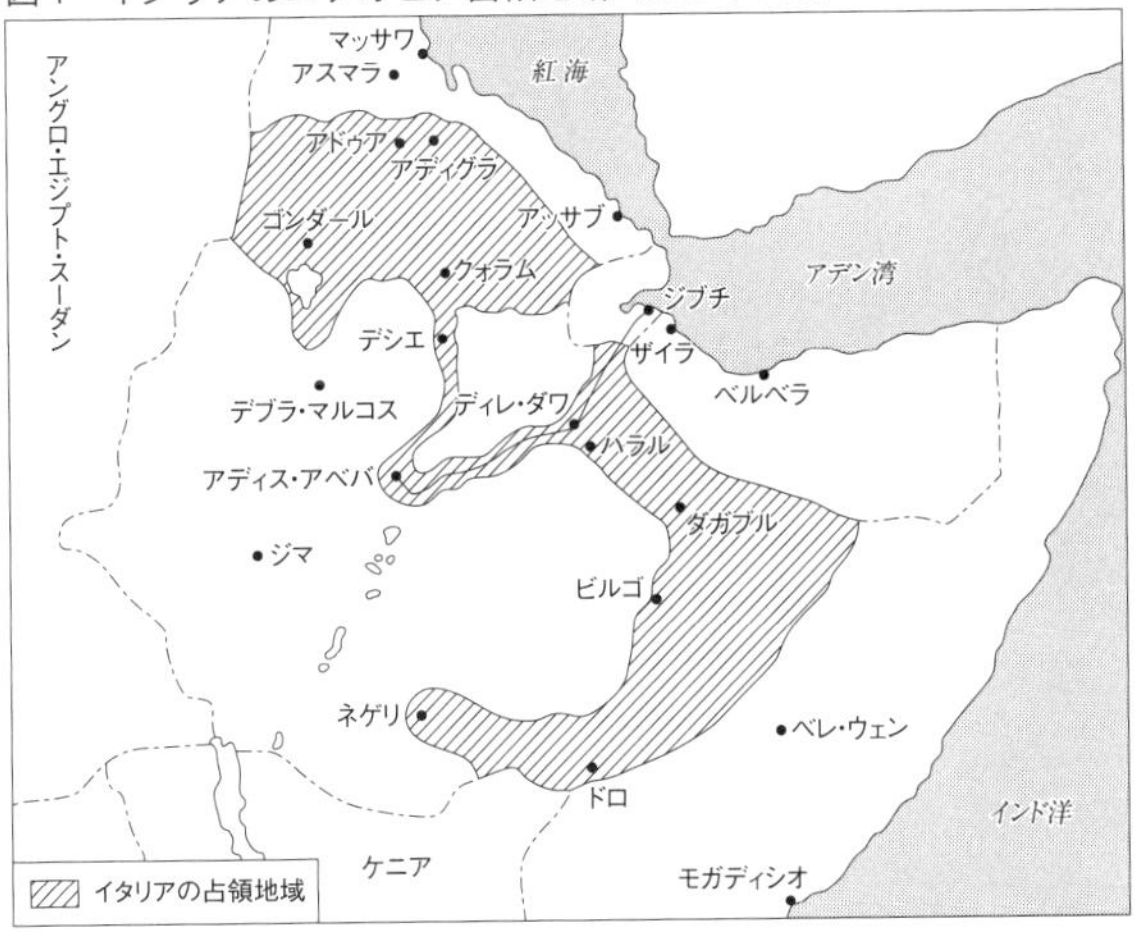

［出所：石田憲『ファシストの戦争』千倉書房、2011年、59頁］

　一方、権力中枢に群がるファシストたちは自らの存在を誇示し、英雄的エピソード作りに余念がなかった。彼らは現地兵が前線でエチオピア兵と戦っている間、本国に向けて「危険な冒険」に志願している点をアピールし合った。それは権力中枢の意志と自らがどれだけ近いかを誇示するパフォーマンスに過ぎず、役に立たなくなればお払い箱となる運命にあった。こうしてファシズム体制は宣伝の虚構の上に築かれ、むしろ実際の戦争遂行を妨げる要素として働いた。少なくとも、軍事国家化や国民総動員を「効率的」に推進する論理は、その中から生まれ難かった。結局、エチオピアの「征服」は点と線の支配に留まり、占領当初から抵抗運動に悩まされ、19世紀末から数えると40万人の住民が犠牲となる苛烈な軍事的弾圧が実行されたのである。

他方、ファシズム体制の最初の10年間が、拮抗するサブリーダー間の調整により「イデオロギー的ダイナミズム」を維持したのに対し、１９３０年代中盤以降のムッソリーニは、サブリーダーの選別を終え、自らの回りに取り巻きだけを配するようになった。このため彼は、自らを緊張状態に置きながら、対立する諸個人のエネルギーを利用していく機会を徐々に失っていく。その決定的転機となったのがエチオピア戦争であった。実際、エチオピア戦争はファシストたちをして虚飾、個人崇拝、攻撃性に馴染ませ、その行動主義をムッソリーニ独裁に連動させせながら、新たな対外的冒険に向かわせた。

スペイン内戦介入とファシズムへの懐疑

１９３６年7月、国際連盟の対伊制裁が解除された1週間後には、イタリアはスペイン内戦への介入を開始する。エチオピア戦争から生じた経済的負担や動員解除に伴う失業者の増加に直面したファシスト政府は、国内の不満が反ファシズム運動につながることを恐れた。そこで一旦は忘れられていた反共主義が呼び起こされ、スペイン共和国政府を「アカ」と見なす宣伝により、敵を外に見出そうと試みていく。この帰結として、１９３７年11月6日には日独伊三国防共協定が締結され、枢軸間の関係強化は明白となる。また、地中海を「我らの海」とする膨張政策が展開され始め、イギリスとの対立も深まっていった。

とりわけムッソリーニの女婿であったチァーノ外相は、ファシスト旧世代を追い落とし、自らのイニシアティブを発揮すべく、ファシスト義勇兵を積極的にスペインへ送り出した。しかし、当初は彼との接点も多かった青年急進層の中には、抜本的な社会改革に目覚め、反ファシズムへ向かう例さえ出現した。また、1937年3月初頭のグアダラハラの戦いでは、イタリア派遣軍約3万人が共和国側イタリア人義勇兵のガリバルディ大隊に大敗北を喫する。しかも、ファシスト側の派遣兵は経済・社会的理由から、「義勇兵」と称しながら「傭兵」のような形で従軍していた者が多く、脱走、投降も目立っていた。これ以降ファシスト首脳部は、派遣軍における正規軍の比重を高めながら、その体面上、撤退を拒否していく。実際、共和国側で戦っていたイタリア人義勇兵を処刑する指示が出されただけでなく、ムッソリーニは「勝利を収めるまでは、一兵たりとも生きて帰る

図2　スペイン内戦へのイタリア義勇兵派遣数（陸軍）

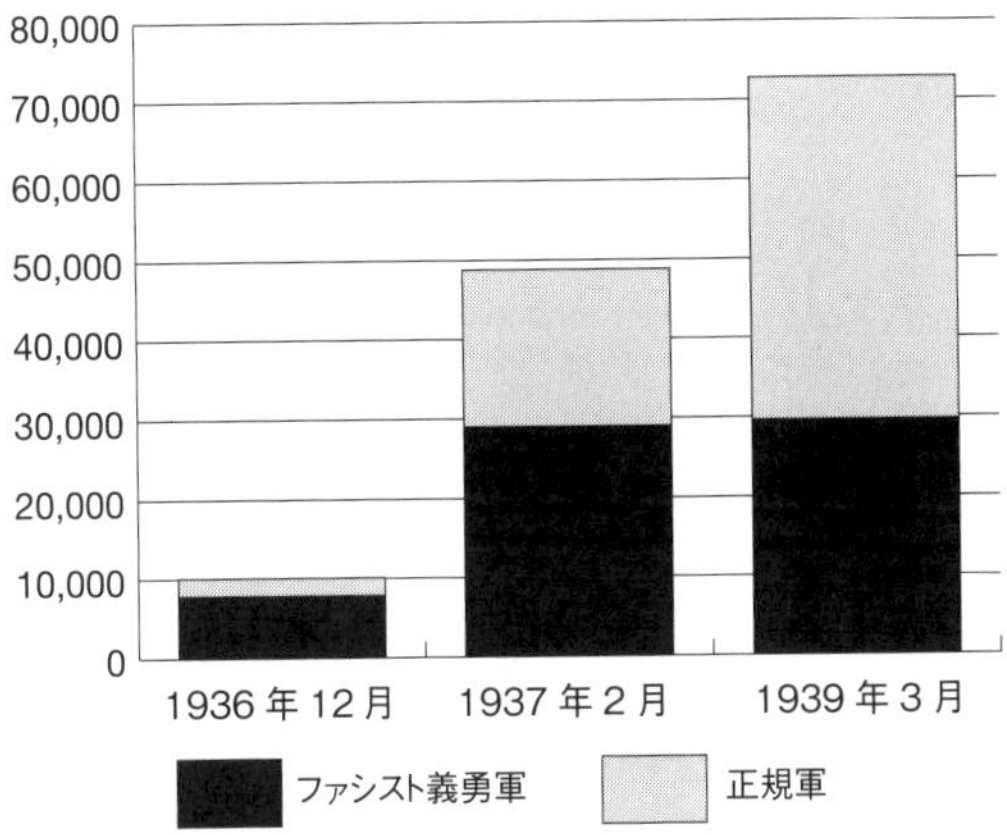

［出所：石田憲『地中海新ローマ帝国への道』東京大学出版会、1994年142頁、図4］

ことを許さない」と豪語したのである。

「信じ、従い、戦え」というスローガンの下、「戦士の国家」を作り出すという目論見は結局、表面的な「全体主義」の強化を招き、ファシズムにおいて当初強調された自発性の要素は影をひそめ、大勢順応主義が席巻し始める。エチオピアに送った物資をイタリアへ戻すよう進言し、スペイン内戦介入に反対した陸軍大臣は罷免され、将軍たちも現実と宣伝の区別に窮するような状態となっていく。さらに対外政策の決定過程で、ムッソリーニとチァーノの機会主義的行動に制約を加えられるような人物は要職からはずされた。それでも、ヒトラーの望む早期の開戦については、軍需生産の欠乏から、ファシスト指導層さえ懐疑的であったが、イタリアは１９３９年4月7日にアルバニアへ侵攻し、5月22日のドイツとの「鋼鉄同盟」調印を決定的なものとした。

第二次世界大戦参戦から「戦勝国」へ

伊独同盟成立後のイタリアは、ムッソリーニの企図した西欧とドイツの間に立つ仲介国という役割を果たせなくなり、ファシスト政府に残された選択は第二次世界大戦に参戦するか否かだけとなった。すなわち、ムッソリーニは内外における調整者としての機能を完全に喪失したのである。イタリア側はドイツに対して総計１８００万トンに及ぶ軍需物資の提供を求め、無視されると非交戦という立場で戦争参加を１９３９年9月の段階では辛うじて回避する。しかし、ドイツ軍の対仏戦勝利が明白となるや、勝ち馬に乗ろうとするイタリアは１９４０年6月10日に英仏両国へ宣戦を布告した。9月にはエジプト攻撃、10月にはギリシア侵攻を開始するが、反撃を受け著しい準備の不足を露呈させていく。エチオピアの首都陥落から5年目の1941年5月5日、エチオピア皇帝はイギリス軍に参加した西アフリカの兵士たちから熱烈な歓迎を受け、奪還した首都アディス・アベバへの帰還を果たす。

イタリア軍はドイツ軍の南下により、ユーゴスラヴィア、ギリシア、北アフリカで一旦は攻勢をかけるが、1941年6月の独ソ開戦にも派兵を強いられ、自らがコントロール下に置ける戦線は事実上存在しなかった。約100万人の動員体制は、労働力不足、重税、価格・消費統制を招き、人々の生活は圧迫された。連合国側の進撃に伴い、国王・軍とファシストの一部は戦争の継続に危機感を抱き、1943年7月25日の「宮廷クーデター」によりムッソリーニを逮捕する。しかし、ほどなくドイツ軍はムッソリーニを奪還し、北イタリアのサロに事実上ドイツの傀儡政権となるイタリア社会共和国を設立した。

イタリアの第二次世界大戦は、英米連合軍がローマ以北のドイツ軍を押し戻す過程で1945年4月に終結するが、その間、左派を中心とする北・中部のパルチザンが連合国側と並行して戦争を遂行したため、戦後のイタリアにおいては「戦勝国」のイメージが流布していく。「自力解放」をめぐる左派と右派のレジスタンス解釈は異なるものの、「戦勝国」神話によりイタリア軍のアフリカやバルカン半島における残虐行為を軽視する傾向が強化され、歴史修正主義（コラム8参照）を生み出していった。

（石田　憲）

41 レジスタンスとファシズムの崩壊
――イタリア共和国の礎

「解放」70周年を迎えたイタリア

２０１５年4月25日、イタリアは70回目となる「解放記念日」を迎え、中・北部を中心とする各地でこれを記念する式典が行われた。２０１５年2月に就任したばかりのマッタレッラ大統領は、午前はローマでの式典、午後は約５００キロ離れたミラノの式典に出席、夜にはローマに戻り、国営放送ＲＡＩが大統領府前の広場から公開放送した2時間の特別番組『4月25日、万歳！』に出演というスケジュールをこなした。

１９４３年秋からの約1年半、イタリアのおおむね中部より北の地域は、ナチス・ドイツおよびこれと手を組んだムッソリーニのファシズム（「ナチファシズム」と総称された）の勢力圏下にあった。解放記念日とは、これに対するイタリア人の抵抗運動、すなわちレジスタンスによって、「ナチファシズム」からの「解放」が１９４５年のこの日に成し遂げられたことに由来する。

レジスタンスと戦後イタリアの自画像

この「解放記念日」に大統領が精力的な動きをみせたのは、この記念日が戦後のイタリアの自画像にとって格別の重要性を持ちつづけてきたからにほかならない。戦後のイタリアは、レジスタンスによる「ナチファシズム」からの「解放」を出発点にした共和国――「レジスタンスから生まれた共和国」――という自画像を、紆余曲折を経ながらも描いてきた。この自画像にとって、「解放記念日」こそ、戦後イタリアの出発点を想起し祝う日でなければならないのである。

「レジスタンスから生まれた共和国」という自画像が、まさに自画像として広く受け容れられたのは、それが第二次世界大戦を「敗戦」として記憶しない余地を作り出したことが、少なくとも部分的には関わっているだろう。第二次世界大戦は、レジスタンスによる「ナチファシズム」からの「解放」として理解されるかぎりで、少なくとも単純に「敗戦」として記憶されるものではありえない。ドイツおよび日本と同様に枢軸国であったイタリアで、第二次世界大戦が必ずしも「敗戦」として記憶されないという一見奇妙な現象が可能になる地平はここに開かれたといえる。

しかし、「レジスタンスから生まれた共和国」という自画像には、とりわけ1990年代以降、疑義が突きつけられることになる。それはとくに、レジスタンスを「ナチファシズム」からの「解放」とする理解に向けられた。「ナチファシスト」もまたイタリア人であったのだから、レジスタンスは「解放」ではなく、むしろイタリア人同士の「兄弟殺し」として理解すべきではないかという疑義がそれである。これに対応して、レジスタンス勢力による凄惨な暴力の事例が掘り起こされ想起されるようにもなっている。こうした動きは、戦後イタリアの自画像に微妙な変容をもたらしているが、この点に立ち入る前に、レジスタンスの歴史について簡潔にまとめておこう。

休戦からレジスタンスによる「解放」へ

イタリアのファシズムは、連合軍が目前に迫った1945年4月までヒトラーが首相の座にあったドイツとは異なる崩壊のプロセスをたどった。イタリアは1940年6月、ナチス・ドイツとの同盟に基づき第二次世界大戦に参戦したが、戦況は厳しく、国内の物資や食料の不足が深刻化、1942年秋からは連合軍による空襲も本格化しはじめ、ファシスト体制への不満と厭戦の気運が高まっていた。こうした状況のもと、ムッソリーニは1943年7月、戦争からの撤退をはかるファシスト体制内から生じた企てにより首相職を解任され、後継の首相には、国王の任命により、ファシズム興隆以前からのイタリア王国軍の職業軍人、バドリヨ元帥が就任した。バドリヨ政権は公式には戦争継続を掲げながらも、水面下では連合軍との交渉を進め、1943年9月には休戦、翌月にはドイツに宣戦布告し、連合国の「共同参戦国」（イギリスとアメリカはイタリアを連合国とは承認しなかった）へと立場を変えた。

他方、ナチス・ドイツは、同盟国イタリアの休戦を受け、中部の山塊に軟禁されていたムッソリーニを「救出」し、ムッソリーニはナチス・ドイツを後ろ盾に、北部のガルダ湖畔の小都市サロを首都に「イタリア社会共和国（通称「サロ共和国」）」の建国を宣言した。その結果、イタリアはナチス・ドイツおよび彼らと手を結び、休戦を「裏切り」と非難する「サロ共和国」の勢力下にある北部と、シチリアに上陸し北進を続けていた連合軍とその保護下にある国王とバドリヨ政権の勢力下の南部に分断された。1943年9月の休戦公表後、国王とバドリヨは連合軍下の南部の都市ブリンディジに逃れ、首都ローマも連合軍が到達する1944年6月までナチス・ドイツのもとにあった。

ファシズム下で抑圧されヨーロッパの国々に拠点を移していたイタリアの反ファシズム勢力は、活動拠点としていたフランス、ベルギーをナチス・ドイツが占領したことによって打撃を受け、またイタリア国内では結社の自由も認められていなかったものの、1940年代に入ると活動を活発化させていた。休戦によりイタリアが分断に陥ると、共産主義者や社会主義者、自由主義者、カトリック教徒などから構成された反ファシズム勢力の指導者は「国民解放委員会（CLN）」を結成し、「国民の再興」を掲げ、レジスタンスを呼びかけた。国民解放委員会は、もともとの思想的差異やそこから生じる路線の対立を抱えながらも、1944年6月のローマ解放後は同委員会のボノーミが首相に就任、戦後体制をにらんでの連合軍との交渉と並行し、レジスタンスを指揮した。

フィレンツェ市庁舎に掲げられたパルチザンの名を記した碑（右上）

イタリア半島を縦断するアペニン山脈に阻まれ、ノルマンディー戦線に人員が割かれた連合軍の北進が苦戦するなか、サロ共和国の勢力下にあった地域では、連合軍の到着を待たず、イタリア人によるレジスタンスが展開した。イタリアのレジスタンスは、武器を手にしたパルチザンによる戦闘だけではなく、パルチザンへの隠れ場所や食料の提供、サロ共和国による徴兵やドイツへの徴用などへのサボタージュ、工場や農場でのストライキといった広がりをもった。またパルチザンも、休戦後に部隊を離れた兵士、学生や労働者などの一般市民、サロ共和国軍からの脱走兵など多岐にわたる人々からなった。1945年4月の北部主要都市の「解放」は、軍事的には連合軍の到着とほぼ同時ではあったが、レジスタンスの勝利という象徴的な意味をもった。

戦後イタリアの自画像のこれから

先に述べたように、戦後のイタリアは「レジスタンスから生まれた共和国」という自画像を描いてきた。しかし、1990年代以降、この自画像には疑義が突きつけられ、その内実は微妙な変容を見せはじめている。

マッタレッラ大統領よりもそれぞれ16歳、21歳年長で、党派は異なるもののいずれもパルチザンの経歴をもつ前任のナポリターノ大統領、さらにその前任のチャンピ大統領は、歴史を掘り起こし、パルチザンをメダル授与などで称えることによってもレジスタンスを顕彰した。その一方、両大統領の一連の演説には、「ナチファシズム」からの「解放」としてレジスタンスを価値づけパルチザン対ファシストという対立軸を前面に押し出すこと――レジスタンスを「解放」ではなくイタリア人同士の「兄弟殺し」として理解すべきだとする疑義がまさに否定しようとした思考図式――からは、微妙な距離をとる姿勢も見てとれる。そこで見られるのは、むしろ、自由と民主主義という価値が護持されたことそのもの、またそれが戦後イタリアの基盤であることに重きをおいて、レジスタンスを価値づける姿勢である。

冒頭で触れたRAIの解放70周年記念番組は、こうした力点の変化を色濃く反映するものだった。この番組で中継されたのが、モンテ・カッシーノのポーランド人墓地とルッカ県の小村サンタンナ・ディ・スタッツェーマであったことは象徴的といえよう。モンテ・カッシーノは、英米仏印、カナダ、ニュージーランド、ポーランドが連隊を派遣し、ここでの勝利がローマ解放につながった激戦地であり、サンタンナ・ディ・スタッツェーマは、1944年8月、パルチザンを警戒したドイツ軍により、14歳以下の子ども130人を含む560人が虐殺された村である。これらはいずれもパルチザンの活躍とは関係が薄く、パルチザン対ファシストという対立軸には回収されない場所であった。

その解釈が争われているトリエステ近郊フォイベでのイタリア人虐殺に関する記念碑

マッタレッラ大統領は1941年生まれで、イタリアでは初となるパルチザンの経験を持たない世代の大統領である。レジスタンスを経験していない世代は、戦後イタリアのいかなる自画像を描き出すのか。その歩みははじまったばかりである。

（秦泉寺友紀）

コラム 8

歴史認識と歴史修正主義

2004年、イタリアの国営テレビ放送RAIの長寿討論番組「ポルタ・ア・ポルタ」の司会者でジャーナリストのブルーノ・ヴェスパが、『ムッソリーニからベルルスコーニのイタリア史』という大部の著作を発表した。1943年にファシスト党内のクーデターによってムッソリーニが首相の座を追われてからベルルスコーニ政権までのイタリアの現代史を扱う同書は、ムッソリーニが権力を失った1943年から書き起こされているため、その独裁や、ヨーロッパやアフリカでの残虐な侵略行為に触れることなく、むしろ、正当な手続きを踏むことなくパルチザンに殺害された被害者として描いていること、また戦後イタリア政治に半世紀以上にわたって強大な影響力を及ぼしつづけ、マフィアとの密接な関連、汚職や殺人への関与をつねに取り沙汰されながら司法上は一度も裁かれることのなかったキリスト教民主党の「魔王」ジュリオ・アンドレオッティの証言にきわめて大きな比重を置いていることなどから、正統な歴史書というよりは、右派政治家の代弁の書と見る向きもある。

「来年には忘れられている」とまで言われた同書に、しかし、敢然と抗議した人物がいた。元パルチザンで、戦後その働きによって共和国から表彰もされた、ロザリオ・ベンティヴェーニャである。彼は、みずからが率いたドイツ軍に対するゲリラ攻撃について、ヴェスパが意図的に誤りを述べていると指摘する書簡を発表したのである。ベンティヴェーニャは1944年3月23日、ドイツ軍の占領下にあったローマで行進中のドイツ兵を爆弾で攻撃し、翌日ドイツ軍は「報復」と称して無関係の市民335名を虐殺した。ヴェスパはこのドイツ軍の虐殺の責任を、「有効性に疑いのある行動」を敢行し、しかも虐殺を避けるために出頭しなかったとして、パルチザンに負わせたのであった。ベンティヴェーニャはヴェスパの叙述に含まれる数々の事実の誤り（ドイツ軍による出頭要請はなかったことなど）を、以後も数通の書簡で、科学者の厳密さをもって丁寧に指摘し、ヴェスパはこれに対して、「意見の相違に過ぎない」という短い返答を繰り返した（このやり取りは２００６年にヴェスパの了承の下、出版された）。

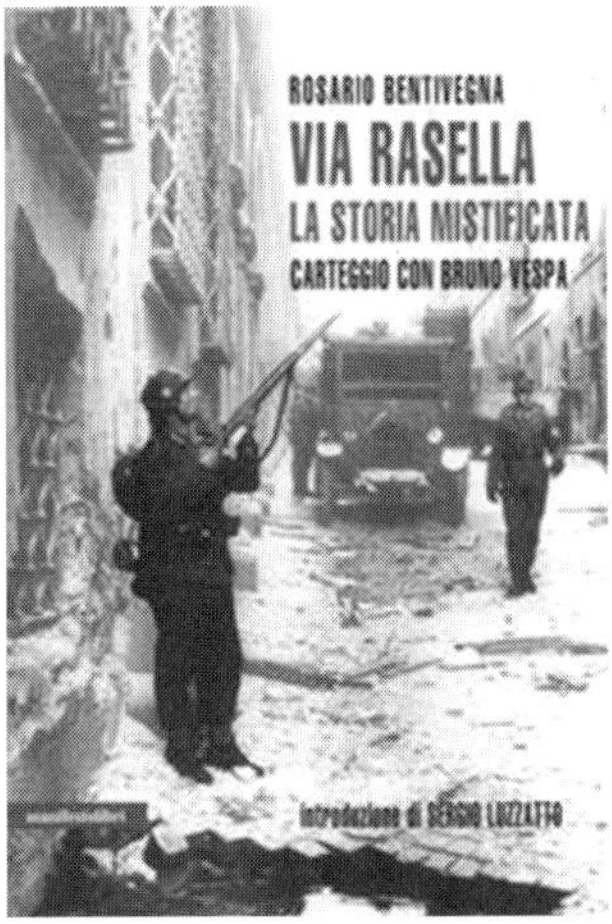

ベンティヴェーニャとヴェスパの書簡集（Rosario Bentivegna, *Via Rasella. La storia mistificata*. Manifestolibri, 2006）

　ヴェスパが示したような、戦後イタリアのアイデンティティを支えてきたレジスタンスの記憶の誇りと正統性に疑問を呈する歴史認識は、イタリアがベルルスコーニら新興右派勢力の台頭をともなう政治上の大転換を見た１９９０年代から急速に広まった。そこでは、ファシストおよび占領者ドイツ軍と戦った市民による広範なレジスタンスは「共産主義者」によるものと矮小化され、一方ファシズムの犯罪は軽視される傾向があった。過去の戦争や侵略の責任を軽減する議論を、専門家の検証を経てではなく、主としてジャーナリズムを通じて喧伝する手法は、ドイツや日本の歴史修正主義にも共通する特徴である。

　ファシズムやレジスタンスを直接記憶している世代は去りつつある。私たちが目にしている、歴史認識の混乱や、過去との和解という名の都合のよい忘却は、そうした時代に固有の現象なのかもしれない。けれども、できごとを可能なかぎり明らかにし、それに基づいて記述するという作法のなかで培われてきた歴史学がこれほど容易に崩れてしまう――過去を赦すためならば、事実さえ意図的に、「イデオロギー」の名の下に捨てさることができる――という状況は、一過性のものではなく、私たちがよって立つ過去という大地を足元から掘り崩す、本質的な脅威をはらんでいる。元パルチザンが挑んだのは、そのような脅威との戦いであったのだ。

（小田原琳）

42 イタリア共和国の成立とイタリア共和国憲法
――国民が選択した共和制と政党間の「協定」としての憲法

国民投票によるイタリア共和国の成立

君主制の維持か共和制の選択かという政体問題の解決を、全土の解放まで棚上げすることは、国民解放委員会を構成する諸党間の合意事項であった。しかし、北・中部でのレジスタンスが活発になった1944年の中盤になると、政体問題の具体的な解決方法をめぐって、制憲議会による議決を主張する左派勢力（社会党・共産党・行動党）と国民投票による決定を主張する中道・右派（キリスト教民主党・自由党。二党は国民投票を、民主的外観の下で君主制を維持する唯一の可能な手段であると判断していた）とが激しく対立するようになった。また、制憲議会の権限についても、憲法典の作成に権限を限定すべきであるという中道・右派と憲法典の作成に加えて立法権や政府に対する信任制度といった議会の権限を合わせ持つべきであるという左翼が対立した。

この対立の背景には、制憲議会の位置づけの相違があった。すなわち、中道・右派は、国民によって直接選出される制憲議会を軍事的にも政治的にも分断された「不正常な状態」にあるイタリアを「正常化する手段」として位置付けていたのに対して、左派は、ファシズムの根を断ち切る改革を断行する「革命機関」として捉えていた。

最終的には、アメリカ国務省の示唆もあり、国民投票による政体選択、立法権を持たない制憲議会（立法権は政府）という結果になった。

女性も初めて参加した国民投票は、1946年6月2日に制憲議会選挙と同時に実施された。破毀院が、6月10日に公表した暫定的な開票結果は、共和制支持1267万2767票（54・35％）、君主制支持1068万8905票（45・8％）で、共和制支持が約200万票上回るというものであった。

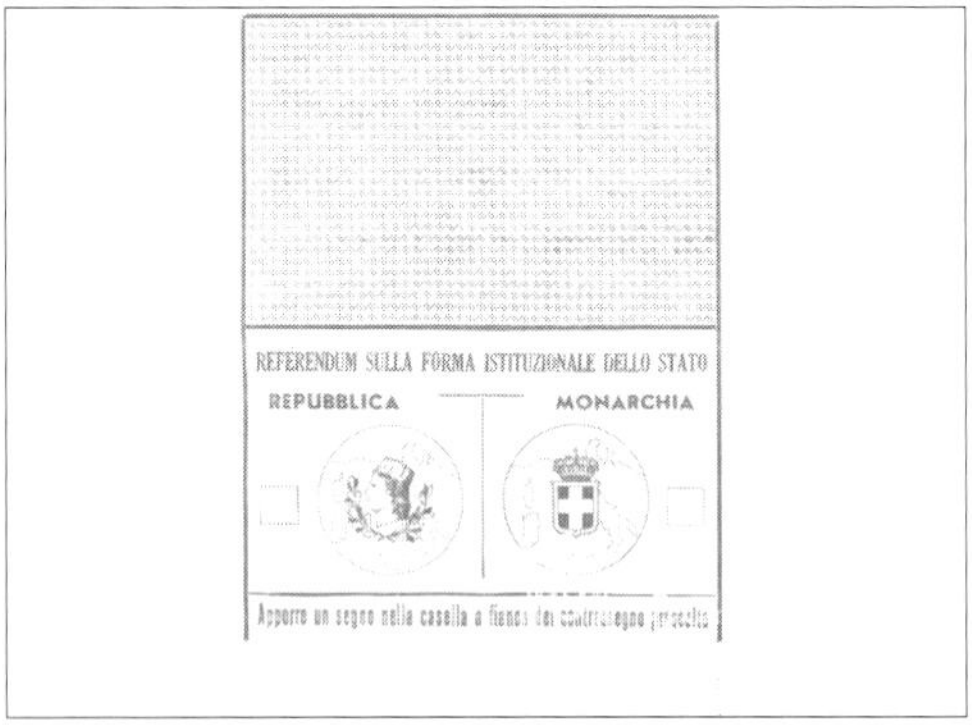

（上）1946年国民投票の投票用紙
（下）破毀院による国民投票の結果の宣告（1946年）

この結果に対して君主制支持派から無効票の処理、投票に参加できなかった多くの有権者の存在などの異議申し立てがなされたが、破毀院は18日にすべての異議を退け、君主制の廃止、共和制への移行を最終的に宣言した（確定結果は、共和制支持1271万8641票〔54・3％〕、君主制支持1071万8502票〔45・7％〕、無効150万735票、投票総

表１　1946年6月2日、政体選択の国民投票の地域別結果

地　域	投票率（%）	投票総数に占める無効・疑問票の割合（%）	共和制の得票率	君主制の得票率
ピエモンテ	90.1	7.0	57.1	42.9
リグーリア	85.6	4.4	69.0	31.0
ロンバルディーア	91.2	5.8	64.1	35.9
トレンティーノ - アルト・アーディジェ	91.0	5.1	85.0	15.0
ヴェーネト	91.1	8.4	53.9	40.7
エミーリア・ロマーニャ	92.5	5.9	77.0	23.0
トスカーナ	91.5	6.5	71.6	28.4
マルケ	91.7	6.1	70.1	29.9
ウンブリア	91.2	6.2	71.9	28.1
ラツィオ	84.2	4.0	48.6	51.4
アブルッツォ／モリーゼ	88.1	5.9	43.1	56.9
カンパーニア	86.0	5.6	23.5	76.5
バジリカータ	88.7	7.0	40.6	59.4
プーリア	90.1	4.6	32.7	67.3
カラーブリア	85.6	5.3	39.7	60.3
サルデーニャ	85.9	7.3	39.1	60.9
シチリア	85.5	5.9	35.3	64.7
全国	89.1	6.1	54.3	45.7

出所：Corbetta, P e Piretti M.S., *Atlante storico - elettorale d'Italia 2009*. Bologna,Zanichelli, p.101

数2494万6878票〔投票率89・1%〕であった）。また、制憲議会が臨時国家元首を選出するまで暫定的に内閣総理大臣デ・ガスペリが国家元首を兼任することになった。その一方で、国王ウンベルト2世とその家族は、破毀院の最終結果を待つことなく、13日にポルトガルに亡命した。

しかし、投票結果には、共和制支持が北部地域でおおむね60%を超えているのに対して、現在のラツィオ州以南の地域では、軒並み王制支持が50%を超えているという地域的相違が見て取れる。これは、中北部でレジスタンスが積極的に展開されたこと、南部は政治的に保守的で、特に農民にサヴォイア王家支持者が多かったということなどが影響している（表1）。

一方、制憲議会選挙の結果は、総議席数５５６のうちキリスト教民主党２０７、社会党１１５、共産党１０４、その他の小党派１３０となった。１９４７年5月の社共の閣外追放まで続くキリスト教民主党・社会党・共産党の三党政治の幕開けである。実際、デ・ガスペリ第２次内閣は国民解放委員会を構成した6党連立から3大政党中心に変わった。

イタリア共和国憲法の制定とその特徴

共和国憲法がどのように制定されたのか、その概要を描くことから始めよう。

制憲議会は、１９４６年6月25日の最初の会議でサラガト（イタリア社会党）を議長に選出、臨時国家元首にデ・ニコラを選出して活動を開始した。制憲議会が、まず直面した問題は、作業の基礎となる憲法草案をどのように迅速に起草するかであった。なぜなら、公式の政府草案も与党草案もなく、参照できるのは制憲議会省の行った調査・研究ぐらいで、制憲議会は草案起草をほぼゼロから開始しなくてはならなかったからである。この問題に対する解決策として、制憲議会は、「憲法草案を起草し、提案することを職務」とした「憲法委員会」（議会定数に占める議席数に比例した数の委員を各会派がそれぞれ選出し、議長が任命する75人の委員から構成された）を設置した。

この委員会の構成で注目されるのは、オルランド、ニッティ、クローチェといったプレファシズム時代を代表する政治家・文化人が委員から外れる一方で、トリアッティ、アンドレオッティ、カラマンドレイ、モルターティ（憲法学者、憲法裁判所の初代判事）といった戦後イタリアを代表する政治家・法学者が多く委員となったことである。このことは、草案をプレファシズムの伝統的な自由民主主義体制への単なる復帰（クローチェのイタリア史における「逸脱」としてのファシズムというファシズム観の論理的帰結）という見地から起草することをもくろんでいた勢力が、その政治的・イデオロギー的支柱を失い、ファシズム政治体制の克服にとどまらず、ファシズムの温床であったプレファシズムの自由民主主義体制とも実質的に決別した新しい民主国家をモデルとした草案が起草される可能性が拡がったことを意味した。

憲法委員会（委員長：ルイーニ、労働民主党）は、作業を迅速に進めるために第1小委員会「市民の権利・義務」（委員長：トゥピーニ、キリスト教民主党）、第2委員会「国家の憲法上組織」（委員長：テッラチーニ、共産党）、第3小委員会「経済的・社会的権利」という三つの小委員会に分かれて憲法草案の起草作業にあたった。最終的には、起草委員会（18人の委員から構成されたので「18人委員会」と呼ばれた）が、各委員会の案を基に全体的な調整を行い、体系的な本文131カ条と9カ条の「最終的・経過的諸規定」からなる起草委員会案を作成した。憲法委員会総会は、起草委員会案を承認し、ルイーニ委員長の報告書とともに1947年1月31日付で、制憲議会本会議に提出された。

草案起草作業では、分権化された各小委員会が並行して活動したので、相互の活動の調整という機能が重要となり、この機能を果たした起草委員会こそが、憲法委員会活動の操縦の中核となった。また、起草委員会が、非公開で、一切の議事録を残さなかったことは、主要な政治勢力間の合意の追及を可能にした。

本会議における議論は、1947年3月9日から開始され、憲法委員会案全体に対する予備的討議、各章ごとの逐条審議、修正案の審議、条文ごとの採択という手順でおこなわれ、同年12月22日に、本

憲法に署名する臨時国家元首、デ・ニコラ

会議での修正も踏まえた最終案が、賛成４５３、反対62の圧倒的多数で可決され、共和国憲法は、１９４８年1月1日に施行された。

本会議の議論では、前文の必要性、憲法改正の手続き（硬性憲法か否か）、プログラム条項を憲法に盛り込むか否か、教会と国家の関係、一院制か両院制か、大統領の権限、違憲審査制などが主な争点となった。

以上の憲法制定作業の特徴としては、政府が制憲作業に介入しなかったことを挙げることができる。この不介入の背後には、「現実の政治運営」は政府、「制憲作業」は制憲議会という任務分担体制が存在していた。この任務分担体制が、「制憲作業」は左派を構成した若い研究者、知識人グループに委ね、党主流派（デ・カスペリ）は、「現実の政治運営」に集中するというキリスト教民主党内の任務分担を可能にした。また、このキリスト教民主党内の任務分担が、左派との憲法制定作業の協力を促進し、進歩的な憲法典を起草する動因となった。さらに、冷戦の激化による社・共の閣外への追放が示すように「現実の政治運営」では、キリスト教民主党、社会党、共産党による三党政治体制は終焉したが、この任務分担構造のゆえに、「憲法制定作業」のレベルでは、反ファシズムを共通の基盤とした三党間の合意は基本的に維持された。

憲法の総括的な特徴として指摘すべきことは、キリスト教民主党、社会党、共産党を中心にしたレジスタンスを闘った諸政党を署名主体とした協定としての憲法だということである。言い換えれば、自由民主主義、キリスト教民主主義、マルクス主義といったイタリアの代表的なイデオロギーの「反ファシズム」を共通基盤とした「出会い」「合流」の産物としての憲法ということである。

具体的な内容では、「労働に基礎を置く民主共和国」という基本原則を受けて、社会保障を受ける権利、団結権、争議権など詳細な社会権条項が盛り込まれたこと、国家統一以来論争の的となってきた地方自治の問題に解決の見通しを与える州制度が導入されたこと、法律が憲法に違反しているか否かを審査する憲法裁判所の設置などが注目される。しかし、社会権の具体化、州制度や憲法裁判所の設置もすぐには実現しなかった。制憲議会は憲法の制定だけが任務で、憲法を具体化する個別の法律を制定する権限を持たなかったからである。憲法裁判所の設置そのものが、１９５６年まで見送られたため、法律の違憲審査ができないという状態が続き、ファシズム時代の民法や刑法も効力をもちつづけた。憲法は新しくなったが立法レベルではファシズム時代の法律が継続するという矛盾した状態で、共和国憲法体制は船出した。

（高橋利安）

コラム
9

地域の個性　北と南

「千のイタリア」とも呼ばれるように、イタリアはそれぞれの地域で、歴史とそれが育む文化が際立っている。北と南というのは、その意味では少々乱暴なほどに、大雑把な区分ではある。それでも、イタリア半島の北半分と南半分が、明らかに異なった経験をした、いくつかの歴史的瞬間はある。19世紀後半に、半島南部とシチリアとに広がった両シチリア王国が、住民の意思表示に先立ってなかば軍事的に征服されるようにしてサルデーニャ王国へと併合され、イタリア王国とされたときがそうであり、また、１９４３年から45年にかけての時期も、そのひとつだろう。

１９４０年の第二次世界大戦への参戦以来、バルカン半島やアフリカでの戦争の負担は重く、戦況もはかばかしくなかった。43年7月には英米軍を主力とする連合軍がシチリアに上陸し、主要都市への空爆も始まった。こうした状況に押されて、体制内では連合国との交渉の回路を開くべく、ムッソリーニを排する動きが現れた。ファシスト党の有力者と国王が手を結んだ、ムッソリーニに対するクーデターが起こり、ムッソリーニは逮捕拘禁される。9月には、イタリア王国と連合国との休戦が発表された。

イタリア半島の北と南の運命が分かれていったのはこのときである。ムッソリーニ後の首相となったバドリオと国王一家が、実質的に連合軍の支配下にあった南部の都市ブリンディジに逃亡し、ドイツ軍は枢軸国を裏切っての休戦協定に激怒して、ナポリ以北を占領した。休戦にあたりイタリア軍が武装解除されたため、いまや敵国となったドイツ（イタリアは同年10月にドイツに宣戦布告した）占領下の中北部では、市民はみずから身を守らなければならなくなった。占領下では、ファシズム体制下で非合法化されていた諸政党が復活あるいは新たに結成されて、「国民解放委員会」を構成し、レジスタンス活動の統括と戦後体制の検討を開始した。占領地域は正式には、ドイツ軍に救出されたムッソリーニがミラノとヴェネツィアの間に位置するガルダ湖畔のサロを根拠地として創設した「イタリア社会共和国」となり（枢軸国であった日本は、この新共和国を承認している）、他方、国王のいる南部は、イタリア王国を継承する「南部王国」となった。ドイツ軍による苛烈な弾圧を受けながらのレジスタンスは、主に北部地域で展開されたので、その点でも、北と南は異なる記憶をもつことになる。

それが明瞭なかたちで現れたのは、戦後、1946年6月2日に実施された、戦後体制を共和制とするか君主制とするかを問う国民投票と、憲法制定議会選挙においてであった。国民投票では僅差で共和制が支持された（54%）が、南北で見ると、共和制支持が優勢であった中北部に対して、南部では67・4%が君主制を支持した。また、憲法制定議会では、レジスタンス運動を構成したキリスト教民主党、社会党、共産党が第一〜三党となり過半数を占めたものの、46年2月に結成されたば

IL NUOVO
CORRIERE DELLA SERA
E' nata la Repubblica italiana
Umberto partirà sabato dopo la consegna dei poteri a De Gasperi, Capo provvisorio del nuovo Stato - Volontà di cooperazione di tutti i partiti per la distensione e la concordia
TREGUA NAZIONALE
I RISULTATI DEL "REFERENDUM,,
REPUBBLICA 12.182.855
MONARCHIA 10.362.709
LA COSTITUENTE
Chi sarà il Presidente?

戦後体制を問う国民投票の結果を知らせる新聞。共和制と君主制の差が大きくないことがわかる［出所：*Corriere della sera,* 1946年6月6日付］

かりの、保守主義的で反集権的な「凡人党」が、君主制支持派と組むなどして南部で躍進し、制憲議会の第五党となった。自力でファシズムとナチスからの解放を勝ち取り、まったく新しいイタリアを築くという意識を強くもつ北部に対し、従来からの社会関係を保持しながら戦後の一歩を踏み出したいと願った南部が、ここにはかいま見える。

といって、南部がとりわけ政治的に保守的であるということではないだろう。たとえば2013年の国政選挙では、たしかに南部では比較的中道右派の得票率が高いが、北部での極右政党「北部同盟」の強さを見逃すことはできない。地域の個性は歴史によってつくられる。それは、個性が不変で本質的なものではない、ということを意味している。

（小田原琳）

43 戦後再建と中道政治
――左右対立と安定の摸索

戦後再建のはじまり

1945年4月国土解放を果たしたイタリアは、ファシズム独裁と第二次世界大戦からの戦後再建を課題とした。以降1950年代前半までの時代は、再建期と呼ばれている。戦後イタリアの再建は、ファシズム独裁の反省に立った民主主義体制の構築などの政治、実質的な敗戦で低落した国際的地位の回復という外交、戦争の惨禍で悪化した経済、独裁と戦争で様々なひずみを抱えた社会文化という、四つの側面にわたる広範な再建を必要とした。

政治面の再建、すなわち民主主義の再建としては、前章のように、左右諸政党の超党派的連合政権が主導する戦後体制構築に乗り出したイタリアは、国民投票で共和国を選択し、新しい民主主義にふさわしい共和国憲法の制定にこぎ着ける。しかし、国際的冷戦の影響を受けて激化した左右対立のために、政治的再建は深刻な亀裂を抱える。1947年5月、アメリカの圧力を受けて、社会党・共産党は閣外に追放され、以後キリスト教民主党が主導する中道連合時代へと突入する。左の社共、右の王制支持派やネオ・ファシストなど急進右翼勢力という、およそ4割近くの議席を占める強力な左右の反対派に挟撃された政権運営は、必然的に厳しい綱渡りを強いられた。

中道連合政権の成立とゆらぎ

数々の困難な状況下で１９５３年まで中道連合政権を首相として率いたのは、アルチーデ・デ・ガスペリである。その意味で戦後再建期は「デ・ガスペリ時代」でもある。１９４８年総選挙で辛うじて過半数を獲得したデ・ガスペリであったが、経済政策や安全保障政策など相違が大きい社会民主党、共和党、自由党との連立維持は、容易な作業ではなかった。キリスト教民主党党内でも、左翼や労働組合への強硬な対応を求める右派やカトリック教会、大胆な社会経済改革を求める左派の突き上げに直面する。１９５２年ローマ市選挙おけるストゥルツォ（カトリック司祭で人民党創始者）の介入（いわゆる「ストゥルツォ作戦」）は、キリスト教民主党の政治的独立性を問う試金石となったが、作戦は失敗する。デ・ガスペリら党指導層は、政治的独立性を維持することに成功した。

デ・ガスペリ

左翼勢力、特に急速に支持を拡げる共産党、労働総同盟など労働組合は、中道連合政権の経済再建優先政策を批判し、労働者への利益配分や経済改革を求めて、デモやストライキで攻勢を強めた。政権側も厳しい鎮圧で対応する。両者の衝突は、１９４８年夏の共産党書記長ト

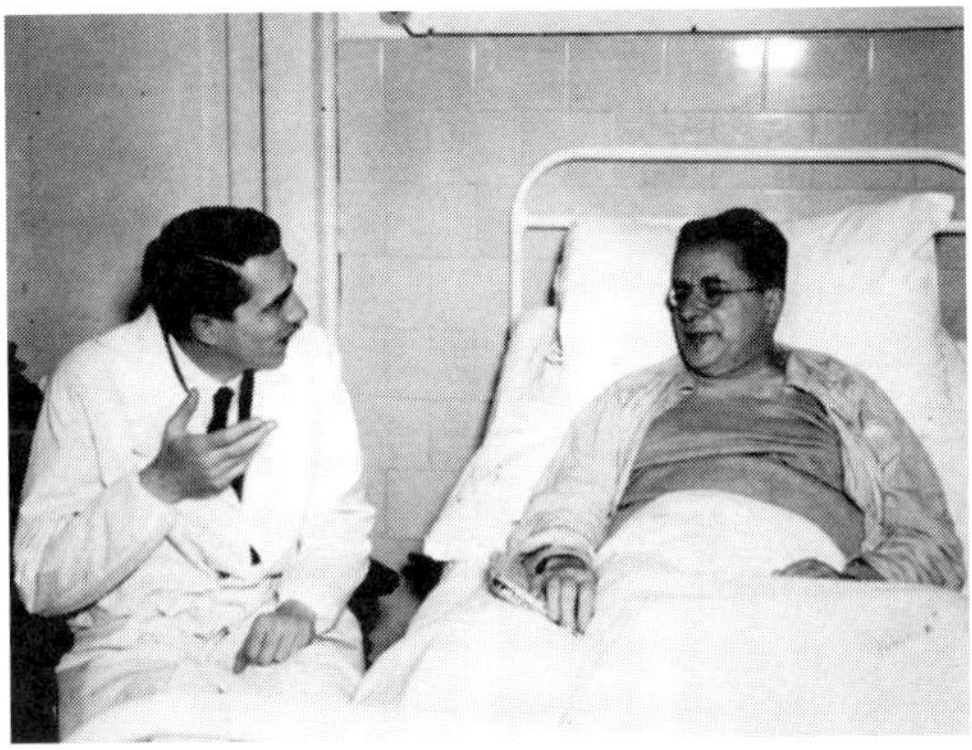
暗殺未遂事件で入院したトリアッティ

リアッティに対する暗殺未遂事件と抗議のゼネストなど、幾度か全面対決寸前まで沸騰した。ただし、左右を横断して主要政党の間には、イタリアの自立と共和制の枠組みを守るという点では広範な合意を共有しており、協調も存在していた。たとえば、トリアッティは、暗殺未遂事件後、自ら支持者に冷静な対応を呼びかけた。

1953年総選挙における中道連合の後退をめぐる混乱の中、デ・ガスペリは退陣した。その後の中道連合は、政権基盤の安定化を求めて、左の社会党、右の王党やネオ・ファシストなど急進右翼政党のいずれの側と提携するかをめぐり揺れ動く。その中でも、新しく生まれた民主主義的な政治制度は生き延びたのである。

国際政治面での再建として、事実上敗戦国として戦後を迎えたイタリアの重要な目標は、国際政治上の地位回復である。1947年以降、米ソ主導の東西冷戦が深刻化する中、中道連合政権は、アメリカ主導の国際安全保障枠組みに入ることで国際舞台に復帰しようとする。1949年には北大西洋条約機構（NATO）の発足と同時にこれに加盟した。また欧州統合にも積極的に参加し、1950年代早々から欧州石炭鉄鋼共同体、欧州経済共同体、欧州原子力共同体に原加盟国として加わった。

しかし、冷戦の亀裂は、国際的地位の回復にとっては制約にもなった。国際連合への加盟は、常任理事国ソ連の反対を受けて幾度も潰え、１９５５年ようやく実現する。またトリエステ問題は、ユーゴスラヴィア側の強い反発もあり、たびたび衝突が生じるなど容易に解決に至ることはなかった。またイタリアは冷戦に従属していただけでなく、炭化水素公社のエンリコ・マッテイによる石油開発などを通じ、アラブなど第三世界と連携を探る独自の動きも模索した。

経済と社会の再建と発展

経済面の再建について、戦争の惨禍は大きく、物資・資金の不足でインフレは加速する。経済復興の争点は、生産の復興と国民の消費生活の改善のバランスをいかに取るかであった。当初は、経済自由主義者で予算相を務めたエイナウディ、その大統領就任後に引き継いだペッラらによる経済自由主義的な緊縮路線が敷かれた結果、インフレは急速に収束する。生産の停滞については、戦争や連合軍の空爆はあったものの、工業生産設備の破壊は限定的であった。むしろ問題の元凶は、物流や資金のネットワークが断絶してしまったことにあった。アメリカからマーシャル・プラン援助も始まったこともあり、徐々に生産は復興し、１９４９年には戦前１９３８年の水準にまで回復した。政府は有力民間大企業の利害を優先して公的融資などで支援する自由主義的保護主義政策を展開した。

１９５０年代に入ると、近代的製鉄所の建設や電力国有化、天然ガスや原油資源の開発など経済発展に向けた歩みは加速する。この過程では、フィアット（自動車）など民間企業のみならず、産業復興公社（ＩＲＩ）や炭化水素公社（ＥＮＩ）など多数の産業部門を傘下に抱える公共企業体が大きな役割を担った。さらに、メニケッラやサラチェーノなど中央銀行や公社の経済テクノクラートたちは、積極的な投資と国際収支均衡維持の間で困難なバランスを取りながら、経済発展を導いた。

1950年代中盤以降、イタリア経済は高度成長（いわゆる「経済の奇跡」）に突入する。通称「太陽道路」など高速道路網の開通や自家用車の普及、小作農に土地を配分する土地改革などの社会経済改革を通じて、国民の経済生活は向上した。

高度経済成長の要因については、従来アメリカやヨーロッパへの「輸出主導型」経済成長の典型であると言われてきた。しかし、その後、戦争での生産設備破壊の限定性、企業の内部留保・自己資金による設備投資などに注目して、内需要因の方が大きく寄与したと考えられるようになっている。また、企業の内部留保の積み上げが労働分配率の低さに依存していたように、高度経済成長とはいえ、一般労働者の賃金上昇は抑えられていた。他の先進国並みの「豊かな社会」が到来するのは、さらに消費生活面の改善をまたねばならなかった。

社会文化面での再建については、経済成長が軌道に乗った1950年以降、イタリアも大衆消費社会へと徐々に歩みを始めていく。1953年公開の映画『ローマの休日』に見られたスクーターや自動車の普及を受けたモータリゼーションの進行、テレビの普及は、イタリアの社会・文化を大きく変えた。消費主義的文化は、伝統的なカトリックの規範と衝突を引きおこしていく。また、とりわけ工業化に伴う南部から北部への移民の急増は、進出先の北部都市での文化的摩擦、移住労働者への差別など、歪みを生み出し、1960年代以降の社会変化の遠因となった。

このように、1940年代後半から1950年代にかけて、イタリアは、中道政治の下で戦後再建を果たした。イタリアは、政治・国際関係・経済・社会文化にわたり大きな変貌を遂げた。生まれたばかりの共和制と議会制民主主義は東西冷戦と左右対決の中で摩擦を生じさせながらも定着に成功し、国際舞台への復帰を果たし、経済や社会も戦争の痛手から立ち直りを示した。ただし、左右の和解や格差の是正など残された課題、高度成長など新しい変化から生まれた課題は、イタリアを再び難しい状況に直面させることになった。

（伊藤　武）

44 改革と社会運動の時代
――経済成長から「鉛の時代」まで

「イタリア経済の奇跡」と呼ばれる経済成長は、1950年代〜63年まで続いた。これによりイタリア社会は遅れた工業国から先進工業国へと移行した。工業部門は1960年前後、北部大企業を中心に急速な成長拡大をみた。自動車産業、精密機械業、化学繊維業が牽引役である。南部からの移民労働者の供給が重要な役割を果たした。これにより、社会は大きく変貌し始める。

1963年末、キリスト教民主党のアルド・モーロは、社会党の積極的な支持を取りつけ、最初の中道左派政権を発足させた。それは、共産党を排除しつつキリスト教民主党と中道諸政党に、左翼政党である社会党を加えた政党間連合であった。中道左派政権は、おもに中間階級と貧困層の生活を向上させ、国を近代化し、さまざまな格差を縮小するような改革の実現を目指した。この枠組みは、1978年3月まで続いた。ただし、1974年には社会党がいち早く中道左派政権を離れ野党に転じ、それが1980年まで続いた。中道左派政権は、さまざまな改革プログラムを持っていたが、その多くが中途半端なものにとどまった。これが60年代末に大規模な反体制的大衆運動がイタリアで起きた理由の一つである。

経済成長の時代から反乱と改革の時代へ

1960年代末～70年代末までのイタリア社会は、社会運動の隆盛が大きな特徴となる。中道左派政権は、政治の安定化を図りつつ経済成長を軌道に乗せたが、経済成長にもかかわらず解決されない問題（貧困や失業が南部を中心に存続していた）と経済成長がもたらす矛盾（社会的格差の拡大や北部大都市における住宅問題など）を解決することができなかった。そのため1968～69年の学生・青年労働者の大規模な反乱に直面することになった。学校・大学の建物が占拠され、学内で集会が組織され、それはしばしば警官隊との衝突にまで発展した。大人数のベビーブーム世代を受け入れるには、大学の設備、授業内容などが貧弱で、受け入れ態勢は整えられていなかった。学生の不満が爆発したのである。

1968～72年にかけて、政党別だった三大労組ナショナルセンター（イタリア労働総同盟・イタリア勤労者組合連盟・イタリア労働連合）は政党からの自律性を獲得し、街頭行動を組織した。労働運動が高揚し「暑い秋」（1969年）と呼ばれた。これが後の「労働者憲章」（1970年）、スカラ・モービレ（賃金の物価スライド制）導入（1975年）などの労働者の権利獲得・生活向上につながっていく。1970年5月に制定された「労働者憲章」は、二つの主要な目的を持っている。一つは、これまで聖域と考えられ憲法の力も及ばなかった経営内における使用者の権力の制限であり、もう一つは、労働現場における組合の存在を立法によって強化することである。しかしこの法律による保護は、工業分野のすべての小企業（従業員5人未満）、農業、商業分野の大部分の企業には適用されなかった。

1968年の学生運動、69年の「暑い秋」は結果的に、極右の側からの報復や模倣的行動を引き出してしまった。1969年12月には、ミラノの中心地フォンターナ広場に面した全国農業銀行が爆破され、16人の死者と多数の負傷者が出た。1974年5月にはブレーシャの中心街で反ファシズム集会を狙った爆破事件が起き、8人が死亡した。その数カ月後にはボローニャ駅近くで国際列車が爆破、12人が殺された。これら一連の事件の容疑者たち（そのなかには国家秘密機関のメンバーも含まれていた）は、刑事訴追こそされたものの、検察と警察の動きは鈍く、多くの事件が未解明なままにとどまった。このように、極右勢力と国家秘密機関が結託して無差別テロを遂行し社会不安を醸成することで、左翼に先駆けて独裁体制を樹立しようとする一種のクーデター計画が存在した。これは「緊張の戦略」と呼ばれている。

左翼の側は、70年代前半、共産党が党勢を拡大した。しかし共産党は、1973年のチリのアジェンデ社会主義政権が米国に後押しされたチリ軍部のクーデターにより打倒されたことに衝撃を受け、イタリアにおいてもＮＡＴＯを通じた米国の介入がありうることを警戒したため、カトリックとの同盟をめざす「歴史的妥協」をベルリングェル書記長が提唱して、保守的な有権者の不安を鎮めることに力を注いだ。この後78年3月には、共産党も含む「大連合」時代を迎え、共産党は根本的改革勢力としての存在理由を曖昧にしていった。

1970年代には女性解放運動の成果が現われる。離婚の権利を認める離婚法は、キリスト教民主党の反対にもかかわらず、70年に社会、共産、急進、自由が賛成投票し可決成立した。その後74年にはこの法律の廃止を問う国民投票が5月に行われたが、離婚法は国民投票でも承認された。人工妊娠中絶法をめぐっては、75年2月に人工妊娠中絶の犯罪化を廃止する国民投票の要求が破毀院に提出される。全国的な署名集めの運動が開始され、76年4月に国民投票、78年5月には女性の人工妊娠中絶の権利を認める法律が成立した。

前述の「歴史的妥協」(1973年)は、共産党の「右旋回」を象徴した。そのため、さまざまな社会運動とのあいだに軋轢が生じた。こうして70年代の新しい社会運動が準備されていった。1977年にピークを迎えるいわゆる「アウトノミーア(労働者自治)運動」は、それ以前から続く自然発生的な運動である。それは、反体制・反資本主義であると同時に、とりわけ既成の左翼諸党派および労働組合制度の権威主義に対する異議申し立てによって特徴づけられる。70年代初頭以来のウイメンズ・リブ、フェミニズムの運動も、既成の議会外左翼の運動内部にはびこる男性中心主義的な気風を女性差別的なものとして告発し始めた。イタリアでは60年代末の運動の高揚がほぼ10年間続くという、ヨーロッパでも稀有な状況が現出していた。この時代は、人権・公民権擁護、平和主義、非暴力、カウンター・カルチャー(ヒッピー・ムーヴメント)、ニューエイジ的な反権威主義的宗教運動、同性愛者解放運動、ドラッグ解禁、自由ラジオ放送局の開局など、さまざまな要求が運動化した時代でもあった。

この運動のピークとみなすことのできるのが1977年9月にボローニャで開催された「弾圧に抗する集会」であった。10万人前後の結集があったとされるこの集会には、少なくない著名な文化人も参加したが、路線対立から活動家同士の乱闘なども発生し、70年代の解放的な運動はこの集会を最後に大衆的な結集軸を失い四散してゆくことになった。もちろん、イタリアの社会改革をめざす下からの動きは停滞したわけではなかった。1978年5月には、精神科医フランコ・バザーリアが提唱した地域支援による精神病者の社会復帰を促進する「バザーリア法」が制定された。このように、イタリア社会を実質的に変えてゆく法制化はこの時期に着々と実現していった。

反乱と改革の時代から「鉛の時代」へ

赤色テロ組織の伸長は、議会外左翼運動の隆盛と同時に、60年代末には始まっていた。イタリア全土でどれだけの組織がどの程度の構成員を組織して登場したのか、正確な数はわかっていないが、一連の赤色テロの犠牲者は怪我人も含めれば千人を超える。警察官、刑事、憲兵、検事、裁判官、大企業経営者、ジャーナリスト、組合活動家幹部、大学教授、政治家など、さまざまな人々が標的とされた。とくに社会の注目を浴びたのが、ブリガーテ・ロッセ（赤い旅団）である。1978年3月ブリガーテ・ロッセは、収監されているメンバーを奪還するために、モーロ元首相（当時キリスト教民主党党首）を誘拐し、結局殺害した。政界はブリガーテ・ロッセとの交渉に応じるべきか否かをめぐって二分されたが、結局のところ政府とブリガーテ・ロッセとの交渉は行われず、モーロ元首相は見殺しにされた面がある。この事件をきっかけに議会外左翼は大衆的な支持を決定的に失う。

1979年は、イタリア政党政治の構造におけるターニングポイントをなす。まず1月に共産党が「大連合」を解消し野党へ復帰した。その直後の4月に上下両院選挙があり、それまで支持を伸ばしてきた共産党は戦後初とも言われる程の敗北を喫した。そしてそれまで低迷していた社会党が上昇に転じた。こうして共産党を除く「五党連合体制（キリスト教民主党・社会党・社会民主党・共和党・自由党）」により政権が維持されていくことになる。

1980年10月、労働運動全盛期の終わりを象徴する事件がフィアット社トリノ工場で起こる。79

年10月の金属機械同盟（ＦＬＭ）の時限ストライキがすでに敗北していたが、これに意を強くしたフィアット社経営陣は、80年9月に経営危機を理由に大量解雇を発表した。ＦＬＭは、これに無期限工場占拠をもって対抗した。この闘争を天王山と位置づけた三大労組は、結束して支援のための時限ゼネストを打ち、共産党書記長ベルリングェルもスト労働者を激励しに来た。しかし占拠開始から約1カ月後の10月、フィアット社の中間管理職、専門技術者、事務職員が、その他の一般市民も加えて反ストライキのデモ行進を行ったのである（いわゆる「4万人行進」）。ＦＬＭは敗北を悟って占拠を解き、闘争は経営者側の完勝に終わった。この事件は一般に戦後イタリアにおける労使の力関係の逆転を画する転換点として位置づけられている。

極右による爆弾事件（１９６９年）に始まり、極左による赤色テロ事件を経て、70年代末には元首相誘拐殺害事件が起き、多くの議会外左翼の活動家たちが容疑者・受刑者として獄中に囚われたことで、改革と解放の時代だったはずの70年代はその後「鉛の時代」と呼ばれるようになってしまった。

（中村勝己）

コラム 10

イタリアの女性に妊娠中絶の権利はあるか

2016年4月12日、イタリアの代表的日刊紙『スタンパ』（デジタル版）は、「イタリアでは今なお女性の中絶に多大な障害」との見出しで、欧州評議会が中絶の問題でイタリア政府に「落第点」をつけたと報じた。

西欧諸国ではかつて、妊娠中絶は、キリスト教会が定めたカノン法の伝統により厳しく罰せられていた。1960年代以降、各国は中絶に対する制限を緩和し、イタリアにおいても1978年の通称194号法によって刑法の堕胎罪が廃止され、妊娠初期の90日以内の中絶が、公立病院では無償で実施できることとなった。もとよりカトリック教会の影響の強いイタリアで、194号法は、5年間に及ぶ3度めの法案提出で、33時間の長時間審議の末に、僅差でようやく可決されたものである。しかも、1981年には、同法をめぐって2度の国民投票が実施された。最初は、中絶に反対するカトリック教会の意向を反映した運動により、同法の廃止を要求するもの、2度目は、中絶の権利を積極的に要求してきた急進党により、194号法から未成年者の中絶に親権者の同意を要するなどの条項を廃し、中絶の権利を拡充しようとするものである。どちらの投票でも反対が賛成を上回ったが、とくに最初の中絶法廃止をめぐる国民投票において、反対票が投票総数の68%を獲得したことは、イタリア国民の大勢が中絶の権利を認めたことを示している。

しかし、194号法には大きな問題があった。それは、医師や医療補助者が「あらかじめ良心にもとづき、中絶拒否の意思表示をしたとき」は、「妊娠中絶手術に関与する義務を負わない」（第9条）とする、「良心による反対者」の規定である。この規定は、カトリック的な規範の存在を考慮し、医療従事者の個人的信念を尊重しようとする配慮から設けられた。しかし実際には、カトリック的な信念をもつ医師だけでなく、表向きはそうした信念をもつと偽って公立病院では中絶手術を拒否し、陰では私立の病院や診療所で高額の中絶手術を行う医師たちにより濫用された。

筆者はイタリア留学中の１９９０年頃、南部で一人の若い女性が自ら民間療法による堕胎を試み、死に至ったという新聞記事を目にした。とくに南部では、無料で中絶手術を受けられる公立病院がきわめて限られ、中絶を希望する女性たちは、多くの場合、北部の病院まで費用と労力をかけて遠出をするか、公立病院以外で高額の中絶手術に頼るかしかない、ということを、その時に初めて知った。

冒頭の記事は、そうした状況が、現在でもほとんど変わっていないことを示唆している。ここには、ローマの公立病院で中絶手術を行う1人の女性医師が登場する。彼女は、年に４００件の中絶手術と１５０件程度の薬物による中絶を行うが、電話による問い合わせはイタリア全土から、1日に25～30件にも及ぶという。シチリアからの問い合わせにも「ローマで待っています」と答えるしかない、と彼女は嘆く。

記事によれば、欧州評議会は、左派系全国労組ＣＧＩＬの訴えにより、イタリア政府が「１９４号法には中絶の権利が規定されているにもかかわらず、女性の健康の権利を侵害し、〝良心による反対者〟ではない医師たちに（中絶手術が集中して）様々な不利益をもたらしている」と認め、１９４号法の十全な適用を勧告したという。イタリアの女性たちが、法規定のとおりに中絶の権利を行使できる日がくることを、心より願うものである。

（勝田由美）

194号法の擁護を訴えるCGILのデモ［出所：*Il fatto quotidiano*紙（デジタル版）、2016年4月11日］

45 イタリア型福祉国家の成立と変容
――弱い国家と低い体系性のなかで独自に発展する福祉国家

豊かな福祉社会の歴史的伝統

イタリアは、都市が高度に発達し、都市住民の生活の安全や安定を図るための都市行政も非常に先駆的であった。また、中世後期から近世前期にかけての文化や経済の繁栄期には、各都市の教会や修道会組織を筆頭に、名望家や有力な職業団体が豊かな社会的援助や相互扶助のシステムを形成した。例えば、市民への低金利融資、職種ごとの疾病、事故、結婚、葬儀などに備えた相互扶助制度、孤児や離縁女性の保護－職業教育施設、貧民のための施しや宿泊施設等などである。

「福祉」を良く生きること、福祉制度とはそれを支えるシステム、またこれらを擁する国家を福祉国家と考えるとき、イタリア型福祉国家を形容するキーワードとなるのは、第一に「カトリック教会」、第二に「家族主義」である。また補足すれば、第三に「歴史的連続性」、第四に「弱い国家」を挙げることができる。これらはいずれも福祉国家の基盤となる近代国家形成と工業化においてイタリアが後発的であっただけでなく、今日までカトリック教会が宗教以上の政治勢力として強い影響力を維持し、社会に浸透していた点に端を発する。では、イタリアが福祉国家としてまったく独自の、あるいは明らかに後発的な発展プロセスを経てきたかといえば、そうとはいえない。一見そのようにみえるイタリア福祉国家形成と発展の背景には、イタリア独自の社会、経済、政治事情を踏まえた選択的合理性を伴っているともいえる。以下ここでは、近代国家形成以降、21世紀の今日に至るイタリア福祉国家の形成過程を三期に分けてその特徴と変容を説明する。

第一期――近代国家と社会保険の誕生

第一の過程は19世紀後半から20世紀初頭にある。上記のような前近代的な社会的援助組織や団体は、1861年のイタリア半島の統一以降も根強く残された。代表的な事例が「オペレ・ピエ」と呼ばれたカトリック教会組織による慈善団体で、中近世から19世紀末まで各都市に設置され、およそ半数はイエスズ会などの修道会によって運営された。1860年代には、このカトリック教会の慈善事業に付随していた巨大な教会の資産や権限の世俗化や、活動内容の国家による管理が、慈善事業法や通称クリスピ法によって目指された。しかしそれは完全に達成されることはなかった。

一方イタリアは、近代国家成立と工業化の双方で後発的ではあったが、社会保険の創設と普及水準は、主要ヨーロッパ諸国に遜色なかった。1883年に創設された任意加入の工員に対する労災保険制度が1898年に強制化されたのをはじめとして、同年に老齢－障害年金制度が社会保険化（強制化）された。その後、初の総力戦となった第一次世界大戦は若年男性の多大な人的損失をもたらした。このため参戦国であったイタリアでは、従来型の自発的な地域－職業的な相互扶助システムが決定的な打撃を受けた。他方、この戦時の徴兵は地域や職業を越えた人的交流を進め、国民による新たな社会保障制度構築を求める声へとつながった。1919年には失業保険の強制化があり、またこの時期に疾病保険の法案も提出された。このように近代国家の形成期と工業化が比較的遅く、福祉国家の形成期と重複していたイタリアは、福祉の国家化を急速に進めるために、カトリック教会の保護や、伝統的な社会的援助システムの公法人化等といった妥協的選択をとらざるをえなかったといえる。

またファシズム期（1920年初頭〜40年代前半）の捉え方は諸説あるが、制度的展開としては次の二点を挙げることができる。まず、労災と社会保険の分野で、今日まで存続する「全国労災保険機構（INFAIL）」と「全国（ファシスト）社会保険公社（INFPS）」といった全国レベルの機関が創設された点。次に、家族手当と包括的報酬金庫が創設され、賃金保障制度が整備された点である。ファシズム期におけるこうした社会保障制度の国家への集権化はいずれも、戦後の社会保障制度の発展に対して一定の重要な役割を果たした。同時に、従来型の職域分立型の制度は残されており、政党が有力な支持団体の利益追求を目的として社会保障費の分配を行うというような職域ごとの利益供与指向も強く残された。そしてこれはその後の職域分立型の制度の林立や、政党や中間団体による利益供与の手段として社会保障費が用いられるという、いわゆる恩顧主義の原因ともなった。

第二期――雇用型福祉国家と普遍主義の希求

第二の過程は20世紀後半である。第二次大戦直後から数十年間にわたり、民主的な政治体制の下で国家主導の経済体制が築かれ戦後復興期の高度成長を実現した。1940年代後半には、戦後の社会保障制度構築について通称ダラゴナ委員会が設置され、当時、税を財源に国民（市民）全体を対象とする普遍的な社会保障制度の象徴であったイギリスのベヴァリッジに倣って、「イタリア型ベヴァリッジ」を目指す構想も出された。しかしこの時期は、その構想とは対照的に、派閥－恩顧主義的な福祉国家の拡大期になったとも指摘される。結果としては雇用を前提として、職域ごとに分立し、体系性と普遍性の低い従来型の制度を踏襲するにとどまった。

また１９５０～60年代の高度成長期には、戦後直後からの国家主導の経済体制による強力な雇用創出と雇用管理があったこと、そしてその時期までの大規模な国内外への経済移民があったことで、当時のイタリアは完全雇用型の福祉国家を構築し、ある意味では一時的に達成していたと考えることもできる。同時にこの時期の市民・社会運動の波を受けて、普遍的な福祉システムが求められ、１９６９年には高齢者を対象とする無拠出の社会年金が創設された。

１９７０年は大々的な地方分権化が進められ、国レベルでの福祉行政システム形成の転換期となった。保健医療行政全般、公的福祉行政全般、そして私的援助団体の監督権限が州に移管され、結果として国には社会保険制度中心の機能のみが残された。またこの第二期における最も重要な制度展開といえるのが、１９７８年の「国民保健サービス」制度の設立である。これは、税方式ですべての市民に一元的に医療・保健サービスを提供するものであった。この「国民保健サービス」は、今日においてもなお、先の「イタリア型ベヴァリッジ」を、唯一実現した制度ともいえ、イタリアの社会保障制度の中で特異な存在とされた。

第三期――雇用－家族主義型の限界

第三期は、１９９０年代以降21世紀の今日に至るポスト工業化の時代である。この間に経済や人口移動のさらなるグローバル化と、これに伴う就業構造の変化、雇用規制の緩和、そして際立った少子高齢化の進展があった。その結果、第二期に確立された男性就労者中心の職域分立型の社会保険と、専業主婦となった女性無業者による育児や介護の福祉労働の供給といった、強固な性別分業を基盤とする福祉モデルは限界を露呈させた。具体的には、とりわけ女性と若年層の男女に顕著な高失業・高無業率、そして国家財政を圧迫する年金を筆頭とした高齢者層への社会支出の偏りとこれらへの対応の困難である。

このため、1990年代以降は「改革の時期」と捉えられ、制度枠組み自体は先の時期を踏襲していたものの、従来の年金制度を筆頭とする公的制度と強い労働規制は急進な改革を迫られた。これに対して、高齢者介護やチャイルドケアなどの福祉領域では、いまだに全国レベルでの公的介護サービス制度が不在であり、抑制的な給付水準に留まっている。このため福祉、とりわけ介護やケアに対する社会的ニーズと、それらを支えるべく形成される国家－家庭－市場における福祉の担い手の編成は大きく変容した。2000年代以降、移民政策のある種の優遇によって外国人家事労働者が急増したが、その8割以上は女性であり、個人家庭に直接雇用されて家庭内の要介護者のケアや家事を担っている。これについて、従来、福祉を家族が担う傾向が特に強かったイタリアの「家族」主義は、もはや「移民のいる家族」主義へと移行していると指摘されている。

現代イタリア福祉国家の特徴とは

以上をまとめると、現代イタリア型福祉国家の制度的特徴として、「年金ジャングル」に象徴される職域型で複数の法律・制度が並列・林立してきた体系性の低さ、そして貧困率や高齢化率が高水準にあるにもかかわらず、いまだ最低所得保障制度や公的介護制度が全国レベルで整備されていないという普遍性の低さの二点を挙げることができる。またその背景として次の五点を挙げることができよう。第一、社会保障制度に関わる普遍性と権利性の保障が必ずしも共和国憲法上で明記されていないうえに、各制度に関わる労働関連の諸立法の拘束力や全体も明瞭ではないという立法上の特殊性。第二、細分化された職域主義と、実質的に雇用が条件とされる職域主義的な福祉の提供のあり方。第三、普遍的な制度を構築するに困難な、「南部問題」ともいわれるイタリア国内の南北間の社会的・経済的格差。第四、短命政権による頻繁な政権交代に加え、多数派形成のための多極共存型、分極的多党制による不安定な政治的側面。そして第五に、政治や立法領域にも多大なインパクトを与え続けるカトリック勢力の影響力の強さと、カトリック教会由来の、個人や下位団体の権限や職務に対してそれ以外の者（あるいはより上位の団体）が介入することの不正義を唱えた「補完性の原理」の根強さである。

現時点での第三期にみられる高齢者介護に関する政策展開は対照的だが、今日、超少子高齢社会となった日本とイタリア両国の抱える課題は非常に高い共通性を見せる。今後数十年間にわたって高まり続ける高齢化への対応を考えるとき、イタリア福祉国家の事例は日本にとって、もっとも考慮すべき対象のひとつとなるだろう。

（宮崎理枝）

46 第一共和制から第二共和制へ

――左右二極化へ向けて

政治変動

イタリア政治は1990年代半ばに大きな政治変動を経験した。1993年に選挙法が改正され、比例代表制に代わって小選挙区制を主とする選挙制度が導入された。さらに戦後の共和体制をつくり、政党支配体制と呼ばれる政党主導の政治体制を担ってきたキリスト教民主党、社会党などが消失した。生き残った共産党とイタリア社会運動もそれぞれ左翼民主党、国民同盟と党名と政治方針を変更した。他方で、北部同盟やフォルツァ・イタリア（がんばれイタリア）などの新たな政党が台頭した。政治におけるプレーヤー（政党）の交代とルール（選挙制度）の変更によって、新たなゲーム（左右二極の選挙競合）が展開され、それまでにない結果（政権交代）がもたらされた。政治変動の大きさから、憲法改正がなかったにもかかわらず、新しい体制に移行した、つまり第一共和制から第二共和制へ移行したと考えられた。

政治変動の兆し

政治変動の兆しは1980年代末からあった。北部では反政党支配体制、反中央集権主義を掲げる地域政党のロンバルディーア同盟が台頭し、キリスト教民主党の地盤を侵食しつつあった。政権交代の欠如とその結果としての政治腐敗を批判して政治改革を求める動きは、上下両院の選挙法の改正を求めるレファレンダム（国民投票）運動として展開された。１９８９年11月のベルリンの壁の崩壊は共産党に改革を迫った。南部でも１９９０年代に入って反マフィア運動が活発化した。

下院選挙法レファレンダム

下院選挙制度は比例代表制で、有権者は政党が用意した候補者名簿を選択して投票するものであった。ただし、政党がつけた候補者の順位に関係なく、優先的に当選させたい候補者に対して優先投票が認められていた。本来の規定は１名のみ、かつ氏名を記載するというものであったが、補足規定で３ないし４名（選挙区の規模によって異なる）を選んで投票でき、また候補者名簿に付されている候補者の番号のみを記載するだけでよいとされていた。１９９１年６月に行われた下院選挙法のレファレンダムは、補足規定の廃止を求めた。優先投票の制度が、選挙での不正行為やキリスト教民主党の派閥支配と強く関係し、政治腐敗の温床になっていると考えられたからであった。

キリスト教民主党や社会党の反対にもかかわらず、レファレンダムは投票率62・5％、賛成95・６％で成立し、連立与党に打撃を与えた。レファレンダムを通じて政治改革が可能であることが示された。

１９９２年両院選挙・大統領選挙

１９９２年４月の両院選挙でキリスト教民主党ははじめて得票率30％を割り込み、連立与党も伸び

スカルファロ［出所：Presidenza della Repubblica］

悩んだ。左翼民主党も共産党時代よりも票を減らした。躍進したのは、ロンバルディーア同盟が発展して結成された北部同盟であった。キリスト教民主党の地盤であった北部の「白い地帯」を侵食し、北部ロンバルディーア州で20％を超える得票率を、全国レベルでも８％の得票率を獲得し、第４党に躍進した。

同年５月に大統領選挙が行われた。本命と目されていた候補者に票が集まらず、また選挙戦の最中にマフィア捜査の司令官が爆殺されたこともあり、当選したのは下院議長のオスカル・ルイージ・スカルファロであった。キリスト教民主党に属していたものの異端者的なスカルファロの大統領選出は、政治の不安定性・流動性を象徴していたが、それはまだ序章に過ぎなかった。スカルファロ大統領の下で第二共和制へ移行するからである。

上院選挙法レファレンダム

１９９３年に入ると政治状況はいっそう流動化した。４月に行われたレファレンダムで上院選挙法の65％条項の廃止が承認された（投票率77・０％、賛成82・７％）。

上院選挙制度は小選挙区を主としていた。しかし、小選挙区で当選するためには65％の得票率が必要であったため、当選者を出していた選挙区はごくわずかであった。そのため、議席は政党の得票率に応じて比例配分され、実質的には比例代表制であった。レファレンダムは、この65％条項を廃止し、小選挙区制を機能させることをめざした。

　同時に行われた政党助成、農林省、観光省、国家持ち株省の廃止などに関するレファレンダムも成立した。これらの結果は、政党支配体制批判と政権交代を求める世論の反映として受け止められた。

タンジェントーポリ

　レファレンダムを成功させるに至った政党支配体制への不満、批判、非難は、タンジェントーポリ（賄賂都市）と呼ばれることになる全国的な汚職事件で高まっていた。発端は１９９２年2月にミラノで発覚した収賄事件であった。イタリアでは日常茶飯事的なこの収賄事件に対する捜査が、全国各地に広がった。司法当局が展開したマーニ・プリーテ（清潔な手）作戦と呼ばれた捜査は国会議員の7割までに及び、とくに政権の中枢にいたキリスト教民主党と社会党に打撃を与えた。

　批判される政党に代わって存在感を高めたのは、大統領であった。１９９３年4月にスカルファロはイタリア銀行総裁で非議員のカルロ・アゼーリオ・チャンピを首相に任命した。首相の任命権は大統領にあるが、政党支配体制のもとでは首相候補は政党間で決められ、大統領の任命は形式的なものに過ぎなかった。スカルファロは政党支配体制批判の世論を受ける形で、任命権を行使した。

上下両院選挙法改正

　4月のレファレンダムの結果を受けて、議会は早くも8月に上院の選挙法を改正した。さらにレファレンダムの対象になっていなかった下院の選挙法をも改正するに至った。

改正された選挙法は両院ともに定数（上院315、下院630）の75％を小選挙区相対多数代表制で、25％を比例代表で選出するものとなった。小選挙区制を主とすることで、イギリス的な二党制は無理であっても左右の二極化を促進し、将来的に政権交代が実現されることをめざした。他方で小政党への配慮から比例代表制を残した。

政党批判は選挙法改正によってもやまなかった。キリスト教民主党と社会党は地方選挙で伸び悩んだ。代わって躍進したのは、政権外に位置していた共産党の後継政党である左翼民主党と右翼のイタリア社会運動であった。

1994年上下両院選挙

1994年に入ると、政治状況はさらに激しく変化した。1月にチャンピ内閣が総辞職し、議会が解散され、新制度の下で選挙が行われることになった。しかし、選挙を戦う政党の顔ぶれは様変わりした。

政党支配体制の中心にいたキリスト教民主党は選挙を前にして解党した。代わって登場したのが、企業グループ「フィニンベスト」を率いるシルヴィオ・ベルルスコーニで、「フォルツァ・イタリア」を結成して出馬を表明した。

選挙競合の様式も一変した。比例代表ではこれまで通り、各政党が候補者名簿を提出して議席の獲得をめざしたが、小選挙区では諸政党が選挙連合を結成して選挙に臨んだ。左翼民主党が中心となって左翼連合「進歩主義者同盟」が結成され、旧キリスト教民主党グループなどが中道連合「イタリアのための協定」に集った。フォルツァ・イタリアは北部同盟と「自由の極」を、イタリア社会運動から名称を改めた国民同盟と「善政の極」を結成し、全体として右翼連合を構成した。選挙前に選挙連合がつくられ、また各連合が首相候補であるリーダーを明らかにしたことによって、選挙は議員・政党を選ぶだけでなく、政権選択・首相選出の意味を持つことになった。

ベルルスコーニ政権

選挙で勝利したのは右翼連合で、ベルルスコーニが首相となった。国民同盟も入閣し、ネオファシストが政権入りしたと話題になった。

選挙制度が変更されたこと、また伝統政党が崩壊して新興政党が台頭したこと、その結果として本格的な政権交代が実現したことで、イタリア政治は一変した。こうして憲法改正がなかったにもかかわらず、第二共和制へ移行したと認識されるようになった。

5月に発足したベルルスコーニ政権は年金改革などを実施しようとしたが、北部同盟が連立を離脱し、ベルルスコーニ自身に対する贈賄容疑により、同年12月に総辞職した。

スカルファロ大統領が後継首相に任命したのは、非議員のランベルト・ディーニであった。ディーニ内閣は、閣僚すべてが非議員で、テクノクラート内閣と称された。同内閣は年金改革や女性の権利の法制化などに尽力した。

1996年上下両院選挙

1996年2月に両院が解散された。元産業復興公社（ＩＲＩ）総裁のロマーノ・プローディをリーダーとし、左翼民主党などが集った中道・左翼連合「オリーブの木」と、フォルツァ・イタリアと国民同盟を中心とする中道・右翼連合「自由の極」が政権獲得をめざして戦った。前回選挙で左右両極の間で埋没した中道連合は単独の選挙連合を結成しなかった。選挙連合を構成する政党、選挙連合の名称は変化するものの、左右二極の選挙連合が政権獲得をめざして選挙競合を展開するパターンは、2001年、2006年、2008年選挙まで続く。

1996年4月に行われた選挙では「オリーブの木」が辛勝し、プローディ政権が誕生した。プローディ政権はイタリアのユーロ参加などに尽力したものの、1998年10月に共産主義再建党が閣外協力を撤回したことによって崩壊した。後継首相となったのは、左翼民主党と左翼系小党が合同して結成された「左翼民主主義者」のリーダーであるマッシモ・ダレーマであった。しかし、ダレーマ政権も2000年4月に行われた州選挙での中道・左翼連合の敗北の責任をとり総辞職し、国会に議席を持っていなかったアマートが政権を継いだ。

首相は交代したものの、中道・左翼政権は5年の立法期を全うした。しかし、2001年選挙でベルルスコーニ率いる中道右翼連合「自由の家」に敗れた。

（池谷知明）

プローディ

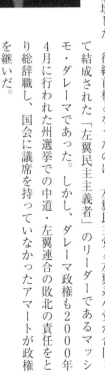

コラム 11

映画で学ぶイタリア史
――その扉を開くために

「イタリア史を学べる映画にはどんなものがありますか？」もう数年前になるだろうか。都内のカルチャーセンターの「映画で学ぶイタリア語」というクラスで、熱心な受講生の方にこんな質問をされたとき、とっさに思い浮かんだのが次の三つのタイトルだった。ひとつはベルナルド・ベルトルッチの『１９００年』（１９７６年）、もうひとつはエットレ・スコラの『あんなに愛しあったのに』（１９７４年）、そしてマルコ・トゥッリオ・ジョルダーナの『輝ける青春』（２００３年）である。

じつはこの3作品、続けて鑑賞すれば、うまいぐあいにイタリアの「20世紀」が通覧できる。時間は多少かかる。なにしろ『１９００年』が5時間10分、『あんなに愛しあったのに』は2時間、『輝ける青春』はなんと6時間6分だから、合計で13時間16分、およそ半日。それでもたった半日で、ここ１００年のイタリア史を見ることができるのだから悪くはない。

けれどもそれは、あくまでも１００年の歴史の通覧。それだけで歴史を学んだとは言えない。ならば、どうすれば〈映画でイタリア史を学ぶ〉ことができるのか。もちろん、何かを学ぶのに王道はない。じっくり学び続けるしかない。だとすれば、それは〈映画でイタリア語を学ぶ〉ことに似ているのかもしれない。

なにしろ〈映画でイタリア語を学ぶ〉のは時間がかかる。一本のイタリア映画を見たからといって、イタリア語のセリフすべてが理解できるわけではない。言葉の響きは耳に届く。しかし意味がわからない。ともかくはじめは日本語の字幕が頼り。意味さえわかれば、映画を楽しむことができる。まずは楽しむこと。最初はそれでよい。

楽しめなければ続かない。言葉の勉強には時間がかかる。楽しみながら続けるというのが、なによりも大切なポイントなのだ。

そんな事情は、おそらく〈映画でイタリア史を学ぶ〉ことに関しても変わらない。まずは映画を楽しむこと。たとえ半日かかろうと、とにかく楽しむことさえできれば、時間なんてあっという間に過ぎる。時間があっという間に過ぎれば過ぎるほど、そこで味わった楽しみが貴重に感じられるはず。もう一度味わいたくなり、ともかく記憶に呼び戻し反芻してしまう。まさにそのときなのだ、見落としていた謎に魅了されたり、思わぬ発見に喜んだり、新しい感動を味わえたりするのは。おそらくは、そんな映画の楽しみのなかに、歴史への入り口が開いているのではないだろうか。

『1900 年』（DVD、発売元：紀伊國屋書店）

たとえば『1900年』である。エンニオ・モリコーネの美しいテーマ曲とともに思い起こされるのは、オープニング・クレジットで印象的に映し出された、力強く美しい労働者たちの群像画。この絵画にはっとしたなら調べてみることだ。すぐに、ジュゼッペ・ペリッツァ・ダ・ヴォルペードによる『第4階級』（1901年）というタイトルに行き当たるだろう。うまくゆけば、この絵画の背後に、20世紀初頭に現れた社会運動の力強さと、それに呼応する新しい芸術の流れが見えてくるかもしれない。あるいは冒頭の「ヴェルディが死んだ！」というセリフも気になるところ。それは偉大な作曲家にして、祖国の独立を見守った愛国者として知られるジュゼッペ・ヴェルディのこと。イタリアが困難の中で国民国家として統一を果たしてゆく激動の時代を生き抜いたこの芸術家の訃報は、「19世紀《オットチェント》」の終焉を告げる。この映画は、そんなひとつの時代の終焉に、「20世紀《ノヴェチェント》」という新しい時代を到来させるわけである。

しかし『1900年』の最大の謎は、なんといってもラストシーンではないだろうか。勝利にひるがえる赤い旗、オペラさながらの人民裁判。「地主は死んだ《イル・パドローネ・エ・モルト》」という宣言に、赤い大絨毯が遠かれば、「地主は生きている《イル・パドローネ・エ・ヴィーヴォ》」との呟きが弱々しく立ちあがる。ふたたび聞こえるディンドン・ディンドンの数え歌。かつての幼子が追いつ追われつ歳を重ねて振り出しに戻れば、そこには〈姿なき声〉を伝える電信柱と〈過去〉を〈未来〉に結ぶ線路。そして轟音とともに、今や赤い旗に飾られた機関車が通り過ぎたとき、その傍らには一匹のモグラが黙々と地面を掘り進んでいる……。

そんなラストのイメージは、わたしたちを映画公開当時の1976年へ連れ戻す。それは、「68年《セッサントット》」に始まる革命の情熱が「鉛の時代」のテロリズムに掻き消される直前であり、毛沢東の文化大革命が未だ全貌を見せることなく人々を魅了していた時代だ。驚くべきはカメラがすでに敗北の予感をとらえていること。そして注目すべきは小さなモグラである。かつてはハムレット、ついでヘーゲル、そしてマルクスが言ったように、いつの日か「よく掘った、親愛なるモグラくん」と言えるための〈現在〉がここに祈願されているのだとしたら、そんな時代状況を突き破ろうとするこの作品に、わたしたちは〈映画で学ぶ歴史〉の扉を開く鍵のひとつを手にしているのかもしれないのだ。

（押場靖志）

47 憲法改正と分権化
——あるべき国と州等の関係の模索

憲法改正による分権の推進——2001年憲法改正

憲法改正と分権の関係に関しては、地方自治について定める第2部第5章を大きく改めた2001年の憲法改正が重要な意味を持つ。憲法制定当初から、州は一部の立法権を有していたが、同改正により、その立法権は拡張され、非連邦国家ながら連邦国家に類似した国と州の間での立法権限配分が憲法上実現した。また、行政および財政分野でも、州等の権限拡大が図られた。

まず、立法権限配分について、2001年改正は、それまでの体系を逆転させるものであった。憲法は、立法事項ごとに国と州いずれの権限に属するかを定めている。改正前は、州が権限を持つ事項が列挙され、列挙されていないその他の事項はすべて国が立法権を持つと定められていた。これに対して、改正後は、国が専属的に立法できる事項（例えば、外交）、国の法律の定める基本原則の範囲内で州が立法権を持つ事項（競合的立法事項。例えば、州の国際関係）がそれぞれ列挙され、残りの事項については、州が立法権を持つこととなった。また、州の法律は、国の法律と同等のレベルに置かれた。しかし、改正後の早い段階から、憲法裁判所は、次のように国に有利な決定を多く下している。①国の専属的立法事項のうち、特に基本的人権の保障に最も密接に結び付いた事項（全国的に保障されるべき市民的権利および社会的権利に関する給付の最低限の水準の決定等）を、単なる一事項ではなく、関連する州の権限事項についても国の立法者が措置すること（つまり、統一的な規制を行うこと）を正当化する「横断的（立法）事項」であると解釈した。②憲法裁判所は、訴えられた立法が国と州の権限事項双方に関連している場合、当該事項のうちのいずれか一つを明らかに当該立法の核心に関わるものとして優先し（「優位性」の基準）、実際には国の権限に有利な結論が導かれてきた。これに対して、いずれかが確実に優位すると認められない場合には、州の権限を保護するため州の適当な参加手段を整えるよう国の法律に義務付けることが行われている。ただし、このように国と州の「誠実な協働」を求める憲法裁判所の決定は、しばしば国と個別の州の合意等に実現の形式を委ねており、明確さを欠いているとも言える。③憲法裁判所は、（憲法の文言上の解釈とは異なり）憲法に列挙されていない事項であるからといって自動的に州の権限に属するとは判断しなかった。④憲法裁判所は、統一的な規制を行う必要がある場合に、（次に述べるように）本来は行政権についてのみ認められた補完性原理を利用して、州の立法権限の国への一定の移転を認めている。

また、行政権能に関して、憲法上、（より下位の自治体であるコムーネおよび県に与えられた、もっぱら地方利益に関する権能を除き）州の立法権限に対応する行政権能が、州の権限に属すると従来定められていた。これに対して、2001年改正は、補完性原理を導入した。この原理によれば、行政権能は、原則として市民に最も近い自治体に属し、より上位の自治体の措置は補完的な性格を持つ。憲法は、「行政権能は、その統一的行使を保障するために、補完性、差異性および最適性の原理に基づいて、県、大都市、州および国に付与される場合を除き、コムーネに属する」と規定している。ただし、補完性原理の実現は不十分との評価も見られるところである。

さらに、2001年改正は、財政面でも分権を進めようとするものであった。この改正により、州、大都市、県およびコムーネは、収入と支出に係る財政自治権を持つようになった。州等は、固有の財産を持ち、投資的支出（例えば、道路建設）の財源のためであれば借り入れを行うことができる。また、州等の通常の財源は、固有税、国税収入の配分および平衡化基金からの収入と規定された。平衡化基金は、財政力の地域間格差を減少させるよう配分され、いかなる場合にも使途の限定を伴わない。こうした財源は、州等が、その与えられた権能に係る費用を完全に支払うことを保障する。これに加えて、国は、特定の州等に、追加財源を配当し、特別な措置を行うこととされる。その目的は、経済発展、社会的結束と連帯を促進し、経済的社会的不均衡を除去し、人格権の実効的な行使を助長し、またはその権能の通常の遂行とは異なる目的に対処することである。ただし、この場合には、国は財源の使途について制約を設けることができる。しかし、財政権に係る改正を実施するための法律は、整備に時間を要し、ようやく2009年に制定された（同年法律第42号）。42号法は、州等の収入構造、平衡化基金の創設および州等の政府間での財政調整の保障等についての原則を定め、関連事項の制定を政府に委任している。2010年以降、42号法の委任を受け、コムーネおよび県における標準的需要の決定手法をはじめとした内容を持つ、11本の立法命令（法律の委任を受けて政府の定める、法律と同等の効力を持つ命令）が制定されている。しかし、実施のための立法命令には、同時期の経済・金融危機が影を落としており、例えば会計検査院の州等の財政に対する統制権限の強化等、国の権限をあらためて強くする傾向もうかがえる。

以上のように、２００１年憲法改正は州等の権限を拡大し、分権を進めようとするものと言えたが、その実施過程においては、立法や憲法裁判所の決定を介して一定の抑制が加えられている。

憲法改正の試みとその挫折――２０１６年憲法改正案等

２００１年憲法改正以降、さらなる憲法改正に向けた議論は活発に行われており、分権の動向とも密接に関連している。そのうち、議会が憲法改正案を可決し、その賛否をめぐる国民投票が行われたことが2回ある。1回目は、２００３年10月に中道右派政権が提出し、統治機構全体の見直し（国と州の立法権限配分の見直し、「連邦上院」の導入、首相の権限強化、憲法裁判所の機構改革等）を図る憲法改正案に関して、議会は２００５年11月に可決したが、２００６年6月の国民投票により否決（賛成38・7%、反対61・3%）された事例である。2回目は、２０１４年4月に中道左派政権が提出した憲法改正案に関して、議会は２０１６年4月に可決したが、同年12月の国民投票で否決（賛成40・9%、反対59・1%）された事例である。

２０１６年憲法改正案は、まず、国と州の間の立法権限配分に関して、競合的立法事項をなくすとともに、国の専属的立法事項を拡充するものであった。州に対しては、一般的な立法権限を残しながら、その立法事項の一部を列挙している。あわせて、「共和国の法的若しくは経済的統一の保護または国の利益の保護の必要があるときは、政府の提案に基づいて、国の法律は、州法に留保された事項に介入できる」と規定して、全国レベルで統一的な規制を行うための国の介入を明示的に認めていた。こうした改正は総じて、憲法裁判所が２００１年憲法改正後に強調してきた統一的な規制を行う必要性を憲法上に取り込むことにより、国の権限を強化するものと言えた。

他方、国民の代表であり、地域の代表ではない上院に関して、２０１６年憲法改正案は、領域団体（州からコムーネまでの自治体全体を指す）を代表し、国と当該団体を接続する機能を果たすものと規定した。そこでの上院は、領域団体を代表する95名の議員並びに5名の大統領任命議員および大統領経験者で構成される。この95名の議員の選出方法については、州議会（または自治県議会）が、比例代表方式により、その構成員の中から複数の議員を選出するとともに、各州（または自治県）で1名ずつ、その領域のコムーネの長の中から議員を選出すると定め、州議会による間接選挙とされていた。なお、各州への定数配分は、まず2議席を配分し、その後、人口に比例して議席配分を行う。上院の権能は、主に諮問的なものとし、立法権であれば、憲法改正法律をはじめ列挙された事項について下院と権限を対等にとどめる一方、その他の法律の可決を下院に委ねた。あわせて、政府の信任権限を持つのは下院のみとし（現在は両院の権限が対等）、憲法裁判所裁判官の任命については、両院合同会議で5名と規定

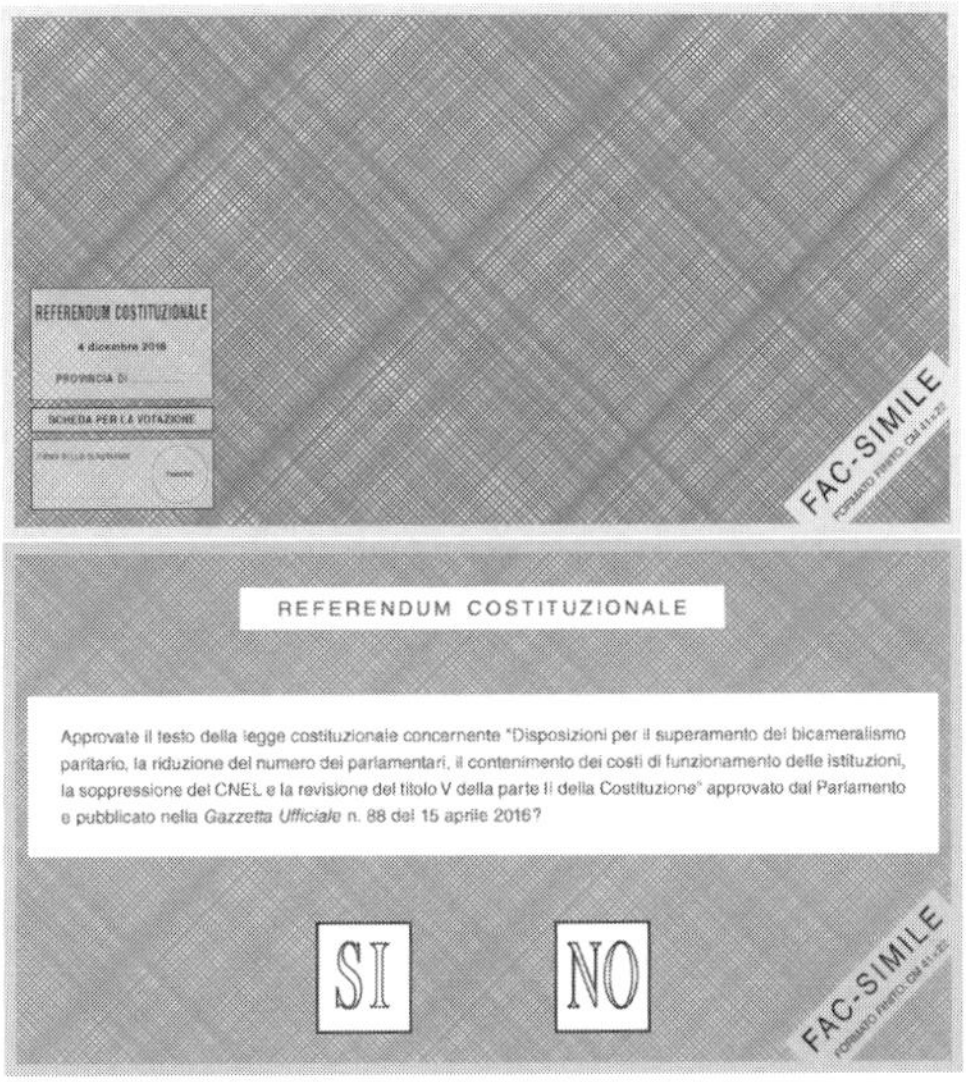

国民投票の投票用紙

する現行規定を、下院が3名、上院が2名と各院が任命すると改めようとした。このような上院の地域代表化と、それに伴う選出方法および権能の見直しについては、手法の差こそあれ、近年の憲法改正案に共通して見られるところである。

このほか、２０１６年憲法改正案は、財政制度に関して、①州等が、憲法とともに「財政および税制の調整のための国の法律の規定に基づいて」課税等を行い、自らの領域に交付される国の税収の配分の決定に与ると改め、②州内の領域団体間での財政関係の規制は州の立法事項としたものの、競合的立法事項であった「財政および税制の調整」を国の専属的立法事項に変更していた。これは、国の法律による州の立法権の制約の拡大を生じ得たものと考えられる。

（芦田 淳）

48 ヨーロッパ統合とイタリア
――EUへの期待と現実

今日のEU統合においてはフランスとドイツが中心的存在であるという印象が強いが、ドイツには遠く及ばないものの、フランスや離脱交渉中のイギリスと並ぶGDPと6000万人近い人口を持つイタリアは、欧州議会の議席数でみても、域内の4大国の一角を占める存在であり、人口4000万人台のスペイン以下の中小国とはかなり差がある。実際、ヨーロッパ統合の歴史の中にも、何人かのイタリア人の名前が登場する。

欧州連邦主義の伝統

数々の小国家が並存していたイタリアは、ようやく1861年にサヴォイア王家によってイタリア王国としての国家統一をみたが、リソルジメント（国家統一運動）の運動家たちの想像力は、すでに統一国家の先を予見していた。たとえば、マッツィーニは共和国の集合としての「ヨーロッパ連邦」を思い描いていたし、カッターネオは連邦制による「ヨーロッパ合州国」を構想していた。

戦後のヨーロッパ統合につながるものとしては、ティレニア海の離島にあった反ファシスト政治犯収容所でアルティエーロ・スピネッリらが起草した「ヴェントテーネ宣言」があげられる。この文書

「ヴェントテーネ宣言」の記念碑（ヴェントテーネ島）。出版60周年と欧州憲法条約の調印（2004年調印、発効せず）をあわせて記念。このプレートの上部にスピネッリの言葉を彫った碑が立っている

は、元共産党員のスピネッリと、レジスタンス組織「正義と自由」の活動家エルネスト・ロッシ、社会党員のエウジェーニオ・コロルニが協力して書いたもので、世界大戦を引き起こした主権国家体制を批判し、戦後のヨーロッパでは政治的主張の違いを超えた欧州連邦組織を市民が自発的に作っていくべきだとする考えをまとめたもので、密かに島外に持ち出され、本土のレジスタンス活動家の間で回覧された。

　解放後、スピネッリらは各国で始まっていた同様の運動と連動し、やがて欧州連邦主義同盟（ＵＥＦ）という全欧的な運動組織が結成された。この運動は、政治家、経済人、文化人を巻き込んで一大勢力となり、１９４９年には現在も人権保護や文化協力などの分野で活動する欧州評議会が成立した。

　現在、スピネッリの墓があるヴェントテーネ島はイタリアの欧州連邦主義の「記憶の場」となっていて、スピネッリの友人でもあったナポリターノ前大統領のほか、タヤーニ元欧州委員会副委員長（現・欧州議会議長）、レンツィ前首相らがそれぞれ在任中に訪問した。また、スピネッリの名は、ブリュッセルにある欧州議会ビルの一つに残されている。

戦後の国家再建とヨーロッパ統合

ヨーロッパ統合の動きは、その後、フランスのジャン・モネが起案し、1950年に発表されたシューマン・プランによる欧州石炭鉄鋼共同体の成立以降、各国政府主導になり、今日のEUの基礎となる欧州経済共同体（EEC）の成立につながっていく。

初期の欧州統合には、たとえばロベール・シューマン（フランス）、コンラート・アデナウアー（西ドイツ）、ポール＝アンリ・スパーク（ベルギー）など「欧州建設の父たち」と呼ばれる一連の人物がいるが、イタリアのアルチーデ・デ・ガスペリもその中に含まれる。デ・ガスペリはキリスト教民主党を率い、戦後は長く首相として、イタリア共和国の民主主義体制の確立に努めたが、1952年に締結された欧州防衛共同体条約（仏議会が批准せず未発効）に、将来の「欧州政治共同体」を準備する条項を追加させたことでも知られる。

デ・ガスペリは旧オーストリア領だったトレンティーノに生まれ、第一次世界大戦後にイタリア人となった。これは同じくカトリックで、ドイツ統治下のロレーヌで育ったシューマンや、仏独国境に近いライン地方出身のアデナウアーと重なるところがある。

とはいえ、デ・ガスペリの主張にはもちろん、国益上の配慮がある。戦後のイタリアの経済状況は、むしろヨーロッパ統合を自国の戦後復興に活用しなければいけないくらい厳しいものであった。イタリアには炭鉱は貧弱なものしかなく、戦争で中断した高炉製鉄を復活させねばならず、余剰労働力解消のための移民の送り先も、統一以来の課題である南部の開発資金も必要だった。つまり、ヨーロッパの力を借りて経済発展したいイタリアにとっては、むしろ欧州共同体が包括的な連邦ないしは政治共同体のように強固な組織となって、そこにイタリアの発言権が確保されることが望ましいことだったのである。

デ・ガスペリに続く人物としては、1955年に新たなヨーロッパ統合の進め方を議論する6カ国外相会談をシチリア島のメッシーナに誘致したガエターノ・マルティーノ外相（自由党）が挙げられる。メッシーナはマルティーノの出身地だが、ここでの会談が欧州防衛共同体挫折後のヨーロッパ統合の「再浮上」の始まりとなった。ただし、新しい共同体はオランダやベルギーが中心となって提案した「共同市場」案がベースとなる。

欧州経済共同体（EEC）設立条約が1957年にローマで調印され、今日でも「ローマ条約」と呼ばれるのは、イタリアにとって名誉なことである。しかし、これは、ブリュッセルにEEC本部を置きたいベルギーが、他国から支持のないトリノを提案したイタリアを懐柔した結果である。むしろ、ローマ条約にイタリアの影響が見られたのは、欧州社会基金や欧州投資銀行など、衰退産業地域や低開発地域に役立つ資金を提供する制度ができたことだった。また、イタリアは、各国の国会議員の代表が集うEECの諮問議会の強化を主張し続け、1960年にマルティーノが議長となった後、1962年に初めて「欧州議会」と名乗るようになる。

EC時代のイタリア

EECの原加盟国となったイタリアは、共同市場から大いなる果実を得た。欧州で有数の自動車会社に成長したフィアットは、「イタリアの奇跡」と呼ばれた戦後の高度成長を象徴する企業である。

フィアットの創業家のジャンニ・アニェッリは、他の欧州各国の財界人とともに、域内市場統合完成を目指した欧州委員会の計画を強力に支持した。

一方で、共通農業政策、欧州社会基金、欧州地域開発基金など、EC（1967年からEECなど三共同体を総称）からの補助金は、南部や衰退地域を多く抱えるイタリアにとって重要な資金源となったが、イタリア側の投資計画や執行段階の不備で必ずしも効果的に活用されていなかった。しかし、この時代のイタリア人のヨーロッパ統合への期待は総じて高く、1973年に始まるEC加盟国世論調査ユーロバロメーターでは、イタリアのEC支持はトップクラスであった。

イタリアはスペインのEC加盟でも主たる交渉役を果たし、1980年代には、「市民のためのヨーロッパ」を推進した。また、独伊共同の「ゲンシャー＝コロンボ・イニシアティブ」でコロンボ外相（キリスト教民主党）が、この時代の統合推進の口火を切り、これに呼応する形で、1979年に初めて直接選挙が行われた欧州議会でスピネッリを中心に独自の「欧州連合設立条約草案」が起草され、1984年に採択された。これは各国政府には採用されなかったが、反作用として単一欧州議定書による1992年末の域内市場完成につながったのである。

ユーロ時代のイタリア

1992年締結のマーストリヒト条約により、1993年にECがEUとなり、経済通貨同盟の構築が本格的に始まったが、この時代はイタリアにとっては、期待とともに苦難も多い、戦後体制の転換期となった。1992年には、欧州通貨危機によりイタリア・リラが為替相場メカニズム（ERM）

から離脱を余儀なくされ、国内ではミラノの福祉施設をめぐる「タンジェントーポリ」汚職事件の摘発で与党幹部や大企業幹部に捜査が及び、政界も大混乱となった。

１９９４年の総選挙開始までに既存の有力政党はほぼ姿を消し、キリスト教民主党は解党し、イタリア共産党が左翼民主党に改組された。この時期に政界に進出し、中道右派勢力を新たに再編した「フォルツァ・イタリア」を率いたのが、新興の財界人ベルルスコーニである。彼は新自由主義と保守的温情主義の中間的な政策を進めていくことになる。

一方、左翼民主党を中心とする中道左派は１９９６年に「オリーブの木」連立政権を成立させ、元イタリア銀行総裁のチャンピを国庫相に据え、ユーロ導入に成功した。１９９６年の財政赤字が７・０%に達しており、ユーロの第一陣参加は難しいと見られていたが、「ユーロ税」と総称される緊急財政措置を発動し、97年の財政赤字を２・７%に圧縮し、参加にこぎつけた。

その後、左右両陣営は政権交代を繰り返したが、４次にわたるベルルスコーニの中道右派政権は選挙のたびに減税を公約にしつつ、財政赤字の削減には成功しなかったし、中道左派政権も経済成長には成功しなかった。世界金融危機に続くユーロ危機ではイタリアの高い政府債務残高と低成長という弱点が露呈し、危機感が高まった２０１１年末にはＥＵ委員を10年務めた実務家のモンティが首相に就任し、緊縮政策を実施、なんとかＥＵの直接支援を受けずに踏ん張ったものの、その後、緊縮策への不満も高まり、１年あまりで辞任した。

２０１３年の総選挙では左右両陣営とも多数を取れず、しばらく混乱が続いた後、２０１４年から左右連立政権を率いることになった改革派のレンツィ首相（民主党）はユーロ圏の協調を維持しつつも、成長重視に舵を切るように再三ＥＵに求めた。２０１５年末からようやく国内経済は成長に転じたが、成長率はＥＵ各国の中で最低水準である。改革の加速を目指して行われた２０１６年12月の憲法改正国民投票も大差で否決され、レンツィ首相が辞任に追いこまれた。ＥＵの中でイタリアが発言力を維持し続けるには、安定的な改革派政権を樹立させ、足元の財政再建を続けながら、経済成長の芽を育てていかないといけないであろう。

（八十田博人）

49 20世紀イタリアの思想（20世紀後半～21世紀）
――民主主義についての議論

20世紀の終わりごろから、イタリアの思想家の活躍が目立ってきた。この章で紹介するアントニオ・ネグリ（1933～）、ジョルジョ・アガンベン（1942～）は、著作のほとんどが世界の主要言語に翻訳され、邦訳も多数存在する。彼らの特徴は〈生政治〉の問題を考え抜いたことである。生政治とは、仏の哲学者ミシェル・フーコー（1926～1984）が生み出した概念であり、18世紀以降、住民の生命や健康が国家の施策の中心となっていく状況を指したものである。ネグリとアガンベンの功績は独自の方向で生政治を考察し、民主主義と連結した議論を展開したことだといえる。ところで20世紀後半のイタリアにおいて、民主主義の思想家として彼らに先立って取り上げなければならない人物がいる。「共和国の美徳」と称えられたノルベルト・ボッビオ（1909～2004）である。

ノルベルト・ボッビオ――共和国の美徳

ボッビオは第二次大戦後のイタリアで、最も影響力を持った知識人・思想家である。アカデミックな世界だけでなく、現実政治にも大きな影響を及ぼした。イタリア共産党が左翼民主党に転換する際には理論的根拠を提供した。長い間、トリノ大学の法哲学・政治哲学の教授を務め、これらの分野にとどまらず、多様なテーマにわたる膨大な著作を残した。その数は2000以上にのぼる（雑誌・新聞への寄稿、インタビューなども含む）。法哲学では『法の論理における類推』（1938年）、『自然法思想と法実証主義』（1965年）、政治哲学では『ホッブスからマルクスへ』（1965年）、『ヘーゲル研究』（1981年）、『トマス・ホッブス』（1989年）がある。直接的な政治問題に関連した著作も多い。『どんな社会主義をか？』（1976年）、『戦争の問題と平和の道』（1979年）、『民主主義の将来』（1984年）、『権利の時代』（1990年）などである。これらの多くは主要言語に翻訳され、世界的な影響力を持った。死去したときには世界法哲学会の名誉総裁であった。ところが邦訳はほとんどなされていない。『グラムシ思想の再検討』（1990年）は数少ないその一つである。

彼は活動家でもあった。反ファシズムの運動に参加、行動党の結成に関わった。1984年、終身上院議員に任命され、現実のイタリア政治の中では穏健な左翼、中道左派ブロックに位置した。激動する20世紀イタリア史の生き証人でもあり、彼の『自伝』（1997年、未邦訳）は歴史書としての価値も高い。『光はトリノより』（1977年、邦訳あり）、『イタリア・イデオロギー』（1990年、邦訳あり）といった、すぐれた精神史の本も著した。

ボッビオ

ボッビオの立場は、自由の原則と正義の原則による自由主義的社会主義とされる。自由の原則とは市民的自由の保護、とりわけ自己の意見表明の自由の保障である。そのため政治権力は制限されるべきで、政治体制として代議制民主主義が選択される。彼の民主主義とは、政治的決定（集団の利害に関する決定）に、市民の大部分の者が最大限広くかつ確実に参加できる規則の総体である。平等が民主主義の主たる原則となり、これを労働現場に拡大することが正義の原則につながる。経済的権力の民主的統制という意味での社会主義であり、生産手段の国有化などではない。彼の自由主義的社会主義は社会生活全体への民主主義の拡大、社会的弱者の権利擁護を主張する思想といえる。

また彼は自らを「懐疑と対話の人」と称して、多くの討論を主導してきた。その中の〈左翼の再定義論争〉は著書『右と左』（1994年、邦訳あり）を中心に展開された。これは世界的なベストセラーとなり、現在でも強い影響力を有している。彼は独の政治学者カール・シュミット（1888～1985）の議論を参考にして、政治における敵対性の契機を強調した。「政治のカテゴリー自体」が「《友－敵》という二項対立によって表象されている」のであり、右翼と左翼は敵対性の具体的な表現である。その上で右翼と左翼の区別は平等／不平等に対する見方の違いから発生すると論じる。左翼には不平等を縮小するための感性がより多く託される。逆に右翼は不平等を是正すべきものと考えず、社会的な不平等でも自然なものとみなす。「左翼はより平等主義的であり、右翼はより不平等主義的である」（『右と左』95頁）。そして今後の左翼の課題として、経済分野で拡大しているグローバルな、国内的な不平等、いわゆる格差問題の克服を指摘した。こうしたボッビオの主張に対して、急進的な左翼の立場から批判する思想家としてネグリが登場する。

アントニオ・ネグリ――絶対的民主主義

アントニオ・ネグリは政治哲学者である。米の研究者マイケル・ハートとの共著に、『〈帝国〉』（2000年）、『マルチチュード』（2004年）、『コモンウェルス』（2009年）などがある。1960年代から始まるオペライズモ（労働者主義）の潮流に属し、70年代にはアウトノミア運動の中心人物でもあった。

彼は「絶対的民主主義」を主張する。ネグリによれば、近代において民主主義の革新がなされた。古代ギリシア以来、伝統的に民主主義は「多数者による統治」とされていた。多数者とは結局、社会全体から見れば君主や貴族と同様に一部分でしかない。ところが18世紀のアメリカ独立革命、フランス革命では「全員による全員の統治」＝絶対的民主主義に革新されたのである。その一方で「代表制」という考え方が導入された。代表制は人々を統治と結びつけると同時にそれから引き離す。むしろ、絶対的民主主義を予防するためのものであった。

ネグリ［出所：Wikimedia Commons/ Fábio Goveia］

彼は一度も実現されたことのない、絶対的民主主義の条件が現在生成しつつあると分析する。それは「生政治的生産」である。かつて生産とは物質的な財（家具や自動車など）をつくるものであった。今日、主流である生産形態は「非物質的な財」をつくる。それはアイディアや知識、コミュニケーションの形態、さまざまな関係性などである。生政治的生産とは、物質的な財だけでなく、現実の社会的関係や生の多様な形態を生産する。「私たち全員が生政治的生産を通じて社会を共同的に創造し維持するというこの民主主義こそ、私たちが『絶対的』民主主義と呼ぶものである」（『マルチチュード』下巻253頁）。そしてこの絶対的民主主義はグローバルに確立されるべきと主張する。彼の主張にはユートピア的な性格、または自己反省の契機を欠くことで全体主義へとつながる危険性が指摘される。しかし誰の目にも明らかなように、代表制が十分に機能しているとはいえない現状では魅力ある議論といえる。ボッビオとネグリは、立場の違いはあるが、民主主義を肯定的に考察している。一方アガンベンは民主主義を両義的に考える。

ジョルジョ・アガンベン――民主主義の両義性

ジョルジョ・アガンベンは『中身のない人間』（1970年）、『スタンツェ』（1977年）など、自らの専門である美学の分野で大きな功績をあげた。『到来する共同体』（1990年）からは政治についても論じ始める。『ホモ・サケル』（1995年）から始まる一連の「〈ホモ・サケル〉プロジェクト」は世界的に成功した。

彼は民主主義とは不可分の関係にある市民的権利や人権を擁護する言論活動を行っている。同時に権利や民主主義といった近代の政治用語がかつての意味を失っているとして、これらを無批判に使い続けることを問題視する。そして「民主主義と全体主義とが内奥において連帯している」（『ホモ・サケル』19頁）と論じる。この衝撃的な主張は生政治についての彼独自の分析が基礎になっている。彼によると古代ギリシアで「生」を表す言葉は二つあった。「ゾーエー」（単に生きている事実）と「ビオ

アガンベン

ス」（それぞれの個体や集団に特有の生き方）である。ゾーエーは自然的な生であり、ビオスはポリスで生きるという意味で政治的な生である。古代の民主主義はビオスによる政治とされた。ところが近代民主主義は、古代では政治から排除されていたゾーエーをもとにした「剝き出しの生」が政治の中心を占める。近代の政治はこの意味で生政治的になったといえる。彼は全体主義を、剝き出しの生に対する決定が最高の判断基準となる政治体制とみなす。剝き出しの生によって民主主義と全体主義は深いところで関係していることになる。この関係を考え抜くことが新しい政治の発見につながるとアガンベンは主張する。彼の民主主義論は、ボッビオやネグリのように、明確な方向性を示していない。しかし過度に専門化された言説の境目を侵犯し続ける、彼の挑発的な思考に惹かれる人も多い。

ここで紹介した3人は民主主義論以外にも、幅広い言論活動で知られる。また彼ら以外にも魅力ある思想家たちが大勢いる。小説家としても著名な記号論学者ウンベルト・エーコ（１９３２〜２０１６）、〈弱い思考〉のジャンニ・ヴァッティモ（１９３６〜）、歴史家のカルロ・ギンズブルグ（１９３９〜）、フェミニズムのマリアローザ・ダラ・コスタ（１９４３〜）、〈否定の思考〉のマッシモ・カッチャーリ（１９４４〜）、やはり独自の内容で生政治を論じるロベルト・エスポジト（１９５０〜）、ポスト・オペライズモを牽引するサンドロ・メッザードラ（１９６３〜）など枚挙にいとまがない。ぜひ彼らの著作を手に取っていただきたい。

（遠藤　孝）

コラム 12

ヴァティカン教皇が空を飛ぶこと

「空飛ぶ正座」と言えばヨハネ・パウロ2世が思い浮かぶだろう。１９７8年10月から２００５年4月2日に亡くなるまでの26年7カ月の在位期間中に１２９カ国を訪問し、移動距離は１１６万キロメートルで、欧米諸国外のアジアやアフリカ諸国を含む、中国、ソ連、北朝鮮、ベトナムという共産主義国以外はほとんど全部の国を訪問している。

現教皇フランシスコも在位約3年半にしてすでに30カ国ほどを歴訪しているおり、最近では移動する飛行機の中では新聞記者などのメディアのインタビューや質問を受けるスタイルがすっかり定着しつつある。

では教皇はいつからこんな風に空を飛ぶようになったのだろうか。

実は１９６２～65年の第二ヴァティカン公会議の開催中まで基本的に教皇には移動の自由が認められていなかった。第二ヴァティカン公会議開催を主導したヨハネ23世は、空を飛びたくてもそれが許されなかったのである。マルケのロレートに聖母巡礼に行くのに電車に乗っただけで大騒ぎになり、ミラノまでの国内線の飛行機に乗りたかったが認められなかった。教皇がローマから離

ヨハネ23世

れるとろくでもないことが起きるという、中世や近世に問題になった教皇空位論が持ち出され却下されたのである。しかし第二ヴァティカン公会議でカトリック教会やヴァティカンの「近代化」が推進される中で、教皇や修道女などを含む聖職者に移動の自由が認められ、行動範囲が拡大したのであった。ヨハネ23世の後任だったパウロ6世は、飛行機に乗り外国に行くことが初めて許された教皇である。１９６４年に聖地エルサレムへ、さらにインドのボンベイへ、65年には国連本部訪問のためにニューヨークへ、これらは第二ヴァティカン公会議の一環であった。公会議後は68年のコロンビア、69年にウガンダ、70年のオーストラリアという具合に、たった数年間で正座が空を飛ぶことが可能になったのである。

こうした変化は教皇の国籍とも関係がある。パウロ6世（厳密には短期間のヨハネ・パウロ1世）までは教皇の国籍は基本的に実質上イタリア人に限定されていた。しかし第二ヴァティカン公会議前後のカトリック教会内の人事の刷新により、特に教皇の候補者となる枢機卿に非イタリア人が加わることで、ポーランド人教皇のヨハネ・パウロ2世などの誕生を可能にした。実際、就任して数カ月で教皇は「政治的な理由」とはいえ帰郷している。教皇フランチェスコはまだあえてアルゼンチンに帰郷していないが、ブラジルなどの隣国のラテンアメリカ諸国をすでに訪問している。

１９６３年以前に空を飛ぶのが許されなかったのは教皇自身であり、実質上のナンバー2の国務長官や、もちろん教皇の大使であるヌンツィオなどはこの限りではない。第二次大戦中から戦後１９５７年まで教皇であったピウス12世はその地位に就くとイタリア国内にとどまったが、国務長官時代は大西洋を隔ててアメリカのルーズベルト大統領に会いに行っている。また当然、宣教活動などでむしろ対外活動が求められる聖職者職は、歴史的にも現在も多くある。

こうして見てくると教皇も20世紀後半から21

世紀にかけて欧米や日本の首相や大統領と同様に世界中をプライベート・ジェットでめぐる行動の自由を得て、これが国際政治などグローバルな影響力を行使することに繋がった可能性もある。しかし誰しもが世界を飛び回ることを好んでいるわけではなく、あまり好まなかった教皇もいる。ベネディクト16世である。彼が生前退位したときはその理由が取り沙汰されたが、最近のインタビューで「長距離飛行に耐えられなくなった」と述べている。年齢的なものもあるだろうし、時差ボケのしんどさを知る人には理解できなくもない。

「空を飛ぶ正座」という表現は神がかり的なものというより、きわめて現代的なものである。約50年前まで許されていなかったにもかかわらず、21世紀の今、空を飛ぶことを嫌ったら教皇は務まらないのである。

（松本佐保）

50 21世紀のイタリア

――南の思想と「中堅」国家

20世紀前半のイタリアは、第一次大戦、ファシズム体制、第二次大戦という三つの節目のそれぞれで、英仏独と並ぶ主導的に行動するヨーロッパの「大国」をめざした。20世紀後半には冷戦、ヨーロッパ統合など国際政治の動向に従属的に関与する「中堅」国に位置したが、21世紀にはどのような位置と役割をめざしているのであろうか。

１９９０年代から２０００年代は政治史的には「ベルルスコーニ時代」と呼ばれている。この時期は国際的には冷戦体制の終焉、グローバル化、ユーロ導入・東欧のEU加盟によるヨーロッパ統合の深化・拡大など国際政治の枠組みが大きく変化したが、イタリアはなんとかこの流れに対応した。国内的には戦後イタリアの政治・政党システムが劇的に崩壊し、社会システム全体の根本的な変革も迫られた。１９９４年選挙にフォルツァ・イタリアを率いて政界に乗り出した企業家のベルルスコーニは、首相時代（１９９４年5月～95年1月、２００１年6月～06年5月、08年5月～11年11月）も野党時代も政治の主役であった（第46、48章）。この時期の様々な選挙改革・政治改革は、既成政党の消滅と左右二極の選挙連合による政権交代とともに、北部同盟、フォルツァ・イタリア、五つ星運動などポピュリズム新政党の簇生《そうせい》とポピュリズム政治をもたらした。

ベルルスコーニ

ラクイラ地震の復興事業での大規模な汚職、清潔を売りにしてきた北部同盟の書記長ボッシの家族の政党交付金の私的流用やベルルスコーニの汚職・贈賄が示すように、第一共和制以来の政党や政治家の腐敗は続き、その特権的な地位が維持され、政治は「国民から遠い」ままであった。しかし、ベルルスコーニは脱税事件の有罪判決が確定し、２０１３年11月に上院で議員資格剝奪が決まり、「ベルルスコーニの時代」が終わった。

国際関係

戦後イタリアが国際関係の基本線としてきたヨーロッパ統合は大きな転換点にある。マーストリヒト条約、ユーロ導入、ヨーロッパ連邦化をめざす憲法条約へと進んだが、２００５年フランスとオランダの国民投票での憲法条約否決で「統合の深化」は頓挫した。２００８年のユーロ危機・政府債務危機への対応をめぐって南と北のＥＵ加盟国間の亀裂が生じ、分断された（第48章）。ＥＵによる規制やグローバル化への反発、移民・難民問題の激化、国家主権の回復要求などが要因となり、２０１６年６月の国民投票で英国はＥＵ離脱を決めた。フランスやオランダで反移民・反難民・ユーロ離脱を主張する極右が勢いを増し、イタリアでも緊縮政策への反発から反ユーロ・反ＥＵの五つ星運動が勢力を拡大している。

経済と社会

イタリアはグローバル化に対応した経済、雇用、福祉の統合的なシステムを形成できていない。財政赤字の原因、利権の温床であった国営企業の民営化は1990年代に本格的に進められたが、テレコム・イタリアなど一部を除いて国際競争力の強化につながっていない。銀行業も弱体かつ後進的で海外展開が著しく遅れている。少数の巨大私企業群は閉鎖的なサークルを形成しており、個人支配的なままである。税制は長い間のクライエンテリズムによって複雑化し、税務署の徴税能力も人員も不十分なため、脱税が一般化している。総合的な起業支援の体制ができておらず、ベンチャー企業は起業されても続かない。中等・高等教育の制度は抜本的な改善がなされず、教育・研究への公的支出は欧州内で低位で、理系の大学卒業生がきわめて少ないなど、イタリアのポスト工業化への対応の弱さの大きな原因となっている。国営企業による大規模な工場とインフラ建設という伝統的な南部開発方式は90年代に転換された。しかし、政府債務はGDPの100%を超える水準である。

他方、トリノ、ボローニャやフィレンツェなどいくつかの地域では大学と地域・経済界との連携による新たな産業形成と都市創造が試みられている。社会的企業や協同組合企業など連帯を重視した企業活動が生まれている。EUの構造基金を利用し、自治体、企業、労組など地域の主体が協力し「下からの開発」をめざす「ローカル開発」という新たな手法が導入され、1990年代以降、着実に発展している。イタリアでは被雇用者の80%以上が中小企業で働いているが（企業数では99・8%）、その中小企業は90年代にディストレットと呼ばれる中北部を中心とした産業地区で相互に情報と技術の連携を強め、ファッション、食品、家具、機械等の様々な分野で「メイド・イン・イタリー」を生産している。アグリ・ツーリズムや「スロー・フード」「スロー・シティ」の運動も広がっている。

　雇用分野では北欧の「フレクシキュリティ」とは異なり、イタリアでは２００３年のピアージ法、２０１４年の労働憲章18条の廃止により、簡単に解雇できる柔軟性だけを取り入れ、若年層や失業者の労働市場への参入を保障しない「フレックス・インセキュリティ」な制度が作り出された。その結果、大量の「プレカリアート」が生まれ、特に若年層の失業率は約40％と非常に高い。年金・医療・保健・福祉制度なども社会変化に対応した抜本的な改革ができていない（第45章参照）。

移民・難民の大量の流入

　１９７０年代まで移民送り出し国であったイタリアは、今では移民受け入れ国になった。イタリアにおける外国人数は１９９１年に約65万人であったが、２０００年に約１４０万人、２０１５年に約５００万人（人口比８・２％）で、ＥＵ外市民が約４００万人である。これ以外に約数十万人の不法滞在者がいる。出身国は多い順にルーマニア、アルバニア、モロッコ、中国、ウクライナ、フィリピンである。地域的にはロンバルディーア、ラツィオ、エミーリア・ロマーニャ、ヴェーネト、ピエモンテの順に多い。１９８６年に移民に関する最初の法律が制定され、98年に中道左派政権下で社会問題省や外国人統合委員会の設置、社会統合政策の実施などが定められた。２００２年に中道右派政権下で反移民を掲げる北部同盟と国民同盟の主導で、移民の滞在許可の厳格化やＥＵ域外外国人の指紋押捺等を定めたボッシ・フィーニ法が制定された。これらと同時に、不法滞在者・就労者の合法化措置も実施され、これまでに１５０万人以上が合法化された。アラブの春とその後の内戦以降、イタリアはアフリカ・中東からヨーロッパをめざす難民・移民の上陸地となった（地中海ルート）。２０１４年の難民申請数は約６・５万人、２０１５年はシリア内戦の激化で約10万人に増加したが、難民の殺到を止める適切な手立てがない状況である。その結果、イタリアでも反難民・反移民・反イスラームの風潮が拡大している。政府・自治体・市民団体が地域レベルで仕事・住宅・言語教育などで協力して多文化主義・多エスニックな社会の形成と移民の定着に取り組んでいる。

政治

２０１３年2月選挙では中道左派（29・６％）と中道右派（29・２％）の二つの選挙連合に割って入る形で五つ星運動が25・６％を獲得し、単独政党としては第一党となった。イタリア政治は左右二極対立から3党鼎立状況となった。２０１４年5月の欧州議会選挙では民主党は40・２％と躍進し、五つ星運動は23・１％と少し後退した。

21世紀のイタリアは、クライエンテリズムによる経済の非効率と不公正、政治家と政党の腐敗、特殊主義的な社会福祉制度等の「イタリア的特殊性」を変革できないまま、政治と経済の混乱は続いている。他方で、イタリアが誇る「百の都市」の伝統を生かした独創的で多様な試みも行われ、経済と共同体の価値のバランスをめざす「南の思想」の可能性も示している。精神病院の廃止や社会的協同組合など先駆的な取り組みも進められている。エネルギー政策では福島原発事故直後の２０１１年６月の国民投票で原発建設を再開しないことを決めた。このような中から、21世紀の新しいイタリア社会像と国際社会での位置と役割が形成されるのかもしれない。

（高橋　進）

コラム 13

戦争犯罪と戦後賠償

第二次大戦時、イタリアは日独伊の枢軸国であったが、ニュルンベルク裁判や東京裁判のような連合国の国際軍事裁判はイタリアに対しては行われなかった。その理由は、第一にイタリアの連合国の「共同参戦国」という国際的地位である。第二に、休戦協定後、広範な反ファシズム諸政党による国民解放委員会を結成し、連合軍と並行して戦い、自らの手で北・中部イタリアを解放する形を作った（第40、41章参照）。第三に、スイスへの逃走を図っていたムッソリーニやファシスト幹部をレジスタンス組織が逮捕・処刑し、ファシスト体制の最高責任者らをイタリア自らが裁いた。第四に、イタリアが戦争犯罪を行ったバルカン半島が戦後は西側諸国と断絶したソ連圏に、ギリシアは内戦後の軍事独裁政権下にあったこと。第五に、連合国は植民地支配の残虐行為を裁く意思はなかったことなどである。

イタリア政府自身によるファシスト制裁は1944年2月から始まったが、45年12月にファシスト制裁高等委員会が解散され、追及活動は終了した。ミラノ重罪裁判所では戦争犯罪890件のうち、死刑判決は36名、死刑執行はうち2名であった。対独協力の罪では259人に死刑が宣告され、うち91人が執行された。有罪判決を受けた者も上告した破棄院で減刑され、46年6月の共和制の発足に伴う恩赦によってさらに減刑ないし釈放された。

公職追放は全国で約2万3000人が審理されたが、罷免はわずかに約700人であった（それ以外に連合軍規定により約2900人が解雇）。軍、行政府、司法府の多くの官僚たちはその地位に留まった。イタリア国内でのナチス占領下の戦争犯罪に対する米英軍の軍事裁判も不十分であったが、ケッセリング将軍などアルデアティーネの虐殺事件の責任者たちも1952年頃までに釈放された。

1945年8月にパッリ首相の下でナチスやファシストによる住民虐殺などの戦争犯罪の情報資料が軍検察局に集められていたが、2274綴りの関係書類はまもなく封印された。「恥辱の戸棚」と呼ばれるデ・ガスペリ政権によるこの隠蔽は、冷戦下でのドイツとの友好関係の構築やイタリア人戦争犯罪者を守るためであった。冷戦と戦後保守体制終焉後の1994年にこの書類は「発見」され、その後、イタリア各地の軍事裁判所でサンタンナ・ディ・スタッツェーマ、マルツァボット、チビテッラ等でのナチ・ファシストによる住民虐殺についての裁判が行われ、有罪判決が下された。その後、ドイツ大統領や内相がこれらの虐殺事件を公式に謝罪し、慰霊に現地を訪れた。

「善良なイタリア人」といった国内向けの自己弁護的な神話と異なり、ファシスト体制は植民地や占領地で抵抗する市民への虐殺や略奪等々の犯罪行為を行った（「ムッソリーニの汚い戦争」）。しかし、エチオピアでの毒ガス使用、アフリカやバルカン半島での住民の強制収容や虐殺などは裁かれなかった。イタリア政府がエチオピアでの毒ガス使用を公式に認めたのは、1996年、中道左派のディーニ政権においてであった。ドメニコンの虐殺（1943年2月）をはじめとするギリシア各地でのイタリア軍・ファシストによる戦争犯罪は忘却されていたが、21世紀になって「発見」され、2009年2月にはイタリアの駐ギリシャ大使が慰霊式典に初めて参加し、公式に謝罪した。旧ユーゴでの戦争犯罪の謝罪はまだである。これらは、冷戦体制の崩壊、化学兵器禁止条約の発効や人道犯罪時効不適用条約、ダーバン会議など国際的な人権法の発展と「過去の克服」の努力、各国での民主化の結果である。

戦後賠償に関しては、イタリアは1947年のパリ講和条約に従って連合国に賠償をした。し

真ん中の一番高いものが、2005年にイタリアから返還されたアクスムのオベリスク

かし、旧植民地への賠償等はこれに含まれていなかった。エチオピアから略奪したアクスムのオベリスクは2005年にようやく返還された。リビアに対しては2008年8月、ベルルスコーニ首相とカダフィ大佐が会談し、植民地支配を謝罪し、賠償として高速道路の建設等の社会資本整備を支援する協定に調印し、賠償問題に一応の終止符を打った。

（高橋　進／村上義和）

《参考文献》

第Ⅰ部　古　代

青柳正規『皇帝たちの都ローマ――都市に刻まれた権力者像』中央公論社、１９９２年。

飯坂晃治『ローマ帝国の統治構造――皇帝権力とイタリア都市』北海道大学出版会、２０１４年。

大清水裕『ディオクレティアヌス時代のローマ帝国――ラテン碑文に見る帝国統治の継続と変容』山川出版社、２０１２年。

サイム、ロナルド（逸身喜一郎他訳）『ローマ革命――共和政の崩壊とアウグストゥスの新体制』岩波書店、２０１３年。

長谷川博隆『ハンニバル――地中海世界の覇権をかけて』講談社、２００５年。

長谷川博隆『カエサル』講談社、１９９４年。

マイヤー、エルンスト（鈴木一州訳）『ローマ人の国家と国家思想』岩波書店、１９７８年。

南川高志『新・ローマ帝国衰亡史』岩波書店、２０１３年。

第Ⅱ部　中世～ルネサンス

池上俊一『公共善の彼方に――後期中世シエナの社会』名古屋大学出版会、２０１４年。

石鍋真澄『聖母の都市シエナ――中世イタリアの都市国家と美術』吉川弘文館、１９８８年。

井上浩一・根津由喜夫編『ビザンツ――交流と共生の千年王国』昭和堂、２０１３年。

ヴィケール、Ｍ・Ｈ（朝倉文市監訳、渡辺隆司・梅津教孝訳）『中世修道院の世界――使徒の模倣者たち』八坂書房、２００４年。

鹿子生浩輝『征服と自由――マキァヴェッリの政治思想とルネサンス・フィレンツェ』風行社、２０１３年。

加藤磨珠枝編『教皇庁と美術』竹林舎、２０１５年。

亀長洋子『イタリアの中世都市（世界史リブレット）』山川出版社、２０１１年。

亀長洋子『中世ジェノヴァ商人の「家」――アルベルゴ・都市・商業活動』刀水書房、２００１年。

川分圭子・玉木俊明編著『商業と異文化の接触――中世後期から近代におけるヨーロッパ国際商業の生成と展開』吉田書店、２０１７年。

齊藤寛海・山辺規子・藤内哲也編『イタリア都市社会史入門――12世紀から16世紀まで』昭和堂、２００８年。

齊藤寛海「五大国とスペイン」北原敦編『イタリア史（新版世界各国史15）』山川出版社、２００８年。

齊藤寛海『中世後期イタリアの商業と都市』知泉書館、２００２年。

佐藤公美『中世イタリアの地域と国家――紛争と平和の政治社会史』京都大学学術出版会、２０１２年。

シュルツェ、ハンス・K（五十嵐修・小倉欣一訳）『西欧中世史事典〈2〉皇帝と帝国』ミネルヴァ書房、2005年。

陣内秀信『都市を読む＊イタリア』法政大学出版局、1988年。

杉崎泰一郎『修道院の歴史——聖アントニオスからイエズス会まで』創元社、2015年。

関口武彦『教皇改革の研究』南窓社、2013年。

高山博『中世シチリア王国』講談社現代新書、1999年。

永井三明『ヴェネツィア貴族の世界——社会と意識』刀水書房、1994年。

根占献一『イタリアルネサンスとアジア日本』知泉書館、2017年。

根占献一『ルネサンス精神への旅——ジョアッキーノ・ダ・フィオーレからカッシーラーまで』創文社、2009年。

根占献一『フィレンツェ共和国のヒューマニスト——イタリア・ルネサンス研究（正）』創文社、2005年。

根占献一『共和国のプラトン的世界——イタリア・ルネサンス研究（続）』創文社、2005年。

根占献一『ロレンツォ・デ・メディチ——ルネサンス期フィレンツェ社会における個人の形成』南窓社、1998年。

野口昌夫『イタリア都市の諸相——都市は歴史を語る』刀水書房、2008年。

バラクロウ、ジェフリー（藤崎衛訳）『中世教皇史』八坂書房、2012年。

藤内哲也『近世ヴェネツィアの権力と社会——「平穏なる共和国」の虚像と実像』昭和堂、2005年。

藤崎衛『中世教皇庁の成立と展開』八坂書房、2013年。

ブラッカー、G（森田義之・松本典昭訳）『ルネサンス都市フィレンツェ』岩波書店、2011年。

フルゴーニ、キアーラ（三森のぞみ訳）『アッシジのフランチェスコ——ひとりの人間の生涯』白水社、2004年。

森田鉄郎『中世イタリアの経済と社会——ルネサンスの背景』山川出版社、1987年。

山辺規子『ノルマン騎士の地中海興亡史』白水社Uブックス、2009年。

ランシマン、スティーブン（榊原勝・藤澤房俊訳）『シチリアの晩禱』太陽出版、2002年。

第Ⅲ部　近　代

井口文男『イタリア憲法史』有信高文社、1998年。

岩倉具忠・清水純一・西本晃二・米川良夫『イタリア文学史』東京大学出版会、1985年。

ウルフ、S・J（鈴木邦夫訳）『イタリア史　1700－1860』法政大学出版局、2001年。

ギショネ、ポール（幸田礼雅訳）『イタリアの統一』文庫クセジュ、白水社、2013年。

北田葉子『近世フィレンツェの政治と文化』刀水書房、2003年。

北原敦編『イタリア史（新版世界各国史15）』山川出版社、

２００８年。

北村暁夫『千のイタリア』ＮＨＫ出版、２０１０年。

北村暁夫『ナポリのマラドーナ――イタリアにおける「南」とは何か』山川出版社、２００５年。

北村暁夫・伊藤武編著『近代イタリアの歴史――16世紀から現代まで』ミネルヴァ書房、２０１２年。

北村暁夫・小谷眞男編『イタリア国民国家の形成――自由主義期の国家と社会』日本経済評論社、２０１０年。

堺憲一『近代イタリア農業の史的展開』名古屋大学出版会、１９８８年。

ジョル、Ｊ（萩原延寿・野水瑞穂訳）『アナキスト』岩波書店、１９７５年。

竹内啓一『地域問題の形成と展開――南イタリア研究』大明堂、１９９８年。

土肥秀行・山手昌樹編著『教養のイタリア近現代史』ミネルヴァ書房、２０１７年。

ヒューズ＝ハレット、ルーシー（柴野均訳）『ダンヌンツィオ――誘惑のファシスト』白水社、２０１７年。

藤澤房俊『「イタリア」誕生の物語』講談社選書メチエ、２０１２年。

藤澤房俊『大理石の祖国――近代イタリアの国民形成』筑摩書房、１９９７年。

プロカッチ、Ｇ（斎藤泰弘・豊下楢彦訳）『イタリア人民の歴史』Ｉ・Ⅱ、未來社、１９８４年。

堀田誠三『ベッカリーアとイタリア啓蒙』名古屋大学出版会、１９９６年。

水谷彰良『新イタリア・オペラ史』音楽之友社、２０１５年。

森田鉄郎編『イタリア史（世界各国史15）』山川出版社、１９７６年。

山崎功『イタリア労働運動史』青木書店、１９７０年。

第Ⅳ部 現 代

井口文男『イタリア憲法史』有信高文社、１９９８年。

池谷知明・河崎健・加藤秀次郎編『新・西欧比較政治』一藝社、２０１５年。

池谷知明「野党なき政党の共和国イタリア――二党制の希求、多元主義の現実」吉田徹編『野党とは何か――組織改革と政権交代の比較政治』ミネルヴァ書房、２０１５年。

池谷知明「２極化と破片化――２００１年イタリア上下両院選挙」『選挙研究』第18号、２００３年。

池谷知明「１９９６年イタリア上下両院選挙――政党システムの変容を中心にして」『選挙研究』第13号、１９９８年。

石田憲『日独伊三国同盟の起源――イタリア・日本から見た枢軸外交』講談社選書メチエ、２０１３年。

石田憲『ファシストの戦争――世界史的文脈で読むエチオピア戦争』千倉書房、２０１１年。

石田憲『敗戦から憲法へ日独伊――憲法制定の比較政治史』岩波書店、２００９年
石田憲『地中海新ローマ帝国への道――ファシスト・イタリアの対外政策１９３５－39』東京大学出版会、１９９４年。

伊藤武『イタリア現代史』中公新書、2016年。

イングラオ、ピエトロ（後房雄訳）『イタリア共産党を変えた男――ピエトロ・イングラオ自伝』日本経済評論社、2000年。

ヴェネ、G・F（柴野均訳）『ファシズム体制下のイタリア人の暮らし』白水社、1996年。

上村忠男『ヘテロトピア通信』みすず書房、2012年。

上村忠男『現代イタリアの思想を読む』平凡社ライブラリー、2009年。

岡田温司『アガンベン読解』平凡社、2011年。

カッサーノ、フランコ（ファビ・ランベッリ訳）『南の思想　地中海思考への誘い』講談社、2006年。

カプリオッリョ、セルジョ／エルザ・フビーニ編（大久保昭男・坂井信義訳）『愛よ知よ永遠なれ――グラムシ獄中からの手紙』全4巻、大月書店、1982年。

北原敦『イタリア現代史研究』岩波書店、2002年。

北村暁夫・伊藤武編著『近代イタリアの歴史――16世紀から現代まで』ミネルヴァ書房、2012年。

桐生尚武『イタリア・ファシズムの生成と危機――1919－1925』御茶の水書房、2002年。

グラツィア、ヴィクトリア・デ（豊下楢彦他訳）『柔らかいファシズム』有斐閣、1989年。

河野穣『イタリア共産党史（1921－1943）』新評論、1980年。

小島晴洋他著『現代イタリアの社会保障――ユニバーサリズムを越えて』旬報社、2009年。

ゴベッティ、アーダ（堤康徳訳、戸田三三冬監修・解説）『パルチザン日記1943－1945――イタリア反ファシズムを生きた女性』平凡社、1995年。

コラリーツィ、シモーナ（村上信一郎監訳、橋本勝雄訳）『イタリア20世紀史――熱狂と恐怖と希望の100年』名古屋大学出版会、2010年。

佐藤康夫・村上義和「開かれた『恥辱のたんす』――ナチ・ファシストの戦争犯罪」村上義和編著『現代イタリアを知るための44章』明石書店、2005年。

鈴木富久『アントニオ・グラムシ――「獄中ノート」と批判社会学の生成』東信堂、2011年。

高橋進「ポピュリズムの多重奏――ポピュリズムの天国：イタリア」高橋進・石田徹編著『ポピュリズム時代のデモクラシー――ヨーロッパからの考察』法律文化社、2013年。

高橋進『イタリア・ファシズム体制の思想と構造』法律文化社、1997年。

田之倉稔『ファシズムと文化』山川出版社、2004年。

土肥秀行・山手昌樹編著『教養のイタリア近現代史』ミネルヴァ書房、2017年。

中村勝己「90年代イタリア左翼の再定義論争における敵対性と平等主義――ボッビオ『右翼と左翼――政治的区別の理由と意義』をめぐる論議を中心に」日本政治学会編『年報政治学2006－I　平等と政治』木鐸社、2006年。

馬場康雄「ジョリッティ体制の危機」『社会科学研究』31巻2・4号、1979〜1980年。

馬場康雄・岡沢憲芙編『イタリアの経済』早稲田大学出版部、1999年。

馬場康雄・岡沢憲芙編『イタリアの政治』早稲田大学出版部、1999年。

ファシズム研究会編『戦士の革命・生産者の国家』太陽出版、1985年。

ファレル、ニコラス（柴野均訳）『ムッソリーニ』全2巻、白水社、2011年。

フォーガチ、デイヴィド編（東京グラムシ研究会監修・訳）『グラムシ・リーダー』御茶の水書房、1995年。

藤岡寛己『原初的ファシズムの誕生――イタリア戦闘ファッシの結成』御茶の水書房、2007年。

藤澤房俊『ムッソリーニの子どもたち』ミネルヴァ書房、2016年。

藤澤房俊『大理石の祖国――近代イタリアの国民形成』筑摩書房、1997年
藤沢道郎『ファシズムの誕生――ムッソリーニのローマ進軍』中央公論社、1987年。

ベラルディ、フランコ（ビフォ）（廣瀬純・北川眞也訳）『NO FUTURE　イタリア・アウトノミア運動史』洛北出版、2010年。

ボカ、アンジェロ・デル編著（高橋武智日本語版監修）『ムッソリーニの毒ガス』大月書店、2000年。

マクミラン、マーガレット（稲村美貴子訳）『ピースメイカーズ』上・下、芙蓉書房出版、2007年。

宮崎理枝「イタリア――公的扶助を欠いた社会保障制度」田多英範編著『世界はなぜ社会保障制度を創ったのか――主要9カ国の比較研究』ミネルヴァ書房、2014年。

村上信一郎「トリノの憂鬱――晩年のボッビオ教授」『神戸外大論叢』62巻1号、2011年。

村上信一郎『権威と服従――カトリック政党とファシズム』名古屋大学出版会、1989年。

村上義和編著『イタリアを知るための62章【第2版】』明石書店、2013年。

村上義和編著『現代イタリアを知るための44章』明石書店、2005年。

ラーマ、ルチアーノ（松田博訳）『イタリアの労働運動』新日本出版、1979年。

ルッツァット、セルジョ（堤康徳訳）『反ファシズムの危機――現代イタリアの修正主義』岩波書店、2006年。

レヴェッリ、ヌート（志村啓子訳）『ふたつの戦争を生きて――ファシズムの戦争とパルチザンの戦争』岩波書店、2010年。

年代	事項
1968	大学占拠闘争の激化
1969	「暑い秋」、極右の「緊張の戦略」開始
1970	普通州設置、国民投票法成立
1974	離婚法廃止の国民投票で廃止反対が過半数
1978	「国民連帯政府」成立、モロ元首相誘拐・殺害。精神病院廃止法成立、人工妊娠中絶法成立
1987	国民投票で原発関連法廃止決定
1992	「清潔な手」の汚職捜査始まる
1993	チャンピ首班の超党派内閣成立、欧州連合（EU）発足
1994	フォルツァ・イタリア結成、ベルルスコーニ内閣成立
1996	「オリーブの木」連合のプローディ内閣成立
1999	ユーロ導入
2002	移民対策法（ボッシ・フィーニ法）成立
2011	国民投票で原発建設法の廃止決定
2013	レッタ大連合内閣成立
2015	ランペドゥーサ島へのアフリカ・中東からの難民の急増

年代	事項
1494	イタリア戦争始まる（～1559）
1513	マキアヴェッリ、『君主論』執筆
1517	ルター、「95カ条の論題」を発表
1540	ローマ教皇がイエズス会を公認
1545	トレント公会議（～1563）
1618	三十年戦争始まる（～1648）
1627	マントヴァ継承戦争始まる（～31）
1701	スペイン継承戦争始まる（～1714）
1720	サヴォイア朝サルデーニャ王国成立（首都トリノ）
1789	フランス革命勃発
1796	ナポレオン、イタリア遠征
1814	ウイーン会議（～1815）
1816	両シチリア王国誕生
1820	カルボネリーアの反乱
1831	マッツィーニ、青年イタリア結成
1848	イタリア各地で民衆蜂起、サルデーニャ王国、オーストリアに宣戦
1859	サルデーニャ王国とフランス連合軍のオーストリアに対する戦争
1860	ガリバルディ遠征隊、シチリア上陸
1861	イタリア王国成立
1896	イタリア、エチオピアにアドワの戦いで敗北
1911	イタリア、トルコと戦争（～12）、トリポリ・キレナイカ領有
1914	第1次世界大戦勃発
1915	イタリア、英仏側でオーストリアに宣戦
1919	ムッソリーニ、「イタリア戦闘ファッシ」結成、パリ講和条約
1922	ムッソリーニ、首相に任命される
1926	反ファシズム団体の解散・禁止などファシスト独裁体制確立
1939	第2次世界大戦始まる。イタリアは非交戦国宣言
1940	イタリア、英仏に宣戦
1943	ムッソリーニ、首相解任・逮捕。バドリオ政権、連合軍と休戦協定
1945	ムッソリーニ、レジスタンス勢力に拘束、銃殺刑に処される
1946	政体決定の国民投票で共和制決定
1947	マーシャル・プラン発表
1958	ヨーロッパ経済共同体（EEC）発足

◉イタリア史略年表

年代	事項
前753	伝承によるローマ建国
前8世紀末	エトルリア人によるローマ支配（～前6世紀末）
前494	ローマで平民会、護民官の設置
前367	リキニウス・セクスティウス法制定
前340	ラテン戦争、ラテン諸都市ローマに反攻
前264	ローマとカルタゴの第１次ポエニ戦争（～前241）
前214	マケドニア戦争（～前205、前200～前196、前171～前168）
前146	ローマ、第３次ポエニ戦争でカルタゴを破壊し、属州アフリカを設置
前60	第１回３頭政治（～前53）
前43	第２回３頭政治（～前31）
117	トラヤヌス帝のもとでローマ帝国の版図が最大に
313	コンスタンティヌス帝、キリスト教公認
376	ゲルマン民族の大移動開始
395	テオドシウス帝没、２人の息子でローマ帝国を東西に分割
476	西ローマ帝国滅亡
493	テオドリック、東ゴート王国を建国（～552）
568	ランゴバルド族イタリアに侵入、ランゴバルド王国を建設
700頃	モンテ・カッシーノ修道院再建開始
726	東ローマ皇帝レオン3世、偶像禁止令公布
800	カール１世、西ローマ皇帝の帝冠を受ける
870	メルセン条約、カールの帝国が３分割
962	オットー１世、ローマ皇帝の帝冠を受ける
1077	カノッサの屈辱
1096	第１回十字軍（～99）
1130	シチリアにノルマン王朝成立
1204	第４回十字軍、コンスタンティノープル占領。ラテン王国建国
1230代	異端審問始まる
1339	百年戦争始まる（～1453）
1378	ヴェネツィア、ジェノヴァを破る
1406	フィレンツェ、ピサを征服

八十田博人（やそだ・ひろひと）［48］
共立女子大学国際学部教授
専攻：欧州統合史・統合論、イタリア政治・外交史
主な著作：「地中海移民・難民対策をめぐるイタリア・EU間の論争」（『日本EU学会年報』第37号、2017年）、『ヨーロッパの政治経済・入門』（共著、有斐閣、2012年）、『比較外交政策――イラク戦争への対応外交』（共著、明石書店、2004年）。

山手昌樹（やまて・まさき）［32, 39］
共愛学園前橋国際大学国際社会学部専任講師
専攻：イタリア近現代史
主な著作：『教養のイタリア近現代史』（共編著、ミネルヴァ書房、2017年）、『歴史家の窓辺』（分担執筆、上智大学出版、2013年）、『イタリア文化事典』（分担執筆、丸善出版、2011年）。

山辺規子（やまべ・のりこ）［7］
京都橘大学文学部教授・奈良女子大学名誉教授
専攻：イタリア中世史、食文化史
主な著作：『（食の文化フォーラム35）甘みの文化』（編著、ドメス出版、2017年）、『地中海ヨーロッパ』（竹中克行・周藤芳幸との共編著、朝倉書店、2010年）、『イタリア都市社会史入門』（齊藤寛海・藤内哲也との共編著、昭和堂、2008年）、『大学で学ぶ西洋史――古代・中世』（服部良久・南川高志との共編著、ミネルヴァ書房、2006年）、『ノルマン騎士の地中海興亡史』（白水社、1996年、白水uブックス、2009年）。

術』（共著、竹林舎、2015年）、『はじめて学ぶイタリアの歴史と文化』（共著、ミネルヴァ書房、2016年）、『名著で読む世界史120』（共著、山川出版社、2016年）、マックス・ケルナー他『女教皇ヨハンナ』（共訳、三元社、2015年）、『中世教皇庁の成立と展開』（八坂書房、2013年）、ジェフリー・バラクロウ『中世教皇史』（翻訳、八坂書房、2012年）、『ヴァチカン物語』（共著、新潮社、2011年）。

松本佐保（まつもと・さほ）［コラム12］
名古屋市立大学人文社会学部教授
専攻：イタリア・ヴァティカン・英米政治・外交・文化史
主な著作：『熱狂する神の国アメリカ』（文春新書、2016年）、『バチカン近現代史』（中公新書、2013年）、*Britain and the Papacy in the age of revolution, 1846-1851*（Royal Historical Society, 2003）。

水野（角田）延之（みずの〔つのだ〕・のぶゆき）［23］
浜松学院大学短期大学部他　非常勤講師
専攻：フランス近代史
主な著作：「イタリアにおける『反政治』の研究」（『早稲田大学イタリア研究所研究紀要』第6号、2017年）、「イタリアにおけるフランス革命史研究についての一考察――デ・フランチェスコの連邦主義論から」（『早稲田大学イタリア研究所研究紀要』第5号、2016年）、「フランス革命期マルセイユにおけるフェデラリスム の語彙分析」（『四日市大学総合政策学部論集』第13巻1・2合併号、2014年）。

三森のぞみ（みつもり・のぞみ）［10］
慶應義塾大学非常勤講師
専攻：イタリア中世史
主な著作：『イタリア都市社会史入門―― 12世紀から16世紀まで』（共著、昭和堂、2008年）、「フィレンツェにおける近世的政治秩序の形成」（『歴史学研究』第822号、2006年）、キアーラ・フルゴーニ『アッシジのフランチェスコ――ひとりの人間の生涯』（翻訳、白水社、2004年）。

宮崎理枝（みやざき・りえ）［45］
市立大月短期大学経済科教授
専攻：イタリア社会政策・移民政策
主な著作：「フリーライディングする福祉制度？」（後藤玲子編『正義』、「福祉＋α」シリーズ、ミネルヴァ書房、2016年）、「イタリア――公的扶助を欠いた社会保障制度」（田多英範編『世界はなぜ社会保障制度を創ったのか』ミネルヴァ書房、2014年）、「移住家事・ケア労働者とその非可視性――2000年代後半のイタリアの事例から」（『大原社会問題研究所雑誌』653号、2014年）。

＊**村上義和**（むらかみ・よしかず）［コラム13］
編著者紹介を参照。

ゲモニーの系譜学――グラムシと現代政治思想」(杉田敦編『講座政治哲学 第4巻 国家と社会』岩波書店、2014年)、ジョルジョ・アガンベン『例外状態』(共訳、未來社、2007年)。

根占献一(ねじめ・けんいち)[16]
学習院女子大学国際文化交流学部名誉教授・星槎大学講師
専攻:ルネサンス思想史
主な著作:『イタリアルネサンスとアジア日本――ヒューマニズム・アリストテレス主義・プラトン主義』(知泉書館、2017年)、『ルネサンス精神への旅――ジョアッキーノ・ダ・フィオーレからカッシーラーまで』(2009年)、『フィレンツェ共和国のヒューマニスト――イタリア・ルネサンス研究(正)』(2005年)、『共和国のプラトン的世界――イタリア・ルネサンス研究(続)』(同年、以上すべて創文社。現在は講談社オンデマンド)、『ロレンツォ・デ・メディチ――ルネサンス期フィレンツェ社会における個人の形成』(南窓社、1998年[2022年第三版])。

野口昌夫(のぐち・まさお)[コラム2]
東京藝術大学名誉教授
専攻:イタリア建築史・都市史
主な著作:『ルネサンスの演出家ヴァザーリ』(編著、白水社、2011年)、『イタリア文化事典』(編著、丸善出版、2011年)、『イタリア都市の諸相――都市は歴史を語る』(刀水書房、2008年)。

濱口忠大(はまぐち・ただひろ)[コラム4]
甲南高等学校教諭
専攻:トリエステ近現代史
主な著作:「トリエステのイッレデンティズモと参戦運動」(『日伊文化研究』第55号、2017年)、『はじめて学ぶイタリアの歴史と文化』(共著、ミネルヴァ書房、2016年)、"Memory and Identity in Triestine Historiographies," (Yoshiaki Nakai and Paolo Carafa eds., *Memory of the Past and its Utility, Supplement*, Roma, 2016).

藤岡寛己(ふじおか・ひろみ)[34〜36]
福岡国際大学名誉教授
専攻:イタリア近現代政治史
主な著作 『教養のイタリア近現代史』(共著、ミネルヴァ書房、2017年)、「イタリアナショナリズム協会の結成」(福岡国際大学『紀要』34号・37号・38号、2015年・2017年)。

藤崎 衛(ふじさき・まもる)[8]
東京大学大学院総合文化研究科准教授
専攻:中世教会史
主な著作:*Religious Interactions in Europe and the Mediterranean World: Coexistence and Dialogue from the 12th to the 20th Centuries*(共著、Routledge、2017年)、『教皇庁と美

2011年)、『グラムシ『獄中ノート』研究—— 思想と学問の新地平を求めて』(大月書店、2010年)。

髙田京比子(たかだ・けいこ)[6]
神戸大学大学院人文学研究科教授
専攻:イタリア中世史
主な著作:『中世ヴェネツィアの家族と権力』(京都大学学術出版会、2017年)、「交易にはポー川を通るべし——ヴェネツィアと内陸近隣諸都市の争い・秩序」(服部良久編著『コミュニケーションから読む中近世ヨーロッパ史——紛争と秩序のタペストリー』ミネルヴァ書房、2015年)、「中世地中海における人の移動——キプロスとクレタの『ヴェネツィア人』」(前川和也編著『空間と移動の社会史』ミネルヴァ書房、2009年)。

＊**高橋　進**(たかはし・すすむ)[50, コラム13]
編著者紹介を参照。

高橋利安(たかはし・としやす)[27, 42]
広島修道大学名誉教授
専攻:憲法学、イタリア近現代史
主な著作:「アルベルト憲章と議院内閣制」(土肥秀行・山手昌樹編著『教養のイタリア近現代史』ミネルヴァ書房、2017年)、「レンツィ内閣による憲法改正の結末」(『法学新報』121巻1・2号、2017年)、「レンツィ内閣による憲法改正の政治的背景について」(『修道法学』39巻2号、2017年)。

辻　昌宏(つじ・まさひろ)[26, 33]
明治大学経営学部教授
専攻:イタリア文学、リブレット
主な著作:『オペラは脚本(リブレット)から』(明治大学出版会、2014年)。

徳橋　曜(とくはし・よう)[13]
富山大学教育学部教授
専攻:イタリア中近世史
主な著作:『環境と景観の社会史』(編著、文化書房博文社、2004年)、「中世イタリアにおける公証人の社会的位置づけ」(『公証法学』第36号、2006年)、『イタリア都市社会史入門』(共著、昭和堂、2008年)、『15のテーマで学ぶ中世ヨーロッパ史』(共著、ミネルヴァ書房、2013年)、「15世紀イタリアの文化動向と書籍販売」(『西洋中世研究』第6号、2014年)。

中村勝己(なかむら・かつみ)[44]
中央大学ほか非常勤講師
専攻:イタリア政治思想史
主な著作:「オペライズモの光芒——トロンティの社会的工場論と〈政治〉」(市田良彦・王寺賢太編『現代思想と政治——資本主義・精神分析・哲学』平凡社、2016年)、「へ

蒙の実践』（御茶の水書房、2013年）、「フランチェスコ・フェッラーラの経済的自由主義」（一橋大学社会科学古典資料センター、*Study Series* no. 49, 2003年3月）、『イタリア社会思想史――リソルジメント民主派の思想と行動』（御茶の水書房、1997年）。

櫻井康人（さくらい・やすと）［コラム1］
東北学院大学文学部教授
専攻：十字軍史、聖地巡礼史
主な著作：R・スターク『十字軍とイスラーム世界――神の名のもとに戦った人々』（翻訳、新教出版社、2016年）、「家の中にいる敵――十字軍国家におけるフランク人の農村支配」（服部良久編著『コミュニケーションから読む中近世ヨーロッパ史――紛争と秩序のタペストリー』ミネルヴァ書房、2015年）、「14世紀～16世紀前半の聖地巡礼記に見る『聖墳墓の騎士』――儀礼へのフランチェスコ会の関与過程を中心に」（長谷部史彦編『地中海世界の旅人――移動と記述の中近世史』慶應義塾大学出版会、2014年）。

佐藤公美（さとう・ひとみ）［11］
甲南大学文学部教授
専攻：イタリア中世史
主な著作：「都市コムーネから領域国家へ――中世盛期～後期」（藤内哲也編著『はじめて学ぶイタリアの歴史と文化』ミネルヴァ書房、2016年）、*Communities and Conflicts in the Alps from the Late Middle Ages to Early Modernity*（共編著、Società editrice il Mulino/Duncker & Humblot, 2015）、『中世イタリアの地域と国家――紛争と平和の政治社会史』（京都大学学術出版会、2012年）。

柴野　均（しばの・ひとし）［29］
信州大学名誉教授
専攻：イタリア近現代史
主な著作：「ハロルド・アクトン小伝」（『信大史学』39号、2014年）、「エミリオ・ルッスの軌跡」（『信州大学人文社会論集』30号、1994年）。

秦泉寺友紀（しんせんじ・ゆき）［41］
和洋女子大学国際学部教授
専攻：国際社会学、イタリア社会論
主な著作：「南ティロルにおけるファシズム／レジスタンスの記憶――解放記念日と凱旋門の顕彰を手がかりとして」（赤川学・祐成保志編『社会の解読力〈歴史編〉』新曜社、2022年）、「イスラムはなぜ問題化されるのか――イタリアの排外主義の現状」（樽本英樹編『排外主義の国際比較』ミネルヴァ書房、2018年）。

鈴木富久（すずき・とみひさ）［コラム7］
桃山学院大学名誉教授
専攻：労働社会学、グラムシ研究
主な著作：『アントニオ・グラムシ――『獄中ノート』と批判社会学の生成』（東信堂、

北田葉子（きただ・ようこ）［17, 18］
明治大学商学部教授
専攻：イタリア近世史
主な著作："I Bardi di Vernio e Cosimo I: Aspetti dei rapport feudali," (*Archivio storico italiano*, vol. 173, 2015)、『マキァヴェッリ』（山川出版社、2015年）、『近世イタリアの政治と文化』（刀水書房、2003年）。

北村暁夫（きたむら・あきお）［24, 25, 31, コラム6］
日本女子大学文学部教授
専攻：イタリア近現代史、ヨーロッパ移民史
主な著作：『近代イタリアの歴史——16世紀から現代まで』（共編著、ミネルヴァ書房、2012年）、『イタリア国民国家の形成——自由主義期の国家と社会』（共編、日本経済評論社、2010年）、『ナポリのマラドーナ——イタリアにおける「南」とは何か』（山川出版社、2005年）。

城戸照子（きど・てるこ）［5］
大分大学経済学部教授
専攻：イタリア中世史
主な著作：「1974年以降のイタリアにおける中世考古学の研究動向——『中世考古学』誌の40周年記念号から」（『大分大学経済論集』第69巻3・4合併号、2017年）、「9－11世紀北イタリア国制史における裁判集会」（『大分大学経済論集』第64巻3・4合併号、2012年）。

木村容子（きむら・ようこ）［15］
奈良女子大学研究院人文科学系准教授
専攻：イタリア中世史、宗教史・文化史
主な著作：『イタリア史のフロンティア』（共著、昭和堂、2022年）、"The Coexistence of Franciscan and Dominican Sermons in Manuscripts of the Late Middle Ages" (*Archivum Franciscanum Historicum*, Vol. 114, 2021)。

倉科岳志（くらしな・たけし）［37］
京都産業大学文化学部教授
専攻：イタリア近現代史
主な著作：『イタリア・ファシズムを生きた思想家たち——クローチェと批判的継承者』（岩波書店、2017年）、『クローチェ　1866–1952』（藤原書店、2010年）、『ファシズム前夜の市民意識と言論空間』（慶應義塾大学出版会、2008年）。

黒須純一郎（くろす・じゅんいちろう）［20］
明海大学名誉教授
専攻：社会思想史、経済思想史
主な著作：フェルディナンド・ガリアーニ『貨幣論』（翻訳、京都大学学術出版会、2017年）、『チェーザレ・ベッカリーア研究——『犯罪と刑罰』・『公共経済学』と啓

カーナ大公国における統一土地台帳編纂計画とその挫折――ピエトロ・レオポルド期の改革路線対立」(『西洋史学』258号、2015年)。

押場靖志(おしば・やすじ)[コラム11]
学習院大学非常勤講師
専攻:イタリア思想史、イタリア映画研究
主な著作:「幻想のアドリア海――『そして船はゆく』をめぐって」(『日伊文化研究』第55号、2017年)、「誰が地中海に飛び込むのか?――映画『Terraferma』をめぐって」(『上智ヨーロッパ研究』第6号、2014年)、トゥッリオ・ケジチ『フェリーニ映画と人生』(翻訳、白水社、2010年)。

小田原琳(おだわら・りん)[28, コラム5, 8, 9]
東京外国語大学総合国際学研究院教授
専攻:イタリア近現代史
主な著作:『〈境界〉を創りだす力――南イタリアから立てる近代への問い』(東京歴史科学研究会編『歴史を学ぶ人々のために――現在をどう生きるか』岩波書店、2017年)、「経験の後に書かれる歴史へ――イタリア歴史学におけるレジスタンス神話と修正主義」(『日本の科学者』51号、2016年)、シルヴィア・フェデリーチ『キャリバンと魔女――資本主義に抗する女性の身体』(共訳、以文社、2017年)。

小山吉亮(おやま・よしあき)[38]
神奈川大学法学部准教授
専攻:イタリア現代史
主な著作:「『自治体社会主義』からラス支配へ」(『神奈川大学法学部50周年記念論文集』2016年)、「ファシズム時代」(北村暁夫・伊藤武編著『近代イタリアの歴史――16世紀から現代まで』ミネルヴァ書房、2012年)。

勝田由美(かつた・ゆみ)[30, コラム10]
工学院大学教育推進機構国際キャリア科教授
専攻:イタリア近現代の女性運動と社会運動
主な著作:「国民国家形成の時代」「自由主義期の女性運動」(土肥秀行・山手昌樹編著『教養のイタリア近現代史』ミネルヴァ書房、2017年)、「宗教的慈善から世俗的博愛へ――イタリアにおける世俗的援助団体と『公的』福祉の成立」(高田実・中野智世編著『福祉(近代ヨーロッパの探究15)』ミネルヴァ書房、2012年)。

亀長洋子(かめなが・ようこ)[9]
学習院大学文学部教授
専攻:イタリア中世史
主な著作:『イタリアの中世都市(世界史リブレット)』(山川出版社、2011年)、「中世ジェノヴァの『家』」(吉田伸之・伊藤毅編『伝統都市4　分節構造』東京大学出版会、2010年)、『中世ジェノヴァ商人の「家」――アルベルゴ・都市・商業活動』(刀水書房、2001年)。

昌夫編著『ルネサンスの演出家ジョルジョ・ヴァザーリ』白水社、2011年)。

石田　憲（いしだ・けん）[40]
千葉大学大学院社会科学研究院教授
専攻：国際政治史、日独伊比較政治・近現代史
主な著作：『膨張する帝国 拡散する帝国――第二次世界大戦に向かう日英とアジア』（編著、東京大学出版会、2007年)、『敗戦から憲法へ――日独伊憲法制定の比較政治史』（岩波書店、2009年)、"Il problema dei crimini di guerra in Giappone e in Italia. Tre punti di vista comparati,"（A cura di Giovanni Contini, Filippo Focardi e Marta Petricioli, *Memoria e rimozione: I crimini di guerra del Giappone e dell'Italia*, Viella, 2010）。

伊藤　武（いとう・たけし）[43]
専修大学法学部教授
専攻：イタリア政治
主な著作：『イタリア現代史――第二次世界大戦からベルルスコーニ後まで』（中公新書、2016年)、「イタリアにおける保守主義政党――『例外』としてのフォルツァ・イタリア」（水島治郎編『保守の比較政治学――欧州・日本の保守政党とポピュリズム』岩波書店、2016年)、「共和国の成立と高度成長」（北村暁夫・伊藤武編著『近代イタリアの歴史――16世紀から現代まで』ミネルヴァ書房、2012年)。

遠藤　孝（えんどう・たかし）[49]
湘南工科大学総合文化教育センター非常勤講師
専攻：政治学
主な著作：アントニオ・ネグリ『戦略の工場』（共訳、作品社、2011年)、「アントニオ・ネグリのマルチチュード」（『中央大学社会科学研究所年報』第21号、2017年)、「構成する権力と主権権力――権力をめぐるネグリとアガンベンの論争」（『法学新報』第117巻第1・2号、2010年)。

大黒俊二（おおぐろ・しゅんじ）[12]
大阪市立大学大学院文学研究科教授
専攻：イタリア中世史
主な著作：『声と文字』（岩波書店、2010年)、『嘘と貪欲――西欧中世の商業・商人観』（名古屋大学出版会、2006 年)。

大西克典（おおにし・かつのり）[19, 21, 22]
川村学園女子大学文学部准教授
専攻：イタリア近世史
主な著作：*Il progetto di catasto generale nella Toscana del Settecento: una polemica sulla riforma leopoldina,* Roma; Edizioni di Storia e Letteratura, 2022、「近世イタリア都市工業と啓蒙改革――18世紀トスカーナにおける絹織物工業保護」（『史学雑誌』第126編8号、2017年)、「(研究動向) 18世紀イタリアにおける土地台帳編纂研究の射程――ヨーロッパ政治の中の啓蒙改革」（『地中海学研究』第40号、2017年)、「18世紀トス

◉ **執筆者紹介**（50音順、＊は編著者、［　］内は担当章）

芦田　淳（あしだ・じゅん）［47］
国立国会図書館調査及び立法考査局海外立法情報課長
専攻：イタリア政治制度論、日伊比較公法
主な著作：「国と地方の関係」（新井誠ほか編『世界の憲法・日本の憲法――比較憲法入門』有斐閣、2022年）、「イタリアにおける州および地方団体の自治」（大津浩編『分権改革下の地方自治法制の国際比較――地方自治法制の新たなパラダイムを求めて』有信堂高文社、2019年）、「イタリア共和国憲法における『地域国家』と連邦制」（憲法理論研究会編『対話的憲法理論の展開』敬文堂、2016年）。

飯坂晃治（いいさか・こうじ）［1～4］
別府大学文学部教授
専攻：古代ローマ史
主な著作：『ローマ帝国の統治構造――皇帝権力とイタリア都市』（北海道大学出版会、2014年）、「ローマ帝政初期における都市監督官 curator rei publicae とイタリア都市」（『史学雑誌』第111編第４号、2002年）。

池上俊一（いけがみ・しゅんいち）［コラム3］
東京大学大学院総合文化研究科教授
専攻：ヨーロッパ中世史
主な著作：『公共善の彼方に――後期中世シエナの社会』（名古屋大学出版会、2014年）、『ヨーロッパ中世の宗教運動』（名古屋大学出版会、2007年）、『ロマネスク世界論』（名古屋大学出版会、1999年）。

池谷知明（いけや・ともあき）［46］
早稲田大学社会科学総合学術院教授
専攻：政治学、比較政治、イタリア政治
主な著作：『新・西欧比較政治』（共編、一藝社、2015年）、「野党なき政党の共和国イタリア――二党制の希求、多元主義の現実」（吉田徹編『野党とは何か――組織改革と政権交代の比較政治』ミネルヴァ書房、2015年）、「２極化と破片化―― 2001年イタリア上下両院選挙」（『選挙研究』第18号、2003年）、「1996年イタリア上下両院選挙――政党システムの変容を中心にして」（『選挙研究』第13号、1998年）。

石川　清（いしかわ・きよし）［14］
愛知産業大学造形学部建築学科教授
専攻：イタリア中世・ルネサンス建築史
主な著作：「十五世紀ラグーザとイタリア建築――ミケロッツォ・ディ・バルトロメオとフィレンツェの建設技術集団の活動を中心に」（『日伊文化研究』、55号、2017年）、『イタリアにおけるゴシック建築文化受容の複層性に関する研究』（平成24～27年度科学研究費助成事業基盤研究（C）研究成果報告書、2016年）、「建築史家の眼差しをもった建築家の誕生――『芸術家列伝』初版と第二版の間（1550-1568年）」（野口

◉ 編著者紹介

高橋　進（たかはし・すすむ）
龍谷大学名誉教授
専攻：イタリア政治史
主な著作：「イタリア・ナショナリズムの歴史と現在」（渡辺博明編『ポピュリズム、ナショナリズムと現代政治』ナカニシヤ出版、2023年）、『ムッソリーニ　帝国を夢見た政治家』（山川出版社、世界史リブレット、2020年）、『「再国民化」に揺らぐヨーロッパ——新たなナショナリズムの隆盛と移民排斥のゆくえ』（石田徹との共編、法律文化社、2016年）。

村上義和（むらかみ・よしかず）
元東京慈恵会医科大学教授
専攻：イタリア法制史
主な著作：『イタリアを知るための62章【第２版】』（編著、明石書店、2013年）、ロザリオ・ヴィッラリ『イタリアの歴史【現代史】——イタリア高校歴史教科書』（共訳、明石書店、2008年）、『現代イタリアを知るための44章』（編著、明石書店、2005年）、『イタリア近代法史』（共編、明石書店、1998年）、『近代外国人関係法令年表』（共編、明石書店、1997年）。

エリア・スタディーズ　161
〈ヒストリー〉
イタリアの歴史を知るための50章

2017年12月10日　初版第1刷発行
2023年 9 月30日　初版第3刷発行

編著者　高 橋　 進
村 上 義 和
発行者　大 江 道 雅
発行所　株式会社明石書店
〒101-0021 東京都千代田区外神田6-9-5
電話 03（5818）1171
FAX 03（5818）1174
振替　00100-7-24505
https://www.akashi.co.jp/
装丁／組版　明石書店デザイン室
印刷／製本　日経印刷株式会社

（定価はカバーに表示してあります）　ISBN978-4-7503-4585-7

エリア・スタディーズ

1 **現代アメリカ社会を知るための60章**
明石紀雄、川島浩平 編著

2 **イタリアを知るための62章**【第2版】
村上義和 編著

3 **イギリスを旅する35章**
辻野功 編著

4 **モンゴルを知るための65章**【第2版】
金岡秀郎 著

5 **パリ・フランスを知るための44章**
梅本洋一、大里俊晴、木下長宏 編著

6 **現代韓国を知るための60章**【第2版】
石坂浩一、福島みのり 編著

7 **オーストラリアを知るための58章**【第3版】
越智道雄 著

8 **現代中国を知るための52章**【第6版】
藤野彰 編著

9 **ネパールを知るための60章**
日本ネパール協会 編

10 **アメリカの歴史を知るための65章**【第4版】
富田虎男、鵜月裕典、佐藤円 編著

11 **現代フィリピンを知るための61章**【第2版】
大野拓司、寺田勇文 編著

12 **ポルトガルを知るための55章**【第2版】
村上義和、池俊介 編著

13 **北欧を知るための43章**
武田龍夫 著

14 **ブラジルを知るための56章**【第2版】
アンジェロ・イシ 著

15 **ドイツを知るための60章**
早川東三、工藤幹巳 編著

16 **ポーランドを知るための60章**
渡辺克義 編著

17 **シンガポールを知るための65章**【第5版】
田村慶子 編著

18 **現代ドイツを知るための67章**【第3版】
浜本隆志、髙橋憲 編著

19 **ウィーン・オーストリアを知るための57章**【第2版】
広瀬佳一、今井顕 編著

20 **ハンガリーを知るための60章**【第2版】 ドナウの宝石
羽場久美子 編著

21 **現代ロシアを知るための60章**【第2版】
下斗米伸夫、島田博 編著

22 **21世紀アメリカ社会を知るための67章**
明石紀雄 監修 赤尾千波、大類久恵、小塩和人、落合明子、川島浩平、高野泰 編

23 **スペインを知るための60章**
野々山真輝帆 著

24 **キューバを知るための52章**
後藤政子、樋口聡 編著

25 **カナダを知るための60章**
綾部恒雄、飯野正子 編著

26 **中央アジアを知るための60章**【第2版】
宇山智彦 編著

27 **チェコとスロヴァキアを知るための56章**【第2版】
薩摩秀登 編著

28 **現代ドイツの社会・文化を知るための48章**
田村光彰、村上和光、岩淵正明 編著

29 **インドを知るための50章**
重松伸司、三田昌彦 編著

30 **タイを知るための72章**【第2版】
綾部真雄 編著

31 **パキスタンを知るための60章**
広瀬崇子、山根聡、小田尚也 編著

32 **バングラデシュを知るための66章**【第3版】
大橋正明、村山真弓、日下部尚徳、安達淳哉 編著

33 **イギリスを知るための65章**【第2版】
近藤久雄、細川祐子、阿部美春 編著

34 **現代台湾を知るための60章**【第2版】
亜洲奈みづほ 著

35 **ペルーを知るための66章**【第2版】
細谷広美 編著

36 **マラウィを知るための45章**【第2版】
栗田和明 著

37 **コスタリカを知るための60章**【第2版】
国本伊代 編著

38 **チベットを知るための50章**
石濱裕美子 編著

39 **現代ベトナムを知るための63章**【第3版】
岩井美佐紀 編著

40 **インドネシアを知るための50章**
村井吉敬、佐伯奈津子 編著

41 **エルサルバドル、ホンジュラス、ニカラグアを知るための45章**
田中高 編著

エリア・スタディーズ

42 パナマを知るための70章【第2版】
国本伊代 編著

43 イランを知るための65章
岡田恵美子、北原圭一、鈴木珠里 編著

44 アイルランドを知るための70章【第3版】
海老島均、山下理恵子 編著

45 メキシコを知るための60章
吉田栄人 編著

46 中国の暮らしと文化を知るための40章
東洋文化研究会 編

47 現代ブータンを知るための60章【第2版】
平山修一 著

48 バルカンを知るための66章【第2版】
柴宜弘 編著

49 現代イタリアを知るための44章
村上義和 編著

50 アルゼンチンを知るための54章
アルベルト松本 著

51 ミクロネシアを知るための60章【第2版】
印東道子 編著

52 アメリカのヒスパニック＝ラティーノ社会を知るための55章
大泉光一、牛島万 編著

53 北朝鮮を知るための55章【第2版】
石坂浩一 編著

54 ボリビアを知るための73章【第2版】
真鍋周三 編著

55 コーカサスを知るための60章
北川誠一、前田弘毅、廣瀬陽子、吉村貴之 編著

56 カンボジアを知るための60章【第3版】
上田広美、岡田知子、福富友子 編著

57 エクアドルを知るための60章【第2版】
新木秀和 編著

58 タンザニアを知るための60章【第2版】
栗田和明、根本利通 編著

59 リビアを知るための60章【第2版】
塩尻和子 編著

60 東ティモールを知るための50章
山田満 編著

61 グアテマラを知るための67章【第2版】
桜井三枝子 編著

62 オランダを知るための60章
長坂寿久 著

63 モロッコを知るための65章
私市正年、佐藤健太郎 編著

64 サウジアラビアを知るための63章【第2版】
中村覚 編著

65 韓国の歴史を知るための66章
金両基 編著

66 ルーマニアを知るための60章
六鹿茂夫 編著

67 現代インドを知るための60章
広瀬崇子、近藤正規、井上恭子、南埜猛 編著

68 エチオピアを知るための50章
岡倉登志 編著

69 フィンランドを知るための44章
百瀬宏、石野裕子 編著

70 ニュージーランドを知るための63章
青柳まちこ 編著

71 ベルギーを知るための52章
小川秀樹 編著

72 ケベックを知るための54章
小畑精和、竹中豊 編著

73 アルジェリアを知るための62章
私市正年 編著

74 アルメニアを知るための65章
中島偉晴、メラニア・バグダサリヤン 編著

75 スウェーデンを知るための60章
村井誠人 編著

76 デンマークを知るための68章
村井誠人 編著

77 最新ドイツ事情を知るための50章
浜本隆志、柳原初樹 著

78 セネガルとカーボベルデを知るための60章
小川了 編著

79 南アフリカを知るための60章
峯陽一 編著

80 エルサルバドルを知るための55章
細野昭雄、田中高 編著

81 チュニジアを知るための60章
鷹木恵子 編著

82 南太平洋を知るための58章 メラネシア ポリネシア
吉岡政德、石森大知 編著

83 現代カナダを知るための60章【第2版】
飯野正子、竹中豊 総監修　日本カナダ学会 編

エリア・スタディーズ

84 **現代フランス社会を知るための62章**
三浦信孝、西山教行 編著

85 **ラオスを知るための60章**
菊池陽子、鈴木玲子、阿部健一 編著

86 **パラグアイを知るための50章**
田島久歳、武田和久 編著

87 **中国の歴史を知るための60章**
並木頼壽、杉山文彦 編著

88 **スペインのガリシアを知るための50章**
坂東省次、桑原真夫、浅香武和 編著

89 **アラブ首長国連邦（UAE）を知るための60章**
細井長 編著

90 **コロンビアを知るための60章**
二村久則 編著

91 **現代メキシコを知るための70章【第2版】**
国本伊代 編著

92 **ガーナを知るための47章**
高根務、山田肖子 編著

93 **ウガンダを知るための53章**
吉田昌夫、白石壮一郎 編著

94 **ケルトを旅する52章** イギリス・アイルランド
永田喜文 著

95 **トルコを知るための53章**
大村幸弘、永田雄三、内藤正典 編著

96 **イタリアを旅する24章**
内田俊秀 編著

97 **大統領選からアメリカを知るための57章**
越智道雄 著

98 **現代バスクを知るための60章【第2版】**
萩尾生、吉田浩美 編著

99 **ボツワナを知るための52章**
池谷和信 編著

100 **ロンドンを旅する60章**
川成洋、石原孝哉 編著

101 **ケニアを知るための55章**
松田素二、津田みわ 編著

102 **ニューヨークからアメリカを知るための76章**
越智道雄 著

103 **カリフォルニアからアメリカを知るための54章**
越智道雄 著

104 **イスラエルを知るための62章【第2版】**
立山良司 編著

105 **グアム・サイパン・マリアナ諸島を知るための54章**
中山京子 編著

106 **中国のムスリムを知るための60章**
中国ムスリム研究会 編

107 **現代エジプトを知るための60章**
鈴木恵美 編著

108 **カーストから現代インドを知るための30章**
金基淑 編著

109 **カナダを旅する37章**
飯野正子、竹中豊 編著

110 **アンダルシアを知るための53章**
立石博高、塩見千加子 編著

111 **エストニアを知るための59章**
小森宏美 編著

112 **韓国の暮らしと文化を知るための70章**
舘野晳 編著

113 **現代インドネシアを知るための60章**
村井吉敬、佐伯奈津子、間瀬朋子 編著

114 **ハワイを知るための60章**
山本真鳥、山田亨 編著

115 **現代イラクを知るための60章**
酒井啓子、吉岡明子、山尾大 編著

116 **現代スペインを知るための60章**
坂東省次 編著

117 **スリランカを知るための58章**
杉本良男、高桑史子、鈴木晋介 編著

118 **マダガスカルを知るための62章**
飯田卓、深澤秀夫、森山工 編著

119 **新時代アメリカ社会を知るための60章**
明石紀雄 監修　大類久恵、落合明子、赤尾千波 編著

120 **現代アラブを知るための56章**
松本弘 編著

121 **クロアチアを知るための60章**
柴宜弘、石田信一 編著

122 **ドミニカ共和国を知るための60章**
国本伊代 編著

123 **シリア・レバノンを知るための64章**
黒木英充 編著

124 **EU（欧州連合）を知るための63章**
羽場久美子 編著

125 **ミャンマーを知るための60章**
田村克己、松田正彦 編著

エリア・スタディーズ

エリア・スタディーズ

168 **フランス文学を旅する60章**
野崎歓 編著

169 **ウクライナを知るための65章**
服部倫卓、原田義也 編著

170 **クルド人を知るための55章**
山口昭彦 編著

171 **ルクセンブルクを知るための50章**
田原憲和、木戸紗織 編著

172 **地中海を旅する62章** 歴史と文化の都市探訪
松原康介 編著

173 **ボスニア・ヘルツェゴヴィナを知るための60章**
柴宜弘、山崎信一 編著

174 **チリを知るための60章**
細野昭雄、工藤章、桑山幹夫 編著

175 **ウェールズを知るための60章**
吉賀憲夫 編著

176 **太平洋諸島の歴史を知るための60章** 日本とのかかわり
石森大知、丹羽典生 編著

177 **リトアニアを知るための60章**
櫻井映子 編著

178 **現代ネパールを知るための60章**
公益社団法人 日本ネパール協会 編

179 **フランスの歴史を知るための50章**
中野隆生、加藤玄 編著

180 **ザンビアを知るための55章**
島田周平、大山修一 編著

181 **ポーランドの歴史を知るための55章**
渡辺克義 編著

182 **韓国文学を旅する60章**
波田野節子、斎藤真理子、きむ ふな 編著

183 **インドを旅する55章**
宮本久義、小西公大 編著

184 **現代アメリカ社会を知るための63章【2020年代】**
明石紀雄 監修 大類久恵、落合明子、赤尾千波 編著

185 **アフガニスタンを知るための70章**
前田耕作、山内和也 編著

186 **モルディブを知るための35章**
荒井悦代、今泉慎也 編著

187 **ブラジルの歴史を知るための50章**
伊藤秋仁、岸和田仁 編著

188 **現代ホンジュラスを知るための55章**
中原篤史 編著

189 **ウルグアイを知るための60章**
山口恵美子 編著

190 **ベルギーの歴史を知るための50章**
松尾秀哉 編著

191 **食文化からイギリスを知るための55章**
石原孝哉、市川仁、宇野毅 編著

192 **東南アジアのイスラームを知るための64章**
久志本裕子、野中葉 編著

193 **宗教からアメリカ社会を知るための48章**
上坂昇 著

194 **ベルリンを知るための52章**
浜本隆志、希代真理子 著

195 **NATO（北大西洋条約機構）を知るための71章**
広瀬佳一 編著

196 **華僑・華人を知るための52章**
山下清海 著

197 **カリブ海の旧イギリス領を知るための60章**
川分圭子、堀内真由美 編著

198 **ニュージーランドを旅する46章**
宮本忠、宮本由紀子 著

199 **マレーシアを知るための58章**
鳥居高 編著

200 **ラダックを知るための60章**
煎本孝、山田孝子 著

——以下続刊

◎各巻2000円（一部1800円）

〈価格は本体価格です〉

ヨーロッパ中世のジェンダー問題
異性装・セクシュアリティ・男性性
赤阪俊一著 ◎3800円

危機の時代の市民と政党
アイスランドのラディカル・デモクラシー
塩田潤著 ◎3600円

ブラック・ブリティッシュ・カルチャー
英国に挑んだ黒人表現者たちの声
臼井雅美著 ◎3600円

モルドヴァ民話
グリゴーレ・ボテザートゥ収集・語り
レオニードゥ・ドムニン挿絵 雨宮夏雄訳 中島崇文解説 ◎2500円

モスクワ音楽都市物語 19世紀後半の改革者たち
S・K・ラシチェンコ著 広瀬信雄訳 ◎2500円

コロナ危機と欧州・フランス
医療制度・不平等体制・税制の改革へ向けて
尾上修悟著 ◎2800円

黒人と白人の世界史 「人種」はいかにつくられてきたか
世界人権問題叢書104 オレリア・ミシェル著
児玉しおり訳 中村隆之解説 ◎2700円

ドイツ社会国家における「新自由主義」の諸相
赤緑連立政権による財政・社会政策の再編
福田直人著 ◎3800円

トリノの精神 現代イタリアの出版文化を築いた人々
マイケ・アルバート著 佐藤茂樹訳 ◎2500円

第二次大戦下リトアニアの難民と杉原千畝
「命のヴィザ」の真相
シモナス・ストレルツォーバス著 赤羽俊昭訳 ◎2800円

ナチスに抗った障害者 盲人オットー・ヴァイトのユダヤ人救援
岡典子著 ◎2500円

変わりゆくEU 永遠平和のプロジェクトの行方
臼井陽一郎編著 ◎2800円

「黄色いベスト」と底辺からの社会運動
フランス庶民の怒りはどこに向かっているのか
尾上修悟著 ◎2300円

包摂・共生の政治か、排除の政治か
移民・難民と向き合うヨーロッパ
宮島喬、佐藤成基編 ◎2800円

イタリア・ピストイアの乳幼児教育
子どもからはじまるホリスティックな育ちと学び
星三和子著 ◎3000円

イタリアのフルインクルーシブ教育
障害児の学校を無くした教育の歴史・課題・理念
アントネッロ・ムーラ著 大内進監修 大内紀彦訳 ◎2700円

〈価格は本体価格です〉